U0480056

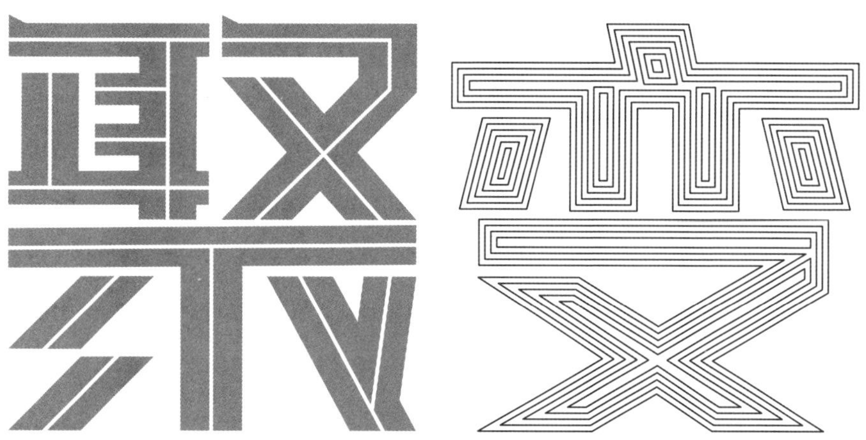

产业集聚、空间重塑与城市高质量发展

JUBIAN
CHANYE JIJU
KONGJIAN CHONGSU
YU CHENGSHI GAOZHILIANG
FAZHAN

常晓鸣——著

项目策划：李天燕　宋彦博
责任编辑：曹雪敏
责任校对：刘一畅
封面设计：墨创文化
责任印制：王　炜

图书在版编目（CIP）数据

聚变：产业集聚、空间重塑与城市高质量发展 / 常晓鸣著. — 成都：四川大学出版社，2021.8
ISBN 978-7-5690-5014-1

Ⅰ. ①聚… Ⅱ. ①常… Ⅲ. ①城市—发展—研究—成都 Ⅳ. ①F299.277.11

中国版本图书馆 CIP 数据核字（2021）第 191642 号

书名　聚变：产业集聚、空间重塑与城市高质量发展

著　　者	常晓鸣
出　　版	四川大学出版社
地　　址	成都市一环路南一段 24 号（610065）
发　　行	四川大学出版社
书　　号	ISBN 978-7-5690-5014-1
印前制作	四川胜翔数码印务设计有限公司
印　　刷	四川盛图彩色印刷有限公司
成品尺寸	170mm×240mm
印　　张	17
字　　数	268 千字
版　　次	2021 年 9 月第 1 版
印　　次	2021 年 9 月第 1 次印刷
定　　价	56.00 元

◆ 读者邮购本书，请与本社发行科联系。
电话：(028)85408408/(028)85401670/
(028)86408023　邮政编码：610065
◆ 本社图书如有印装质量问题，请寄回出版社调换。
◆ 网址：http://press.scu.edu.cn

四川大学出版社
微信公众号

目　录

第一章
引　论

改革开放40余年，我国实现的经济高速增长奇迹，在空间维度的重要表现就是广泛意义上的工业化与城市化。一般来说，“工业化”指非农产业活动在一定地域上的高度汇聚。产业集聚带来了生产生活方式的持续变化，促使劳动力由农业等部门向第二、第三产业部门加快转移，形成了乡村人口转变为城市人口的城市化进程。由此可知，产业集聚带来了城市集聚经济，集聚经济的兴起又推动了区域空间结构的调整与演进。产业集聚、空间演进此起彼伏，相互交织，共同构成了从东南沿海到西北边陲，我国区域经济蓬勃发展的生动图景。

作为区域经济发展的主战场，大中城市扮演着极其重要的角色。党的十九大报告提出我国经济已由高速增长阶段转向高质量发展阶段[①]。随着社会主义新时代的到来，城市也开启了推动自身实现高质量发展的全新征程。站在新的发展阶段，城市面临着两个未来发展的核心问题。第一个问题是，城市的增长有没有极限，通过产业集聚促进空间演进、通过空间重塑引领城市新一轮发展的逻辑是否触及了天花板。第二个问题是，不同的城市在区位分布、要素资源供给上都有着很强的异质性，产业布局也因此呈现出差异化的格局，应该如何创新城市的发展模式，才能形成特色化的城市高质量发展之路。对于这些问题的思考，构成本书研究的主要脉络。

同时，从城市发展的角度看待产业活动集聚、空间结构演进，以及由此采取的行动策略，既是理论界研究的热点议题，更是实践者要深入思考的大

① 习近平．决胜全面建成小康社会 夺取新时代中国特色社会主义伟大胜利——在中国共产党第十九次全国代表大会上的报告［M］．人民出版社，2017：30．

课题。特别是对于笔者所在的西部地区来说，重庆、成都、西安、昆明，是西部地区规模最大的四个城市。在长期的生活经历中，笔者深深体会到，城市的发展总是表现为城市在自然力、市场力、政策力等合力共同作用下的前行轨迹。所以，在国内外大量理论研究和实践经验的基础上，本书通过系统梳理产业发展、空间演进与城市规模效率之间关系，以及对成因机制的深入分析，建立了城市经济高质量发展的基本框架，进而以城市经济发展实践的模式创新为线索，刻画出城市生命体追求高质量发展过程中的内容体系、空间结构与组织方式的规律与趋势。

第一节　研究背景

改革开放以来，全国各地的城市规模和空间形态都发生了巨大的变化。其中，以密度、距离和分割为变量的城市产业集聚与空间重塑，是其中的重要途径。与此同时，全球经济政治格局的深度调整，也影响了我国城市的发展趋势。所以，无论是更新城市产业内容，还是以行政力量干预与调整城市内部的空间结构，都必然与城市所处的宏观环境、制度规则，以及人类行为选择密切相关。在某种意义上，正是因为有了这样的紧密联系，才可能持续推动城市的产业集聚与空间演进。以下三个方面，构成了本书研究的主要背景。

一、 经济全球化与产业分工——城市产业集聚的原发力

20 世纪 90 年代，随着全球经济一体化、信息技术和互联网技术的迅速发展，以跨国企业为代表的经济要素和产业活动在全球范围内加速流动。经济的全球化，深刻改变了世界各国的发展环境与经济模式，因此各国积极调整本国的经济结构以赢得自身发展的新空间。

城市作为承载人类活动的重要载体，受其影响尤为显著。这主要表现为三个方面。第一，城市的角色发生重大改变。在全球化进程中，国家间的竞争逐步转化为以核心城市为主体的竞争，以中心城市为核心的都市圈、城市

群日益成为国家参与国际竞争的空间单元①。第二，基础设施的突飞猛进，重新定义了城市内部不同空间的功能，使得传统的单中心城市逐步分化为多中心、多元化的城市群空间结构。第三，在全球化产业分工的浪潮下，城市依托纵向分工与产业链再配置，可以在更大的地域范围组织生产。简而言之，城市的区域化与区域的城市化，推动形成了网络时代的多形态、多功能、多中心的城市空间结构。

中国作为最大的发展中国家，20 世纪 80 年代开始的改革开放，为参与“两头在外、大进大出”的国际循环创造了良好的制度环境；而财政“分灶吃饭”、分税制改革等等，让城市工作的重心确立为实现经济的高速增长。但是，从长远视角来看，城市的发展终将遵从于不可逆的客观规律。假如城市过于追求经济的增长速度，在未来可能陷入产业衰退、空间失衡等“城市病”困局，进而动摇城市可持续发展的根本。

二、 城市化进程——城市空间演进的推动力

美国著名经济学者斯蒂格利茨（Stiglitz）曾说过，21 世纪初期影响世界的两个最大事件，一个是美国的高科技发展，另一个就是中国的城市化。回顾改革开放后中国社会在空间维度的变化，可以发现，40 余年间我们经历了人类历史上规模最大的城市化浪潮。截至 2020 年 11 月 1 日，我国常住人口的城镇化率达到 63.89%，标志着我国城镇化的程度、深度和广度都已进入一个新的发展阶段②。

城市化进程，首先体现为人口源源不断地涌入城市，产业与建设用地需求快速膨胀，让更多的非建设用地转化为建设用地。所以，城市的空间扩张，是要素和产业活动的扩散，实质上就是农业用地、未开发土地转化为城市建设用地的过程。显然，因为有严格管控的城市土地利用制度，城市未来新增的土地必定有上限，这也意味着土地扩张式的发展模式必然有着增长的极限。

① 张京祥，崔功豪．城市空间结构增长原理［J］．人文地理，2000（2）：15－18.

② 国家统计局．第七次全国人口普查公报（第七号）［EB/OL］．2021－05－11．http://www.stats.gov.cn/tjsj/tjgb/rkpcgb/qgrkpcgb/202106/t20210628_1818826.html.

相关的统计数据也证实了这一推测：改革开放以来，已有年均超过 2000 万亩的耕地变成了建设用地，截止到 2018 年全国人均的耕地面积只有 1.4 亩，中国在以占全球不到 10%的耕地支撑了全球 20%以上人口的城市化。未来，日益尖锐的人地矛盾，将成为城市经济高质量发展进程中最大的“拦路虎”。

三、 经济体制的转型——城市经济发展的政策力

各城市的高速发展，肇始于 1984 年党的十二届三中全会提出的城市改革。正是靠着土地制度、住房制度、户籍制度、财政制度、决策机制等一系列的深层次变革，才让城市实现人口涌入、用地增长、产业集聚、边界扩张等想法成为可能。作为城市发展中最重要的生产要素，城市土地使用权与所有权的相互分离，为城市空间的合理使用与高效配置创造了可能，有力推动了地方政府主导下的产业集聚与空间扩张。过去 20 年间，靠着房地产业的繁荣与城乡户籍制度改革的铺开，“组团—小区—居住区”的空间模式已经成为市民居住的主要形态，人口向大中城市的加速流动，为城市的经济发展提供了强大的人口红利。

当今世界正经历百年未有之大变局。由此也将给城市带来深刻的变化。其中，最深刻的一个变化就是新科技革命正在重塑全球的城市格局。以新一代数字网络为支撑的新技术催生更多的新业态、新模式，正在重新定义城市的分工和产业形态。同时，2020 年新冠肺炎疫情肆虐全球，促使全球的产业链和供应链开始出现区域化、近岸化、在岸化等新趋势，新兴的全球城市正在加速崛起。在危机中觅新机，加快构建以国内大循环为主体、国内国际循环相互促进的新发展格局，势必就要形成强大的国内市场。所以，对城市而言，深化城市户籍制度改革、打通城乡要素双向流动的梗阻、建立自主可控的技术创新体系、建设安全智慧韧性城市等等，诸多领域的工作，都要建立在加快产业集聚和优化城市空间结构的基础之上。

第二节 相关概念的界定

“发展”是一个动态、历史的范畴。习近平总书记在党的十九大报告中提

出的“经济高质量发展”，体现出经济发展的本真，确立了经济发展就是要满足人民日益增长的美好生活需要的根本方向。与经济高质量发展相比，产业集聚、空间演化等概念一直都是近半个世纪经济学、地理学等领域研究的热点。诸如“企业集聚”“产业集群”“经济地理”“空间开发”“发展模式”等概念频现于各个学科文献之中。从类型学角度来看，这些概念涉及的内容都是一定空间上基于产业关联而形成的企业集中，只不过是各自的理论前提和研究对象有着明显的差异罢了。

一、 高质量发展

我国经济由高速增长阶段转向高质量发展阶段，已经成为新时代中国经济发展的根本要求。党的十九大后，国内学界积极回应，并从经济新常态、新发展理念、社会主要矛盾转变、宏微观、资源配置等多个角度探讨高质量发展的内涵与特征。首先，高质量发展体现了习近平新时代中国特色社会主义经济思想，是贯彻新发展理念，对我国经济结构、质量和效率等方面提出的更高要求。其次，针对新时代要解决的社会主要矛盾，高质量发展的目的是满足人民在经济、政治、文化、社会、生态等各方面的期盼，实现国民经济的整体质量和效率提升①。还有人认为高质量发展的提出，是要破解我国生产力质量不高的问题，通过建立新的调控机制、深化供给侧结构性改革等途径，实现生产力质的提升。

由上可知，学者们对高质量发展概念的界定并不只是限定在某一个维度上，而是从经济、社会、生态建设多个视角甚至是综合起来进行的界定。比如，高质量发展是能够满足人民日益增长的美好生活需要，全面体现和落实创新、协调、绿色、开放、共享的发展理念，并使产品服务质量得到普遍提升、社会经济效益更加优良的发展过程②。所以，在广义上，高质量发展就是以新发展理念为指导，顺应社会主要矛盾的变化，人民美好生活需要得到满足的发展过程；它囊括了经济、社会、生态等各个领域，因此要在经济发展

---

① 王一鸣. 大力推动我国经济高质量发展［J］. 人民论坛，2018（9）：32—34.

② 王彩霞. 新时代高质量发展的理论要义与实践路径［J］. 生产力研究，2018（10）：20.

的基础之上，统筹处理好经济发展与政治、文化、社会、生态文明等之间的关系。在狭义上，高质量发展专指在经济增长保持合理区间的发展过程中，更加突出质量更高、效率更高的可持续发展，更加强调发展方式由传统的要素和投资驱动转向以创新驱动、消费拉动、产业升级等准则为导向的发展新模式，是对以往的发展理念、发展方式、发展战略、发展动力、发展目标的变革与升级。

从理论研究的角度来看，工业化与城市化构成了一个国家或地区现代化进程的两个方面。所以，将宏观层面的高质量发展落实到城市层面，其实质就是以城市市民美好生活的需要为目标，以新发展理念为指引，以改革开放创新文化为动力，突出城市经济增长的有效性和绿色性，推动实现城市经济的质量、效率、动力三大变革，提升全要素生产率，建立现代产业体系，推动城市经济质量、效率不断提升和经济结构不断优化的过程。

二、 产业集聚

马歇尔（Marshall，1890）是最早关注产业集聚的经济学者。他认为，相似企业对技术、劳动力等要素和市场的需求相似，企业的聚集能够相互依赖，降低成本，进而形成产业集聚①。韦伯（Weber，1909）从区位角度对产业集聚进行了重新定义，指出产业之间的关联形成了具有相互关系的上下游产业，并影响工业区位的选择②。斯托珀尔（Storper，1992）坚持产业集聚发生在特定空间范围内，一般是围绕某一优势产业所形成的产业集群③。威廉姆森（Williamson，1985）则从企业生产的角度分析了产业集聚的原因与形成过程，指出产业集聚能够以专业化的发展模式，促使生产率水平的明显提升。波特（Porter，1998）在其《国家竞争优势》（*The Competitive Advantage of Nations*）中正式提出了“产业集聚”的概念，认为上下游产业的聚集有利于

① 马歇尔．经济学原理（上卷）[M]．商务印书馆，1997.

② 阿尔弗雷德·韦伯．工业区位论 [M]．李刚剑等译．商务印书馆，1997.

③ Storper M. The limits to globalization：technology districts and international trade [J]. Economic Geography，1992，68（1）：60－93.

共享生产要素，降低沟通成本，提高生产效率，有利于促进企业的长远发展[①]。

在国内，曾忠禄（1997）认为产业集聚是生产同类产品的企业在一定区域范围内的集中[②]。王冰和顾远飞（2002）指出，知识交流与共享是促进经济发展的关键，产业集聚有利于这种形式的互动发展[③]。盛丹和王永进（2013）通过研究发现，产业集聚是经济发展的必然趋势，也是工业化进程的必然结果[④]。陈强远、梁琦（2014）认为，产业集聚是经济发展的必然现象，政府要保障产业集聚和经济增长目标之间互相促进，以实现整体利益的最大化[⑤]。张廷海（2015）研究后发现，产业集聚的形成与城市化的发展阶段密切相关，生产要素从农村转移到非农部门将导致产业集聚的发生[⑥]。严含和葛伟民（2017）认为产业集聚是指同一产业在某个特定地理区域内不断汇聚的过程；从状态来说，则表现为同类企业在一个区域范围内的集中[⑦]。

由上述的研究成果来看，产业集聚的主体主要是指有横向或纵向关联的企业集合；这些企业在一定空间上从事相关的生产经营活动，并保持必要的合作竞争关系。基于此，本书将产业集聚定义为一定空间上某类或者多个产业中关联企业的地理集中。在内涵上，产业集聚具备三个基本属性：一是空间多层次性。产业集聚既可以用来指称空间的产业集中，也可表示国家或者区域层面的产业汇集。二是时间维度的动态性。从共时研究看，产业集聚是指特定空间的产业分布地图；从动态研究的角度来看，则反映出一定空间上产业活动的变迁轨迹。三是形成机理的可叠加性。关联企业的集聚产业价值链与空间的双重引力，从空间集聚到空间扩散，再到更大尺度的空间集聚，

---

① Porter M E. Cluster and the New Economics of Competition [J]. Harvard Business Review, 1998, 76 (6): 11-12.

② 曾忠禄. 产业群集与区域经济发展 [J]. 南开经济研究，1997 (1)：69-73.

③ 王冰，顾远飞. 簇群的知识共享机制和信任机制 [J]. 外国经济与管理，2002 (5)：2-7.

④ 盛丹，王永进. 产业集聚、信贷资源配置效率与企业的融资成本——来自世界银行调查数据和中国工业企业数据的证据 [J]. 管理世界，2013 (6)：85-98.

⑤ 陈强远，梁琦. 技术比较优势、劳动力知识溢出与转型经济体城镇化 [J]. 管理世界，2014 (11)：47-59.

⑥ 张廷海，戴倩雯. 产业集聚与城市化互动研究述评 [J]. 现代管理科学，2015 (4)：73-75.

⑦ 严含，葛伟民. "产业集群群"：产业集群理论的进阶 [J]. 上海经济研究，2017 (5)：34-43.

反映出城市主导产业发展演化的一般趋势。特别要指出的是，尽管空间集中是产业集聚的基本特征之一，但本书所要考量的重点，恰恰是产业集聚与城市空间演进之间的关系。所以，本书将产业集聚的内涵限定在推动产业集聚的要素供给、产业方向、市场机制与行动策略等等，以区别于产业集聚过程中城市空间尺度上发生的改变。当然，这并不表示笔者赞同“李嘉图恶习”①。恰恰相反，这样处理是为了更加准确地刻画城市发展中产业与空间两者的互动关系。

三、 空间重塑

作为与时间相对的物质存在形式，空间范畴的涵盖面极广。马克思主义认为，空间资本化是资本主义生产方式发展的必然趋势。一方面，土地因再生产或采掘的目的而被利用；另一方面，空间是一切生产和一切人类活动所需要的要素。不论是生产上还是经济活动上，土地及其上所有物都应该具有空间上的贡献②。城市社会学奠基人列斐伏尔，就痛批资本主义的生产方式已经从“空间中生产”转为了“空间的生产”③。从这一论断出发，城市空间可以按照空间尺度大小，分为城市的内部空间结构、城市之间的空间结构与区域的空间结构④。

其中，城市内部的空间结构是指要素在城市范围内的分布和联结状态，是城市经济结构、社会结构的空间投影，表现为城市密度、城市布局和城市形态三种形式。从行政区划角度来看，对应了建成区、城区、主城区、中心城区等微观空间范畴；从区域角度来看，则是都市区、都市圈、城市群、大

---

① 熊彼特认为，李嘉图在研究中舍弃了复杂的“空间因素”条件，以简单化推理得到了同义反复的结论。用简单理论直接去解释复杂经济现实的倾向，便被称为“李嘉图恶习”。详见：约瑟夫·熊彼特. 经济分析史：第二卷［M］. 杨敬年译，商务印书馆，1992：146－147.

② 中共中央马克思恩格斯列宁斯大林著作编译局. 马克思恩格斯选集（第2卷）［M］. 人民出版社，1995：527－573.

③ 亨利·列斐伏尔. 空间与政治（第2版）［M］. 李春译. 上海人民出版社，2015：46.

④ Davoudi S. European briefing：polycentricity in European spatial planning：from an analytical tool to a normative agenda［J］. European Planning Studies，2003，11（8）：979－999.

都市带等宏观层面的范畴[①]。但无论是哪一类范畴，城市的空间结构都内含三个不同的层次：第一个是建设层次的城市空间，即可规划地域与已开发地域；第二个是功能层次的空间，即城市中的工作、居住、教育等功能用地的范围；第三个则是行政层次的空间，也就是市域、镇域、市区和镇区的尺度。这三个层次最初都是针对单个城市提出的，但伴随城市规模的快速扩张，城市空间的功能、范围和作用都有了新的拓展，也让对城市空间的界定变得越来越复杂和困难。

城市空间结构的理论发端于约翰·海因里希·冯·杜能（Johann Heinrich von Thünen）的农业区位论。该理论假设在均质平原上仅有一个城市，距离城市中心的远近决定了不同地区农产品的纯收益，围绕城市中心向外依次形成六个同心圆。进入 20 世纪后，新古典经济学者们高度重视经济发展的动态化分析，有意或无意地忽视了空间因素的影响。艾萨德（Isard，1956）将空间维度重新纳入一般分析框架之中，直接带动了对城市空间研究的理论回归[②]。阿隆索（Alonso，1964）等新城市经济学派用竞租理论分析城市内部的土地利用。后来经米尔斯（Mills，1967）、穆特（Muth，1969）的扩展，形成了城市空间的均衡模型——阿隆索-米尔斯-穆特（Alonso - Mills - Muth，简称 AMM）模型，这一模型认为居民的住房成本和通勤成本之和为恒定的量。随着远离城市中心的住房成本下降，通勤成本将与前者保持同比例上涨。从动态角度来看，弗里德曼（Friedmann，1966）提出了四阶段演化理论，将区域空间结构的演进分为前工业化、过渡、工业化与后工业化等四个阶段，指出资本积累和产业增长将推动核心城市成为区域增长极，带动形成全区域的专业化和分工体系。克鲁格曼（Krugman，1995）指出，生产在地理上的集中是某种收益递增的普遍影响的明证，规模报酬递增通过空间的分工演进与产业集聚推动了城市的空间演进[③]。

① 陈晓雪，冯健. 城市地域概念辨析及研究进展综述［J］. 城市发展研究，2020，27（12）.

② 沃尔特·艾萨德. 区位与空间经济：关于产业区位、市场区、土地利用、贸易和城市结构的一般理论［M］. 杨开忠等译. 北京大学出版社，2011.

③ 赵红军，尹伯成. 城市经济学的理论演变与新发展［J］. 社会科学，2007（11）：4-13.

与西方学术界关于城市空间的研究进路不同，国内对城市空间的界定是基于行政区划而展开的。改革开放以前，各地城市的郊区腹地较小，城乡之间的人口流动受到了严格限制，相应的空间研究难以深入。改革开放之后，随着城市经济的起飞，空间开发与空间扩张的步伐不断加快，城乡界限日益模糊，以行政地域划分城乡边界的弊端不断凸显，倡导以功能地域为导向的空间研究逐步成为主流。不过，由于我国与西方国家在城市发展阶段上的较大差距，加之很多相关概念都是舶来品，翻译的不一致在学界引发了较大争论。如何把城市空间演进规律的研究成果，与城市规划建设的工作实务，以及城市对空间的干预和调整有机结合，至今并未形成统一的标准与规范①。所以，本书将城市空间定义为以行政区划为基础，不同生产生活生态功能有序布局的城市化地域。

改革开放以来，全国各地风起云涌的城市化浪潮，在空间上表现为地方政府围绕经济建设的中心工作，主动干预城市空间结构的调整，通过规划建设产业园区、工业开发区等方式，推动实现城市经济的高速增长。进入中国特色社会主义新时代，治理体系和治理能力现代化开始成为城市发展的主题。由此带来的城市空间治理，在实质上也转变为充分尊重城市发展的规律和趋势，通过优化城市空间资源的生产与配置，以及营城理念创新、经济组织方式变革等，实现对各种形式空间“生产”与“再生产”的重构，并以此形成城市与区域、经济与社会的协调发展。

“重塑经济地理”（Reshaping Economic Geography）是 2009 年世界银行发展报告中提出的一个概念，意指区域为适应城市化需求主动进行空间的干预②。所以，本书将空间重塑定义为城市以行动主体的角色，通过实施一定空间调整与优化手段，充分培育和增强空间发展内在活力，塑造要素有序自由流动、产业活动高度集聚、主体功能约束有效和资源环境可承载的城市空间格局，以更好统筹城市空间、规模和产业三大结构，推动实现城市经济社会的可持续发展。

---

① 周一星，史育龙. 建立中国城市的实体地域概念［J］. 地理学报，1995，50（4）：289-301.

② 世界银行. 2009 年世界发展报告：重塑世界经济地理［M］. 清华大学出版社，2009.

第三节 研究思路与主要内容

本书的研究思路可概括为“一线、两维、三关系”。其中，作为贯穿全书逻辑脉络的“一线”，是指产业集聚、空间重塑对推动城市高质量经济发展的作用机理，以及城市如何通过相应的行动来适应产业与空间发展的趋势要求。“两维”是指城市的产业内容和空间结构，尽管产业集聚和空间演进都是多维度的。比如产业集聚首先就表现为产业活动在一定时期内的空间集聚，而空间结构演进则指城市特定的空间所承担的经济社会功能发生了改变。在城市空间上，产业活动的内容，即生产什么和生产多少都将带来外部性效应；无论这一外部性效应是马歇尔式集聚抑或雅各布斯集聚，都会改变现有地理空间，进而推动城市空间结构的渐变。同样，城市特定空间的功能一旦发生重大改变，都会对潜在的产业活动产生新引力，导致城市的产业体系与空间布局发生迁移。所以，产业集聚和空间演进，是从不同维度来揭示不同类型的经济外部性对城市经济发展的影响方式与变动特征。“三关系”是指产业集聚与空间演进之间、产业集聚与城市高质量发展之间、空间重塑与城市高质量发展之间的互动关系。改革开放以来，各地城市之所以能实现城市规模与能级的快速放大，从产业和空间两个维度来看，就表现为产业高速集聚与空间结构的快速演进。显而易见，产业集聚的外部性加剧了空间结构的演进，而空间结构的演进反过来又加速了新一轮的产业集聚。尊重与适应城市发展的客观规律，势必要求城市积极响应国家发展战略和产业发展定位的变动，通过变革城市经济工作组织方式，才可能在竞争赛道上占得先机、赢得主动，推动实现城市高质量发展。所以，从学术研究角度来看，产业集聚的外部性对空间演进的影响可看作是严格外生的，而产业集聚与空间重塑对城市高质量发展的影响，必定兼具了外生性与内生性的双重影响。不同的动态影响与不同的外部性之间存在着复杂的交互作用，并与城市为推动高质量发展所做出的行动安排互为因果关系。

因此，本书力求从产业和空间两个层面来分析城市实现高质量发展的来源、动力机制与实现方式。在更为深入的研究之后我们发现，中西方城市对经济工作的组织方式有着很大的差别；国内各地城市由于资源禀赋、区位条件和经济基础等方面的不同，推动城市发展的路径也有着一定的动力差异。因此，与以往的研究不同，本书综合运用产业集聚、经济地理、制度变迁、机制设计等理论领域的最新成果，以避免割裂产业集聚与空间重塑之间的共有联系、相互作用以及对城市经济行为的动态影响，力求以视角、方法和案例研究的创新，为城市推动高质量发展提供一个相对全面的宏微观分析框架。

以下是本书各章节内容的简要介绍。

第二章依照产业经济学、城市经济学与经济地理学的研究进路，对中西方关于产业集聚、空间结构演进与城市发展模式的研究成果进行了系统梳理。同时从城市的起源入手，简单回顾了过去200多年间世界各地工业化和城市化的发展进程，特别是新中国成立后全国各地推动城市经济社会发展的70余年风雨历程。在该章最后，结合对中西方研究文献和城市发展实践的思考，以及中国经济处于从高速增长转向高质量发展的时代背景，提出了西部地区中心城市推动高质量发展所要考虑的重点问题。

第三章以“产业集聚发展与城市空间演进的互动关系”为主题，通过概括产业集聚与空间演进之间相互作用的内在机理，构建出产业集聚与空间演进的互动机制模型、行政分权下城市产业集聚与空间演化模型等理论分析模型，深入剖析城市与城区围绕产业集聚发展进行的决策和行动，以及传导给城市空间结构的需求变动。之后，在前面两个模型的基础上，引入地方政府干预这一新的行为变量，以期对包含多个中心城区的产业集聚与空间演进互动机理进行更为深入的探讨，为接下来的实证研究提供必要的理论支撑。

第四章是对西部地区中心城市高质量发展的测度与评价。基于西部大开发20年12个省（自治区、直辖市）的发展成就，该章以西部地区经济排名相对靠前的重庆、成都、西安和昆明四个中心城市为研究对象，以新发展理念为根本指引，探索建立符合西部地区特点的城市高质量发展评价指标体系；从创新发展、协调发展、绿色发展、开放发展和共享发展五个维度对四个城市高质量发展的水平进行了测度；通过熵权法将四个城市的维度表现合成为城市高质量发展指数，并对城市高质量发展指数与产业集聚和空间结构演进之间的关系进行了深入讨论，阐明了产业集聚、空间重塑对城市高质量发展的作用机理。

第五章到第七章，以成都推动高质量发展的创新性实践为蓝本，分别从建设产业功能区、重塑城市经济地理与深化要素供给侧结构性改革等三个方面，对西部地区中心城市推动产业集聚与空间重塑，以及形成高质量发展的动力环境进行了全面研究。在社会主义市场经济体制下，如何克服内陆腹地的不利区位，充分发挥资源禀赋优势，努力推动实现高质量发展，是西部地区中心城市面临的最大挑战。几年来的成都实践表明，以产业生态圈创新生态链的思路建设产业功能区、以主体功能区定位重塑城市经济地理、以发展新经济培育新动能等一系列经济工作的方式变革，可以有效规避不同行政区划下产业发展的同质化困境，有利于形成功能互补的主体功能区块，从而促进城市空间上的生产生活生态协同发展。

第八章从相对微观的角度出发，进一步阐明城市推动实现高质量发展的路径。作为我国城市治理中的一项重大制度创新，高新技术开发区在过去 20 多年间一直以其先行先试的制度创新能力，在招引产业集聚、推动空间重塑等领域都走在各个城市发展的前列。本书以成都市高新技术开发区为例，通过分析建设产业社区、培育创新生态、聚合高端要素、打造新经济策源地、深化政务改革、推动城乡社区发展治理等多个领域的创新做法与实践，为西部地区中心城市推动高质量发展带来必要的启示和经验。

最后一章是结论与展望。结合前文各章节的分析，我们简述了西部地区中心城市推动高质量发展进程中面临的问题与挑战，并给出关于新时期西部地区城市推动产业集聚和空间重塑的政策启示。在未来西部地区城市高质量发展的新征程中，建立以技术创新为导向的产业集聚技术路线，建立以包容性、兼容性与公共性为基础的城市空间制度，建立以市场为主导的资源要素配置结构，建立一体化的区域空间治理体系，将能够不断强化产业集聚与空间重塑的溢出效应，培育和增强城市发展的内生动力，促进和形成高水平供给与需求动态平衡。

第二章
相关理论基础与城市实践回顾

每个时代都会面对新的问题，产生新的疑问，探求新的答案①。在现代社会中，作为区域经济活动大规模展开的策源地和主战场，城市既是人的生产方式、生活方式、交往方式高度聚集的地理空间，更是产业组织、空间布局、效率与公平等诸多话题与内容的集聚地。在高速发展过程中，城市创造出巨量的经济财富，但同时也产生了空气污染、空间失衡、社会分化等诸多问题。如何破解成长过程中的“烦恼”，推动实现城市可持续发展，构成了过去 200 年间世界各地与城市相关的研究和实践探索的主要脉络。

第一节 国外相关研究综述

本章把国内外学者的相关研究文献大致分为三个部分：首先是产业的区位选择与集聚效应研究，包括产业区位的选择、产业集聚的测度、产业集聚与扩散的规律趋势等等。其次是对城市空间结构的研究，包括城市产业集聚条件下的空间演进，以及“去中心化”过程与多中心城市的形成等等。再次是对产业集聚推动城市发展的作用机理的研究，包括产业集聚与城市化对城市规模的影响、新技术与新经济产业对城市空间形态的作用机理。

一、区位选择与产业集聚

德国经济学家杜能（Thünen，1826）在《孤立国同农业和国民经济的关系》

① 斯塔夫里阿诺斯．全球通史：从史前史到 21 世纪（第 7 版修订版）[M]．吴象婴等译．北京大学出版社，2006.

（Der Isolierte Staat in Beziehung auf Landwirtschaft und Nationalökonomie）中，最早提出了农业发展的区位选择理论，指出在城市邻近地区宜种植与农产品价格相比运输费用更高、体积较大且笨重的农作物，以及对运输时效要求高、易腐烂的生鲜农产品；随着距中心城市距离的增加，最终在中心城市的外围地区形成以某一种农作物为主、呈环状分布的圈层结构①。之后，德国的建筑工程师劳恩哈特（Launhardt，1882）在原料供应地、能源供应地以及产品销售地（市场）确定的基础上，探讨了以运输成本最小的原则来确定厂商的最优空间布局问题。他提出的极点定理（The Node Theorem）与劳恩哈特区位三角形（Launhardt's Original Triangle），构成了工业区位分析的基本框架②。之后韦伯（Weber，1909）提出的工业区位论，就是以运输成本费用最低为前提，并加入劳动力费用、集聚与分散倾向两个作用力，系统探讨成本最优的工业区位布局，形成了区域科学和工业布局的基本理论体系③。

1933 年，德国学者克里斯塔勒（Christaller）基于一般均衡分析框架，首次提出了服务业活动的最佳区位模型，即“中心地理论”。他通过考察现实中社会经济聚落的空间分布后发现，不同大小、规模的聚落会形成各自的中心地体系。在克里斯塔勒研究的基础之上，勒施（Lösch，1939）对工农业的区位理论进行了整合，将农业区位论、工业区位论的部分均衡拓展到空间的一般均衡；这是经济学界在不完全竞争条件下，让空间因素回归到主流经济学一般均衡分析框架的第一次尝试④。之后法国经济学者佩鲁（Perroux，1950）提出了“增长极”的全新概念，指出一定空间上的“增长极”表现为区域的“动力产业部门”或者具有推动作用的产业聚集⑤。1966 年，法国经济学家布代维尔（Boudeville，1966）把“增长极”从抽象空间转到地理空间，将其定

① 约翰·冯·杜能. 孤立国同农业和国民经济的关系［M］. 吴衡康译. 商务印书馆，1986.

② 劳恩哈特的观点见于 1882 年发表的论文《确定工商业的合理区位》。转引自梁琦，刘厚俊. 空间经济学的渊源与发展［J］. 江苏社会科学，2002（6）：61－66.

③ 阿尔弗雷德·韦伯. 工业区位论［M］. 李刚剑等译. 商务印书馆，2010.

④ 奥古斯特·勒施. 经济空间秩序［M］. 王守礼译. 商务印书馆，2010.

⑤ Perroux F. Economic Space：Theory and Applications［J］. The Quarterly Journal of Economics，1950，64（1）：89－104.

义为一定地理空间上（通常为城市）正在扩大的一组产业，通过自身的集聚与扩散效应，推动区域经济活动的整体发展①。

早期的产业区位理论较少关注产业的扩散过程，原因是在经济发展的初期，产业集聚效应往往盖过了产业扩散的趋势。但随着产业集聚不断深化，瑞典学者缪尔达尔（Myrdal）在1957年提出了经济地理上的“二元结构论”，确立了产业集聚与产业扩散两种效应同时存在②。1978年，阿瑟·刘易斯（Arthur Lewis）在《国际经济秩序的演变》（*The Evolution of International Economic Order*）一书中首次提出了国际范围内的“产业转移”，认为劳动力成本的变化是促使产业发生转移的主要原因③。不过，作为1979年诺贝尔经济学奖的获得者，刘易斯虽然观察到了劳动力密集型产业活动由发达国家向发展中国家转移的大趋势，但并未把产业转移归结为产业扩散趋势，也就是产业集聚反过程的体现。这一情况直到新经济地理学出现才打破了僵局，让理论学界重拾对产业空间布局的研究热情。

新经济地理学的创始人保罗·克鲁格曼（Paul Krugman），曾经把传统的经济学和地理学概括为五大经典理论，分别是德国几何学、社会物理学、累积因果理论、外部经济理论、地租和土地理论④。他明确指出，传统理论研究对产业集聚的解释上或多或少都存在着假设不符合实际、理论前提模糊等缺陷，导致理论对现实世界的解释力明显不足。为此，他建立了以不完全竞争市场和产业规模报酬递增为前提的“中心-外围”模型，通过两地区、两部门、两要素的均衡分析，从微观层面上阐明了经济活动中的向心力和离心力影响产业空间分布的作用机制。具体来说，在运输成本较高的情况下，产品消费份额低、规模报酬递增不明显，厂商只能选择就地生产，从而对产业的空间集聚形成了阻碍。当运输成本降低到一定程度时，规模报酬递增促使市

---

① Boudeville J R. Problems of Regional Economic Planning [M]. Edinburgh University Press, 1966.

② Myrdal G. Economic Theory and Underdeveloped Regions [M]. Gerald Duckworth, 1957.

③ 阿瑟·刘易斯. 国际经济秩序的演变 [M]. 乔依德译. 商务印书馆, 2017.

④ 保罗·克鲁格曼. 发展、地理学与经济理论 [M]. 蔡荣译. 北京大学出版社, 中国人民大学出版社, 2000: 40—57.

场需求增加，产品消费份额随之增加，相应的产品价格降低，并吸引更多的劳动力和关联企业进入，产业的空间布局就由原先的均质分布逐步向“中心-外围”结构演变，在循环累积因果效应作用下，产业集聚向心力不断加强。随着运输成本越来越低，企业之间竞争加大，产业集聚的离心力开始增加，当离心力大于向心力时，集聚经济的外部性逐渐消失，产业的空间结构逐步走向分散①。

二、产业集聚的测度

由于对一定空间的产业集聚测度能够相对准确地反映产业的集聚水平，所以从 20 世纪 90 年代开始，产业集聚的测度与检验成了相关研究的新热点。越来越多的学者用差异系数（Dissimilarity Index）、赫芬达尔指数（Herfindahl Index）、赫希曼-赫芬达尔指数（Herfindahl - Hirschman Index，简称 HHI）、信息熵系数、区位熵、空间基尼系数等简单指标，或者是产业空间集中度 EG 指数（Elilsion&Glaeser Index）、企业点对距离的 DO 指数、地区专业化程度的动态 Hoover 系数等更复杂的测度方法来开展产业集聚的实证分析。

克鲁格曼（Krugman，1991）运用空间基尼系数测算了美国各地区的产业集聚程度，发现以城市为核心形成的制造业集群普遍存在着产业集聚的状态②。马姆伯格等（Malmberg et al.，1997）认为，关联企业在空间上集聚将带来城市的规模经济，新产品、新组织形式和新技术的广泛采用是企业和产业集聚的核心动力③。埃利森和格莱塞（Ellison&Glaeser，1999）借助 EG 指数测算出了自然优势对产业集聚的影响，指出城市空间的自然资源和禀赋优势所形成的产业集聚占到研究对象的 20%。他们从更加微观的角度进行分析

① Krugman P. Increasing Returns and Economic Geography [J]. Journal of Political Economy, 1991, 99 (3): 483—499.

② Krugman P. Increasing Returns and Economic Geography [J]. Journal of Political Economy, 1991, 99 (3): 483—499.

③ Malmberg A, Maskell P. Towards an Explanation of Regional Specialization and Industry Agglomeration [J]. European Planning Studies, 1997, 5 (1): 25—41.

后发现，空间的禀赋优势对产业集聚的影响达到 50%①。阿米蒂（Amiti，1999）利用基尼系数对 1968—1995 年间的欧盟 5 个国家 65 个行业展开了分析，发现规模经济和中间投入产品的比重与产业集聚呈现正比例关系。这表明规模经济和中间投入产品比重越大，产业特别是纺织业、服装业等劳动密集型行业的产业集聚趋势就会越高②。罗森塔尔等（Rosenthal et al.，2003）利用大范围数据和地理制图软件，确定了集聚经济外部性的地理范围，同时验证了企业或产业的内部规模经济对报酬递增的影响程度③。巴里奥斯等（Barrios et al.，2004）运用 EG 指数对爱尔兰、葡萄牙的产业数据进行分析，发现两国的产业集聚情况受到企业流动的影响较为显著。当企业蜂拥进入某一个新产业时，产业集聚的趋势并不明显；而传统产业出现衰退时，产业集聚的态势将会明显增强④。斯科特（Scott，2006）总结了不同国家服装、鞋和家具制造等低技术劳动力密集型产业的空间分布后得出结论，无论是在发展中国家还是发达国家，上述产业都普遍倾向于集聚，而且还与相关国际贸易流动构成了相互促进关系。科赫和里德尔（Koh&Riedel，2009）对比分析了德国制造业和服务业的相关数据，并运用 DO 指数测算了产业聚集的程度，结果发现服务业比制造业的产业集聚水平更高，钢铁业和纺织业在所有制造产业中的集聚程度最高⑤。

三、城市空间演进

城市是产业在空间布局上的实际载体，产业在一定空间上的集聚必将推动城市空间结构发生改变。早期的产业区位理论，其实就是对城市内部空间

① Ellison G，Glaeser E. The Geographic Concentration of Industry：Does Natural Advantage Explain Agglomeration?［J］. The American Economic Review，1999，89（2）：311－316.

② Amiti M. Specialization Patterns in Europe［J］. Weltwirtschaftliches Archiv，1999（135）：1－21.

③ Rosenthal S，Strange W. Geography，Industrial Organization，and Agglomeration［J］. The Review of Economics and Statistics，2003，85（2）：377－393.

④ Barrios S，Bertinelli L，Strobl E，Teixeira A－C. The Dynamics of Agglomeration：Evidence from Ireland and Portugal［J］. Journal of Urban Economics，2004，57（1）：170－188.

⑤ Koh H J，Riedel N. Assessing the Localization Pattern of German Manufacturing and Service Industries［R］. BGPE Discussion Paper，No. 80，2009.

结构的初步探讨。无论是杜能将农业商品的交换市场放在中心城市，还是韦伯、克里斯塔勒等学者提出的工业城市布局理论，都为城市空间演进的研究进路奠定了基础。

美国学者帕克等（Park et al.，1925）在《城市社会学》（*The City*）一书中，第一次提出单中心城市空间结构的“同心圆学说”，认为城市内部各产业的空间分布遵循了同心圆法则，由内向外分别为中心商务区、商业与住宅过渡带、低收入住宅带、高收入住宅带和通勤带，整体空间呈现出有序的环状布局[①]。1964 年阿隆索构建了关于城市空间结构的标准模型——单中心城市模型；同时期米尔斯和穆特也分别提出类似的建模方法，因此该模型也被称为阿隆索-米尔斯-穆特模型，即 AMM 模型[②]。这一模型以在生活成本和通勤成本之间权衡决定居住区位为研究前提，确立了城市空间的竞租曲线，也暗含了随着居民收入增加和交通成本的降低，城市空间将呈现去中心化的发展趋势。不过，根据藤田昌久（Fujita，1989）的评价，AMM 模型抽象了产业集聚、交通设施等外部性效应，加之对土地利用的判断完全取决于交通成本与生活空间价格之间的差异，所以对城市空间开发与土地利用可以实现帕累托最优，但也因此导致结论的理想化与缺乏实践性意义[③]。1974 年，美国学者亨德森（V. Henderson）继承了阿隆索的“成本-收益”均衡思想，从城市规模扩张因素、不同城市规模发展差异和城市生产部门的专业化三个层次入手，指出城市生产部门的专业化分工是导致城市规模差异的决定性要素；城市的最优规模取决于规模经济与通勤成本两个因素之间相互作用最终达到的均衡[④]。美国学者阿卜杜勒-拉赫曼与日本学者藤田昌久（Abdel-Rahman&Fujita，1990）沿用迪克希特-斯蒂格利茨（D-S）垄断竞争模型，

---

① 帕克等. 城市社会学——芝加哥学派城市研究文集［M］. 宋俊岭等译. 商务印书馆，1987：51－52.

② Alonso W. Location and Land Use［M］. Harvard University Press，1964.

③ Fujita M. Urban Economic Theory：Land Use and City Size［M］. Cambridge University Press，1989：159，172.

④ Henderson J V. The Sizes and Types of Cities［J］. The American Economic Review，1974，64（4）：640－656.

构建出包含中间产品部门的城市规模模型，认为多样化的中间投入品服务业是推动制造业向城市空间集聚的主要动力①。

从方法论的角度来看，“总成本-总收益”的均衡理论与“中间投入品-城市规模”均衡理论对城市空间规模的把握，均采取了静态与比较静态的分析方法，也就是把时间看作是城市形成及空间演进过程中的外生变量。与之相对，动态的城市最优规模理论则将时间变量内生化，以此来描述城市空间演进的动态机制。藤田昌久（Fujita，1976）在经典农业区位模型的基础上进行了动态化扩展，对城市空间的增长进行了深入分析，并指出城市空间增长最优路径是竞争性市场达到均衡的必不可少条件，城市空间规模的扩张可通过对城市建设的适当补贴来实现②。

随着城市经济的不断发展，中心城区人口密度衰减的速率逐步成为衡量城市空间结构演进的重要指标，单中心理论也难于解释现实世界中陆续出现的城市多中心发展趋势。为此，瓦伊宁等（Vining et al.，1977）指出，随着道路交通设施的完善，中心城市人口向外转移的趋势愈加显著，区域空间开始出现去中心化现象，美国东海岸相关郡县的统计数据证明了这一观察事实③。维兰（Wieand，1987）基于产业与人口从城市中央商务区撤离的事实，指出城市居民在收入增加的同时也导致了时间成本上升，两者的权衡并不一定会带来总体成本的降低。作为一名颇有远见的学者，他第一次把单中心城市的空间模型拓展为双中心均衡空间，并给出了关于城市副中心的劳动力就业理想规模④。

20世纪80年代后，在中心城市的空间发展中出现了一种新的形态——边

---

① Abdel－Rahman H，Fujita M. Product Variety，Marshallian Externalities，and City Sizes [J]. Journal of Regional Science，1990，30（2）：165－183.

② Fujita M. Spatial Patterns of Urban Growth：Optimum and Market [J]. Journal of Urban Economics，1976，3（3）：209－241.

③ Vining Jr. D R，Strauss A. A Demonstration that the Current Deconcentration of Population in the United States is a Clean Break with the Past [J]. Environment and Planning A，1977，9（7）：751－758.

④ Wieand K F. An Extension of the Monocentric Urban Spatial Equilibrium Model to a Multicenter Setting：The Case of the Two－Center City [J]. Journal of Urban Economics，1987，21（3）：259－271.

缘城市，这标志着城市空间结构由单中心向双中心，甚至多中心结构演变已经成为一种新的趋势。“边缘城市”概念是记者加罗（Garreau，1991）在其《城市边缘：生活在新边界》（*Edge City*：*Life on the New Frontier*）一书中首次提出的，体现了作者对美国和欧洲的主要城市在去中心化过程中细致入微的观察①。梅什科夫斯基等（Mieszkowski et al.，1991）基于城市不同区位的土地利用数据建立了实证模型，证实了休斯敦地区的去中心化已成为大趋势，这与之前通过人口密度分析方法得到的结论基本一致。戈登等（Gordon et al.，1996）运用美国经济普查数据的分析结果，证实了1982—1987年制造业、批发业、零售业和服务业的就业增长，主要集中在12个大都市统计区的外围地带，从而印证了大都市区的去中心化趋势正在不断强化②。霍尔（Hall，1997）首次提出现代城市具有全球化、级差化和信息化等基本特征，认为要根据新的特性来构造出新的城市空间结构模型③；麦格拉思（McGrath，2005）利用美国大都市区的面板数据，通过人口、收入、交通成本以及农业地租等多个独立变量对土地的多元回归，检验了单中心城市的土地利用变动趋势，并得出单中心城市空间模型在计量上是稳健的这一重要结论④。阿里瓦斯-贝尔等（Arribas-Bel et al.，2014）通过建立局部空间自相关模型，考察了美国359个大都市区在1990—2010年人口就业的空间变动趋势。他们发现单中心城市模型仍然适用于一半以上的城市；但与传统的单中心城市相比，多中心城市往往拥有更高的人均收入和更低的贫穷率⑤；交通条件的改善推动了城市由单中心向多中心的演变，同时也加深了地理邻近城市之间的联系，形成了整体上的城市空间体系。

---

① Garreau J. Edge City：Life on the New Frontier [M]. Doubleday，1991.

② Gordon P，Richardson H W. Employment Decentralization in US Metropolitan Areas：Is Los Angeles an Outlier or the Norm? [J]. Environment and Planning A，1996，28（10）：1727—1743.

③ Hall P. Modelling the Post－Industrial City [J]. Futures，1997，29（4—5）：311—322.

④ McGrath D T. More Evidence on the Spatial Scale of Cities [J]. Journal of Urban Economics，2005，58（1）：1—10.

⑤ Arribas－Bel D，Sanz－Gracia F. The Validity of the Monocentric City Model in a Polycentric Age：US Metropolitan Areas in 1990，2000 and 2010 [J]. Urban Geography，2014，35（7）：980—997.

四、产业集聚、空间演进与城市经济增长

已有文献大都把产业集聚对城市经济和空间增长的影响归结为外部性效应。按照格莱塞（Glaeser，1992）的划分，产业集聚的外部性效应分为马歇尔外部性、雅各布斯外部性和波特外部性三大类。其中，马歇尔外部性是指专业化集聚产生的正外部性效应，即得益于一类产业或者关联产业的广泛集聚所带来的熟练劳动力、专业中间服务和技术外溢等额外效应。格莱塞曾将同一产业内部的专业化分工称为“区域定位经济”，指出专业化的地方集聚将强化既有的人力资本、技术创新等投入要素和知识积累，进而形成专业市场的垄断，从而推动城市空间演进与经济增长，而城市规模的扩大又将进一步推动产业的动态集聚过程。因为在这一观点中体现出著名新古典经济学者肯尼斯·阿罗（Kenneth J. Arrow）和保罗·罗默（Paul Romer）的理论贡献，所以马歇尔外部性又被称为“马歇尔-阿罗-罗默（Marshall - Arrow - Romer）外部性”。

与马歇尔外部性不同，雅各布斯外部性出自简·雅各布斯（J. Jacobs）在20世纪60年代后期完成的巨著《城市经济学》（*The Economy of Cities*）[①]。在书中，她指出不同类别产业集聚远比单一产业的集聚更能促进创新活动与城市增长。因为一个城市产业集聚的多样化程度越高，就越有利于知识的传播，也就越能克服产品生命周期带来的产业衰退风险，从而促进城市经济持续增长。多样化的产业集聚带来的效应也被称为“城市化经济”。与马歇尔效应不同，雅各布斯外部性理论信奉市场自由主义，认为高度竞争而非封闭的市场环境更加有利于企业开展技术创新。

波特外部性最早是由波特（Porter）在1990年提出，他认为产业集群带来的外部性效应，既包括要素供给与组织的优势，又包括不同产业间竞争所带来的创新知识溢出与传播[②]。多样化产业集聚的外部性，一方面使厂商将产业创新的技术成果迅速转化为生产力并运用到实际生产中；另一方面，又让

① Jacobs J. The Economy of Cities [M]. Vintage Books，1969.

② Porter M E. The Competitive Advantage of Nations [M]. Free Press，1990.

城市保持了必要的活力，从而形成一个更加具有集群竞争优势的空间单元。

巴顿（1986）认为集聚是城市的本质，由产业集聚所带来的外部性收益通过城市空间结构的变动，进一步转化为相应的城市功能，城市化经济对制造业空间集聚的影响要大于地方化经济，并能迅速推进城市化的空间发展①。斯科特（Scott，1986）从地理学的研究角度出发，将工业化与城市化进程联系在一起，指出产业垂直和水平分工带来了城市的外部规模经济，从专业化和范围经济两个角度推动了城市空间的规模发展与结构变动②。格莱塞等（Glaeser et al.，1992）从检验知识外溢对城市经济增长的作用出发，测算了1956—1987 年美国 170 个城市的主要产业增长情况，发现本地竞争与城市的多样性而非地区专业化，是造成就业增长与城市空间拓展的主要原因，证实了城市经济发展中存在着较强的雅各布斯外部性效应③。科菲等（Coffey et al.，2002）以 1981—1996 年期间的加拿大蒙特利尔大都市区 4 个金融行业与 8 个商务行业的劳动力就业特征为对象，系统研究了生产要素的空间流动与分布趋势，指出高端服务业的涌现是城市边缘地带成为新的就业集聚地的主要动力，传统中央商务区的衰落将带来城市空间沿着交通干线等基础设施形成多中心、非均质化的空间结构④。

进入 21 世纪以来，随着新一代信息技术普及运用，越来越多的学者开始关注互联网带给城市产业集聚与空间演进的冲击和影响。莫等（Maoh et al.，2007）利用空间统计方法，建立了产业集聚与城市空间形态的多变量关系模型。他们在进行复杂实证分析后指出，以高科技为代表的新兴产业集聚，首先带来了商业和工业土地利用形式的改变，进而又改变了城市空间的功能布

① K. J. 巴顿. 城市经济学［M］. 商务印书馆，1986.

② Scott A J. Industrialization and Urbanization：A Geographical Agenda［J］. Annals of the Association of American Geographers，1986，76（1）：25—37.

③ Glaeser E，Kallal H，Scheinkman J，Shleifer A. Growth in Cities［J］. Journal of Political Economy，1992，100（6）：1126—1152.

④ Coffey W J，Shearmur R G. Agglomeration and Dispersion of High-Order Service Employment in the Montreal Metroplitan Region，1981—1996［J］. Urban Studies，2002，39（3）：359—378.

局，从长远趋势来看决定了城市空间发展的基本走势[①]。吉兰等（Guillain et al.，2010）以1999年巴黎市区及周边地区的26个制造业和服务业部门为研究对象，通过测算区位基尼系数、全局莫兰（Moran）指数等产业和空间集聚度指标，发现各部门的空间分布强度呈现出差异化的态势，并且具有显著的空间自相关性，这证明了不同部门的产业集聚高度依赖于城市的功能与空间布局[②]。埃尔塞等（Helsey et al.，2014）反思了产业集聚和城市空间变动的研究成果，认为之前的研究大多走向了专业化或者多元化两个极端；为此他们引入"非专业化产业集群"概念，建立了城市产业协同集聚的理论模型，并将其作为互联网时代产业集聚与城市经济发展的分析框架，指出人力资本、企业效率与基础设施条件是决定城市规模和空间结构的三个关键因素[③]。

第二节 国内相关研究综述

较之西方国家，我国工业化和城市化的进程相对滞后，这也决定了学界对产业集聚、城市空间演进等话题的关注点与国外学者明显不同。因此，国内学界对产业经济和城市发展的研究，主要集中在产业集聚影响城市经济发展，产业集聚对城市空间结构演变，以及城市群发展的影响等领域。

一、产业集聚与城市经济发展

首先是产业集聚对城市经济发展的促进和提升。柯善咨等（2008）建立了空间计量联立方程，检验了中国工业集聚带给城市劳动生产率的外部性效应，结果表明工业的相对集聚与城市劳动生产率互为因果、互相强化，工业

① Maoh H，Kanaroglou P. Geographic Clustering of Firms and Urban Form：A Multivariate Analysis [J]. Journal of Geographical Systems，2007，9（1）：29－52.

② Guillain R，Gallo J. Agglomeration and Dispersion of Economic Activities in and Around Paris：An Exploratory Spatial Data Analysis [J]. Environment and Planning B：Planning and Design，2010，37（6）：961－981.

③ Helsey R W，Strange W C. Coagglomeration，Clusters，and the Scale and Composition of Cities [J]. Journal of Political Economy，2014，122（5）：1064－1093.

集聚与劳动生产率在地理邻近城市之间的空间黏滞性与连续性明显[①]。程中华等（2015）以国内的285个地级城市为研究对象，通过建立空间计量模型来解释产业集聚对制造业创新的影响，结果发现多样化和产业内竞争对制造业创新的影响最为显著，而专业化指标的作用并不显著。换言之，雅各布斯外部性与波特外部性的作用明显强过了马歇尔外部性[②]。刘鹏等（2017）利用空间杜宾模型检验了本土化产业集聚、外商直接投资（Foreign Direct Investment，简称FDI）与城市创新溢出效应三者之间的关系，发现专业化集聚与多样化集聚在不同区域、不同城市的影响程度不尽相同。东部地区与更高等级规模的城市明显受到了多样化集聚的影响，而中西部地区和中小城市受到专业化集聚的影响更加显著[③]。陈阳等（2018）利用2004—2015年中国285个地级市的时间序列数据，实证检验了制造业集聚对城市绿色全要素生产率的空间溢出效应。结果表明，从制造业的内部地位看，制造业地位的提升对城市生产效率的作用结果呈现出“先增后减”趋势；从制造业所在的城市等级来看，制造业集聚对城市能源、环境效率的影响呈现了“U”形关系。随着集聚水平的提升，制造业集聚对城市发展与效率的作用由正逐步转负，相较而言，专业化城市的制造业集聚更容易出现拥挤效应，导致城市不得不进行空间结构与城市功能的调整[④]。杨仁发等（2018）利用长江经济带108个城市2007—2016年的面板数据，运用系统GMM估计方法分析了产业集聚与城市经济生产率之间的关系，指出长江经济带的制造业集聚显著抑制了城市生产率提升，而服务业集聚则对城市经济增长有着显著的促进作用，政府干预、市场竞争、人力资本及空间设施的建设都将显著促进城市经济生产效率的

---

① 柯善咨，姚德龙．工业集聚与城市劳动生产率的因果关系和决定因素——中国城市的空间计量经济联立方程分析［J］．数量经济技术经济研究，2008（12）：3—14．

② 程中华，刘军．产业集聚、空间溢出与制造业创新——基于中国城市数据的空间计量分析［J］．山西财经大学学报，2015（4）：34—44．

③ 刘鹏，张运峰．产业集聚、FDI与城市创新能力——基于我国264个地级市数据的空间杜宾模型［J］．华东经济管理，2017（5）：56—65．

④ 陈阳，唐晓华．制造业集聚对城市绿色全要素生产率的溢出效应研究——基于城市等级视角析［J］．财贸研究，2018，29（1）：1—15．

提升[①]。

其次是产业集聚对城市空间结构的影响。葛立成（2004）通过对浙江的实证分析，指出产业集聚和城市化进程之间存在不可忽视的联系，浙江省以“块状经济”为特色的企业集群发展推动了城市化的阶段更替，更让城市形成了以交通轴线为依托的广域化空间模式[②]。徐瑛等（2007）选取了1997年和2003年30个省区24个工业企业的横截面数据，通过跨年度研究发现城市化经济正在替代地方化经济，成为促进城市增长的主要动能，内外部规模经济的共同推进促成了城市化与产业发展的规模报酬递增[③]。刘乃全等（2011）实证分析了制造业的产业集聚与空间集聚的关联程度，发现二者之间存在着长期均衡关系，这表明产业集聚对城市经济的持续增长具有重要的影响[④]。江章学（2016）基于新经济地理学视角，指出产业集聚为中心城市带动周边区域发展提供了必要产业支持，有利于形成地区经济的新增长极；同时，更大范围的空间布局与开发也会对产业集聚产生积极的反作用，产业集聚与城市经济圈之间存在着相互促进、循环往复、累进上升的互动关系[⑤]。

在产业协同集聚方面，金晓雨（2015）利用2003—2007年全国城市的维度数据，通过计算制造业和生产性服务业的EG共同集聚指数，发现产业层面上的制造业与生产性服务业倾向于共同集聚，共同集聚水平随着产业关联度的增加而提高；在空间层面看，产业关联和空间互动促使制造业在城市之间配置和优化，在集聚经济和拥挤成本的共同作用下，关联性高的制造业和生产性服务业倾向在大城市实现共同集聚，并挤出关联性较低的制造业部门，

---

① 杨仁发，张殷．产业集聚与城市生产率——基于长江经济带108个城市的实证分析［J］．工业技术经济，2018（9）：123—129.

② 葛立成．产业集聚与城市化的地域模式——以浙江省为例［J］．中国工业经济，2004（1）：56—62.

③ 徐瑛，杨开忠，沈体雁．中国经济快速发展中的集聚经济转型研究［J］．经济问题探索，2007（7）：1—7.

④ 刘乃全，叶菁文．产业集聚与空间集聚的协调发展研究［J］．当代经济管理，2011，33（7）：52—59.

⑤ 江章学．产业集聚与城市经济圈的互动关系分析——基于新经济地理学的视角［J］．商业经济研究，2016（16）：201—203.

导致了不同制造业在大中小城市的空间再配置①。豆建民等（2016）以2003－2012年全国285个地级市为样本，利用面板数据门限回归模型研究了生产性服务业与制造业协同集聚对城市经济增长的门限效应，结果表明协同集聚对城市经济增长存在着双重的门限效应。当城市规模小于23万人或者高于200万人时，协同集聚表现为对城市经济增长的明显抑制作用；当城市规模位于上下门限之间的时候，两个产业之间的互补效应将逐渐显现，城市经济就能从规模经济和范围经济的协同集聚中获得更大的好处②。卢迪等（2018）以服务业和制造业关联集聚模式为视角，采用中间产品模型实证检验分析东北地区各个地级市发展的规模效应，结果表明东北地区的人口集聚与城市经济产出之间呈现出“倒U”形关系，城市服务业和制造业构成与人口规模的扩张都对城市经济产出效率存在着协同效应；但由于东北地区实际人口规模小于最优规模且低于产业调整收益的最低门槛，未来大城市应进一步推动服务业集聚发展和城市功能的强化，中小城市在推动人口集聚的同时，更应该注重推动地方制造业的集聚发展③。张虎等（2017）选取2003－2014年全国31个省份的制造业与生产性服务业就业数据，从产业空间分布的产业地理集中与产业集聚两个维度测算了制造业与生产性服务业的协同集聚指数，发现相邻地区的制造业与生产性服务业集聚之间存在空间溢出效应，知识溢出、技术创新与层级分工程度对制造业与生产性服务业协同集聚都有着正向影响，并且相邻地区的科技创新与层级分工程度对本地也产生正向互动关系④。周明生等（2018）利用门限回归模型建立了长株潭地区生产性服务业与制造业的垂直关联分析框架，指出长株潭城市群的产业分布呈现出“中心-外围”模式，生产性服务业集聚在中心城市长沙，而制造业则分布在株洲、湘

---

① 金晓雨．城市规模、产业关联与共同集聚——基于制造业与生产性服务业产业关联和空间互动两个维度［J］．产经评论，2015（6）：35－46.

② 豆建民，刘叶．生产性服务业与制造业协同集聚是否能促进经济增长——基于中国285个地级市的面板数据［J］．现代财经（天津财经大学学报），2016（4）：92－102.

③ 卢迪，吴昊．基于产业关联集聚模式的东北城市规模效应研究［J］．税务与经济，2018（3）：54－60.

④ 张虎，韩爱华，杨青龙．中国制造业与生产性服务业协同集聚的空间效应分析［J］．数量经济技术经济研究，2017，34（2）：3－20.

潭等周边城市，生产性服务业发展的相对滞后影响了产业的协同集聚水平，导致现阶段协同集聚对区域经济增长的外部性效应为负，生产性服务业促进制造业效率提高的作用机理因自身发展不足尚未得到体现①。

二、产业集聚与空间结构演变

产业集聚对城市空间规模的影响是学界最为关注的话题。刘乃全等（2011）指出，空间集聚概念就是由要素集聚、产业集聚、城市、城市群等越来越大的集聚综合体组成，要素集聚、产业集聚、城市和城市群是一个逐渐演化的过程，产业集聚和城市、城市群的协调发展可视为一个从下至上的促进过程和一个从上至下的反馈过程，两者应该形成一个良性的发展循环②。梁辰等（2012）从临港产业集聚与城市空间结构演化过程出发，基于遥感分析与地理信息系统技术手段提取了大连港的空间地理信息，结合分形几何、空间重心、产业集聚等理论，深入探讨了港口城市的空间规模扩展历程，从城市空间增长效率、结构形态、分型演变与重心转移角度揭示出港口城市空间演变的趋势和规律③。梁琦等（2014）基于空间经济学的分析框架，指出在要素自由流动的条件下，要素集聚与产业发展互动产生了收益递增的循环累积因果效应。随着生产要素不断向中心城市集聚，城市规模不断扩大，受土地等不可流动要素的有限性制约而产生拥挤效应，驱动产业进行空间重组，产业集聚与产业转移并行互动形成了多层级的“中心-外围”空间结构④。范晓莉等（2015）基于异质性企业贸易理论，构建了空间模型以解释城市单中心经济的形成，指出企业的异质性一方面通过交通和信息基础设施水平作用于城市产业结构，另一方面又通过“集聚-扩散”的连锁效应，改变了城市空间

---

① 周明生，陈文翔．生产性服务业与制造业协同集聚的增长效应研究——以长株潭城市群为例［J］．现代经济探讨，2018（6）：69—78.

② 刘乃全，叶菁文．产业集聚与空间集聚的协调发展研究［J］．当代经济管理，2011，33（7）：52—59.

③ 梁辰，王诺，佟士祺，刘忠波．大连临港产业集聚与城市空间结构演变研究［J］．经济地理，2012（8）：84—90.

④ 梁琦，黄利春．要素集聚的产业地理效应［J］．广东社会科学，2014（4）：5—13.

结构演进的动态轨迹[①]。魏守华等（2016）基于对1997—2013年中国286个城市的实证分析，认为城市空间的扩展对经济生产率影响并不显著，而多中心的空间集聚则显著推动了城市生产率的提升，原因是来自制造业次中心的产业集聚以及制造业与生产性服务业的互动集聚效应[②]。

其次是产业集聚对城市空间格局的影响。赵峥（2012）通过比较空间城市化的不同模式指出，以大城市为核心的城市群能够更好促进要素在更大范围、以更快速度实现集中配置，得以在空间结构上实现资源的最优化配置。其认为要选择合理的空间城市化发展模式，围绕大城市、城市群的发展需要，推动人口和产业在空间上的高水平、高质量集聚[③]。吴福象等（2013）以长三角城市群16个核心城市为研究样本，系统阐释了创新要素集聚对城市产业和空间发展的作用机理，指出以人力资本为代表的创新要素在城市群中集聚与分散，推动形成了区域内产业分工的合理体系，进而实现了不同层级城市经济的协同发展[④]。黄蕊等（2013）考察了浙中城市群的产业空间分异状况以及整个区域空间格局变动的趋势，认为主导产业的发展显著提升了城市功能，产业集聚又驱动了城市的空间规模扩张，导致产业扩散的作用不断增强，使得相邻城市间的产业联系更加紧密，产业逐渐由分散化走向集群化，由此带来的产业空间布局变化，又推动了城市空间结构的蔓延与扩张[⑤]。陈雁云等（2016）利用中国15个城市群的面板数据进行了实证检验，指出东部地区的产业集聚与城市聚集对区域经济增长的推动作用更为明显，而中西部地区由于缺少特大城市的带动，产业集聚与区域城镇化的互动作用较弱，更应把城市空间规划与产业集聚有机结合起来，吸引具有产业带动优势或配套功能的

① 范晓莉，王振坡．企业异质、产业集聚与城市空间结构演变——新新经济地理学视角的理论解释与动态分析［J］．西南民族大学学报（人文社会科学版），2015（1）：136－144.

② 魏守华，陈扬科，陆思桦．城市蔓延、多中心集聚与生产率［J］．中国工业经济，2016（8）：58－75.

③ 赵峥．对我国空间城市化发展模式的思考［J］．城市，2012（1）：35－39.

④ 吴福象，沈浩平．新型城镇化、创新要素空间集聚与城市群产业发展［J］．中南财经政法大学学报，2013（4）：36－42＋159.

⑤ 黄蕊，崔大树．产业空间分异驱动城市群空间组织模式演变研究——以浙江中部城市群为例［J］．改革与战略，2013（9）：54－58.

项目进入，在区域内形成分工协作、资源共享的机制，把城市之间的零和非合作博弈的竞争战略转变为正和合作博弈的竞合战略，促进强势企业与其他企业实现优势互补与成果共享[①]。

最后是产业集聚对不同地区城市空间演进的影响。项文彪等（2017）对中国中部地区的产业集聚开展了时空演化分析，指出中部地区的产业和城市集聚在时间和空间上都存在一定差异。通过相关的产业集聚、城市集聚与经济增长互动的面板回归模型分析，他们证实了产业集聚对地区经济的增长影响较大，而城市集聚对地区经济增长影响较小，城市集聚和产业集聚之间的互动对区域经济增长的促进作用也不显著[②]。胡锡琴等（2017）选择 2005—2014 年成渝城市群的空间面板数据，检验了 FDI 和服务业集聚对区域经济增长的外部性效应，指出 FDI、国内资本、人力资本和服务业集聚对经济增长的贡献度依次降低。其中的 FDI 因技术外溢对城市群经济增长产生了显著的正向影响，服务业则由于城市群空间布局的“两极化”趋势未能对城市群经济的整体提升起到明显作用[③]。吴亚菲等（2017）建立了 2004—2013 年长三角群 26 个地级市的空间面板模型，检验了产业集聚与城市空间演进、区域经济增长之间的关系。结果表明产业集聚和经济增长之间存在显著的空间相关性，制造业集聚对城市群的经济增长影响是正向的，而生产性服务业集聚的影响则是负向的[④]。齐嘉（2018）利用 EG 指数测算了京津冀、长三角、珠三角三大城市群的高成长企业集聚状况，指出三大城市群已经呈现出差异化发展新态势，集聚程度由高至低分别为京津冀、珠三角和长三角。同时，三大城市群的产业集聚导向明显不同，京津冀以研发为导向，长三角为商贸导向，

① 陈雁云，朱丽萌，习明明．产业集群和城市群的耦合与经济增长的关系［J］．经济地理，2016（10）：117—122+144.

② 项文彪，陈雁云．产业集群、城市群与经济增长——以中部地区城市群为例［J］．当代财经，2017（4）：109—115.

③ 胡锡琴，张红伟．空间经济视域下城市群 FDI、服务业集聚的经济效应——基于成渝城市群的实证分析［J］．中国地质大学学报（社会科学版），2017（5）：116—125.

④ 吴亚菲，孙森．长三角城市群经济增长和产业集聚的关联效应研究［J］．上海经济研究，2017（5）：44—50.

而珠三角更多表现为制造导向[①]。杨珍丽等（2018）从城市群子系统、开发区子系统、产业集群子系统中选取了36个评价指标，对长株潭城市群产业集群的有序度与整体协同度进行了测算。研究结果表明，在市场力和政府力的耦合作用下，城市群的开发区之间、城市内部和城市之间、产业集群内部和产业集群之间都产生了复杂的产业竞合与空间竞合关系，推动了“城市群—开发区—产业集群”之间的协同发展水平日趋提升[②]。

第三节　世界各地城市发展实践

从历史角度来看，城市的产生与发展都源于非农产业和人口在城市空间的集聚。所以，城市化进程的演进，说到底是由产业的区位选择与空间集聚直接决定的。城市从形成到成熟壮大再到衰退，经历了不同的阶段，每一个阶段的城市实践都与产业集聚、扩散、转移再集聚等有着极其密切的关系。

一、英、法、美、日城市发展历程

（一）英国

以纺织机械与蒸汽机动力的发明和使用为起点，第一次工业革命彻底改变了产业依赖与生存的空间形态，让高度依赖土地资源的农业种植和畜牧经济等生产方式转到了以资本和劳动力高度集聚为特征的工业世界，也使得原本是农业产品交换、销售市场的城市具有了强大的生产功能。现代意义的城市由此正式兴起。

作为工业革命的先驱，英国是世界上最早开启城市化的国家，也是率先实现工业化、城市化的国家。受地理大发现与新航道开辟影响，英国农业早在16世纪中叶就已经进入商品化的生产阶段。东南部的贵族地主开始圈占土

① 齐嘉．中国三大城市群产业集聚比较研究——基于高新区高成长企业的证据［J］．海南大学学报（人文社会科学版），2018（2）：60—68.

② 杨珍丽，唐承丽，周国华，吴佳敏，陈伟杨．城市群—开发区—产业集群协同发展研究［J］．经济地理，2018，38（01）：78—84.

地，刺激了工场手工业的迅猛发展，失地农民只能涌向城市，这为农村人口向城市的转移奠定了重要基础。加之15—18世纪初重商主义的盛行，各类资源和商品在广大地域空间的大规模流动，使得英国航运的基础设施条件日臻完善，进一步促进了人口从农村向城市的大规模迁徙。进入19世纪，随着工业发展与人口集中，英国涌现出一大批新兴的工业城市。具有交通区位优势的村庄和相对偏僻的工矿区，例如伯明翰、格拉斯哥和曼彻斯特等，都是因为工业生产规模的不断扩大聚集起大量人口，最终超越传统城镇成为重要的区域经济中心，并形成以棉毛纺织、钢铁、采矿业为主导的产业集聚格局。交通条件的改善又强化了城市之间的资源流通、产业协作和商贸往来，产业集聚进而带来空间的集聚，逐步在英格兰西北部形成以曼彻斯特为中心的城市集中区，这一区域初步具备了城市群发展的雏形①。

第二次世界大战之后，第三次工业革命为英国产业和空间结构的调整带来重大契机。20世纪70年代起，曼彻斯特、格拉斯哥等传统工业城市大刀阔斧砍掉了落后工业，仅仅保留了石油、天然气等部分优势产业，并围绕电子信息、计算机、生物工程等高新产业开展技术革新，有效推动了城市空间的产业升级。比如，曼彻斯特这个昔日的英国"制造业之都"，到2000年制造业占生产总值的比重已下降到20%以下。新一代的信息通信技术让距离不再成为产业空间集聚的掣肘，也大大减缓了人口向城市集中的百年趋势，让中小城市的生存和复兴有了新的可能。进入21世纪，伯明翰、格拉斯哥、利物浦、伦敦、曼彻斯特、纽卡斯尔、西约克等7大城市的人口在英国全国占比已经由1950年的37.7%降到了29.3%，表明人口和产业活动出现了向新兴中小城镇集聚的新趋势②。总体来看，由于英国的经济制度属于典型的自由放任式的市场经济，城市产业兴衰与空间结构的演进都是源于市场主导的自发性变迁，基本沿着"工业化—私有化—城市化"路径不断演进，产业的集聚或分散，构成了城市形成、壮大与衰退的根本动力。

① 纪晓岚. 英国城市化历史过程分析与启示［J］. 华东理工大学学报（社会科学版），2004（2）：97—101.

② 数据来源：United Nations. World Urbanization Prospects：The 2005 Revision.

（二）法国

与英国不同，长期实行“重农主义”政策的法国无论是工业化还是城市化都明显落后于前者。加上法国国内的空间布局相对简单，除巴黎之外几乎都是中小城市，空间分布比较均衡。所以，即便是在英国已经完成了产业革命并可提供足够的经验的情况下，法国仍然花了半个世纪的时间才完成了工业化与城市化的第一阶段。第二次世界大战后，随着 1946 年“莫内计划”（Monnet Plan）正式启动，法国成立了国家计划总署，通过加强经济基础部门的公共投资、鼓励国有企业进入煤炭和钢铁业等途径，连续实行“赫希计划”、产业发展“第三计划”“第四计划”与“第五计划”等等，推动全法经济进入高速起飞的新时期。1970 年首都巴黎人口规模由 1950 年的 542.4 万增长到 841.1 万，大城市集聚人口的优势进一步凸显，到 1975 年法国彻底摘掉了“农业国”帽子，城市人口占全国人口比例突破 70%，成就了产业高速发展带来国家经济腾飞的“辉煌的三十年”[①]。

20 世纪 70 年代后，法国政府大力推动的“国有化”的弊端逐步显现，工业生产进入缓慢增长阶段，城市化进程随之放缓。人口向大城市集聚的增速开始下降，工业企业开始出现向城郊地区甚至更远区位的转移。首都巴黎的城市空间继续向外扩张，但中心城区的人口密度开始下降，去中心化的趋势逐步蔓延，带动人口向外围地区加速转移。在经济空间转换的过程中，服务业比例明显提高，特别是信息产业与新兴服务行业发展势头迅猛，取代制造业成为贡献法国经济增长的主要部门，产业结构的调整激活了中小城市的发展动能，使得之后法国城市的分布在空间上日益呈现分散化，城市之间的差距开始明显缩小，空间结构也进入到均衡发展的新阶段。

---

① 法国经济学家让·弗拉斯蒂（Jean Fourastié）将法国经济快速增长的 1946—1975 称为“辉煌的三十年”（The Glorious Thirty）。这一表达衍生自法国七月革命“光荣的三日”（The Glorious Three）。

（三）美国

与英法两国的发展道路不同，美国早期的城市发展带有强烈的殖民地色彩，波士顿、纽约、费城、巴尔的摩等大西洋沿岸城市都是靠着商业贸易发展起来的。19 世纪初，以纺织业为先导的第一次工业革命让马萨诸塞、康涅狄格、新罕布什尔等州踏上工业发展的高速路，工厂制的盛行吸引了大量农村人口涌入城市，并带动了机械制造等重工业部门迅速崛起，形成了美国北部的纺织业集聚带、匹兹堡的钢铁业集聚区与克利夫兰的石油开采集聚地①。公路、铁路以及运河的修建进而形成贯通东西的水陆交通网，使得河流与交通干线沿岸的城市迅速壮大，围绕北美五大湖区、密西西比河等沿岸以及大陆铁路干线的沿线，出现了芝加哥、底特律等一大批重要的交通节点城市。

第二次工业革命，让电力在美国工业部门普及，进而带动了工业生产方式巨变，发电厂的建立进一步吸引大量劳动力涌向城市，产业集聚推动工业资本与银行资本结合为金融寡头，推动城市的规模和影响力不断扩大。值得一提的是，第二次工业革命让长期处在经济低迷状态的西部地区获得新机，以资源开采和冶炼业集聚为先导，旧金山、丹佛、洛杉矶等城市实现跨越式发展，一举摆脱了长期作为东部城市的原材料供应地的束缚，美国全国范围内大城市带动、中小城市支撑的空间城市体系初现规模。第二次世界大战后西方世界迎来了“婴儿潮”，人口自然增长率的攀升，以及能源开发、电子计算机、航空航天等领域的重大突破，极大提高了市场规模与工业生产效率，让依靠新兴工业发展起来的中心城市规模迅速扩大。比如南部的休斯敦以炼油工业和宇航工业起家，经过 20 年的建设就从一个偏僻滨海小镇跃居为全美第六个特大城市。与此同时，私人交通的普及与高速公路网络的覆盖使得纽约、芝加哥等城市转型为拥有多样化产业集聚的综合型城市，而匹兹堡、巴尔的摩、底特律、克利夫兰等传统工业城市开始出现衰退，去中心化加速了产业与人口向城郊地区转移，中心城市吸收近郊区、远郊区，逐步形成了

---

① 丁立. 试论战后美国经济发展的五个历史阶段——兼论 1987 年 10 月华尔街股市暴跌的重大影响 [J]. 河南大学学报（哲学社会科学版），1988（3）：7－12＋57.

“大都市区”和“大都市连绵带”①。

20世纪70年代后期，美国陷入经济发展“滞胀”阶段，迫使美国政府放弃了传统的“凯恩斯主义”干预方式，从有效需求管理转向了供给学派改革②。美国将高耗能、高污染产业转移到新兴经济体，在其国内则大力促进基础产业部门私有化，通过新的产业政策立法加大对技术创新行业的扶持。20世纪90年代克林顿政府延续了鼓励技术创新的政策立场，重点推动微电子、新能源、新材料等高新技术产业的产学研一体化，促使了美国硅谷、东部128号公路等新经济产业集聚区的崛起，一举完成了产业体系由传统机械制造业主导向高新技术产业主导的大转变，并促进大城市郊区开始出现“无边界城市”，即伴随着电子信息、远程办公技术广泛应用，无固定规划、无明显边界的低密度办公地成为城市空间的新单元，城市与乡村之间的边界日渐模糊③。总体来看，第二次世界大战后美国经济以产业技术创新为源动力，通过鼓励新经济发展与推动城市规模演进，让产业集聚和城市竞争力都始终保持在世界前列，为其他国家的城市化提供了可参考借鉴的经验。

（四）日本

日本的产业革命与城市化在西方发达国家中起步最晚。它开始于19世纪60年代末的明治维新，之后，日本通过“殖产兴业”和废藩置县，广泛引进西方工业技术，在20世纪20年代进入快速城市化时期。到1930年底，日本全国已形成京滨、阪神、中京和北九州四大工业带。1931年后，随着日本发动侵华战争，日本的城市化进程基本停滞。与英美等国注重市场机制不同，日本推动产业发展和城市化更多是依靠政府的力量。第二次世界大战后，日本政府加大了对钢铁、煤炭等支柱产业的财政倾斜，并出台鼓励技术改进与

---

① 林玲. 美国现代城市体系初探［J］. 世界经济，1989（12）：46—52.

② 供给改革是“里根经济学”的思想核心。1981年里根上台后，面对国内“滞胀”困境着手经济改革，所提出的“经济复兴计划”以供给学派和货币学派为基础，提出要大规模减税、货币紧缩、削减非国防支出、控制预算、减少政府对企业管理的干预等。

③ 李长胜，蔡敏. 产业政策与经济转型：美国20世纪80年代以来的经验与启示［J］. 改革与战略，2018（7）：116—122.

设备更新的各项政策，推动机械、电子与石油化工等新兴产业快速发展①。产业的复兴进而带来了城市复苏，以钢铁、化工工业为支撑的中小城市迅速发展，形成了“钢铁之都”东海市、“汽车之都”丰田市、临港口岸千叶市等一批新兴的专业化城市，围绕东京、大阪等中心城市，逐步形成日本的三大都市圈——东京、大阪与名古屋都市圈。

20 世纪 70 年代的石油危机让日本的制造业成本大幅提高，1974 年日本全国 GDP 出现第二次世界大战后的第一次负增长，显示出国民经济开始进入下行区间。日本政府及时调整产业政策，推动产业结构向以电子信息、汽车制造、现代服务业为主导的知识密集型产业转型，工业企业向城市的周边转移，服务业成了城市新的经济支柱。20 世纪 80 年代后期，《广场协议》的签署让日元大幅升值，扩张性货币政策的实施导致资产价格过度上涨，最终酿成 1991 年的日本金融危机②。危机不但加速了汽车、化工等传统优势产业的衰退，也让三大都市圈出现人口净流失。20 世纪 90 年代中期，日本开始了新一轮的产业调整，确立了以“技术立国”取代“贸易立国”的发展战略。到 21 世纪初，日本三大都市圈人口开始回迁，并呈现人口向东京大都市圈“一极集中”的新态势，使得东京都市圈的范围不断拓展，三大都市圈之间界限日渐模糊，最终形成了闻名世界的日本太平洋沿岸城市群。

二、 世界各地城市发展的未来趋势

马克思主义认为，生产力决定生产关系。现代社会人类最突出的生产力表现就是通过工业革命实现的工业能力大幅跃升。迄今为止，人类社会所经历的三次工业革命，无论是蒸汽动力的应用、电气技术的广泛普及，还是 20 世纪中后期的计算机和信息技术的广泛应用，每一次技术革命都改变了人类生产生活的方式，也都让产业发展和城市规模增长有了质的飞跃，推动产业

---

① 叶军. 战后日本产业政策的变迁及启示 [J]. 中国商论，2016 (15)：143-144.

② 1985 年 9 月 22 日，美国、法国等国与日本在纽约时代广场酒店签署了《广场协议》，计划通过美元贬值改善美国国际收支的不平衡，但实际上却严重打击了当时美国最大的债权国日本，并导致 6 年后日本金融危机爆发。

由分散走向集聚，城市由单中心走向双中心甚至多中心，使得社会经济活动中的新技术、新产品、新业态不断涌现，中心城市与城市群、大都市圈等空间形态交相辉映。

从世界范围来看，以美国为代表的发达国家在20世纪50年代基本完成了工业化与城市化；而大多数发展中国家在这一时期才刚刚开启了工业化和城市化进程。城市的产业集聚推动人口集中，进而带来城市空间规模的扩张与空间结构演进。在这一过程中，区域的中心城市拥有良好的市场规模，能够吸引更多的人口向其聚集，自然也就能产生更大范围的产业集聚。在城市规模不断扩大的过程中，空间结构逐渐分化为不同的功能板块，人口“去中心化”和产业的“集聚后分散”相互影响，形成了以中心城市为节点，相邻中小城镇和卫星城相互分工与协作的区域空间结构。

20世纪后期，新一代信息技术的发展让既有的城市等级体系重新被定义。互联网技术穿透了国与国之间的物理边界，让跨国公司将其产业价值链在世界范围内进行组织、分工与布局。信息技术水平和数字经济能力成为中心城市发展的标准配置，中心城市的地位增强促进了更大范围的空间集聚，逐步形成具有强烈经济联系的城市群、大都市圈等空间新形态。近十年间，伴随西方主要国家跌入“低增长陷阱”，由全球化所带来的本国“产业空心化”趋势愈演愈烈，重振实体经济成为各国推动经济复苏和振兴的主要导向。如英国的“高价值制造”战略、德国的“工业4.0”规划、美国的“再工业化”与“制造业回归”政策等等，都是基于变化中的世界经济形势而提出的发展战略。可以预见，第四次工业革命将给全球实体经济与制造业带来新一轮复兴，也必将产生以技术创新为导向的新一轮产业集聚，产业链、供应链组织也将从传统的生产分工迈向现代化的技术分工，城市内部与城市之间的产业竞争合作体系也将同步发生变化，从而推动城市空间体系的不断演进。

第四节　国内城市发展历程

据记载，中国的城市出现于龙山时代（距今约4600－4000年）甚至更早。到了商周时期，城市作为空间上聚落大小、等级及功能体系的结合体，功能也开始由治安保卫向其他政治领域拓展，礼乐思想、宗法制、等级制等因素逐步渗透到城市规划与布局之中①。现代意义的中国城市与城市化，是从鸦片战争时期开始的。其中既有列强侵略造成的外部冲击，又有传统生产要素向城市集聚、民族资本主义工业曲折发展的内在动力，具有典型的复杂性与杂糅性②。新中国成立后，产业与城市发展经历了从计划经济向社会主义市场经济转型的复杂过程，也让社会主义城市建设有了全新的道路。所以，本节研究聚焦新中国成立之后的城市产业集聚与空间演进，特别是改革开放以来的城市演进历程。

一、新中国成立以来的工业化与我国城市发展回顾

1949年新中国成立时，百废待兴，百业待举。对于一个农业大国来说，如何集中经济资源要素启动工业化是一个大难题。所以，中央以苏联经验和模式为借鉴，依托新中国成立前的一些工业中心，通过计划经济体制满足建设中国现代化工业的现实需要。1953－1957年“一五”计划顺利开展，以国防、冶金、能源、机械、化学等重工业为主，在全国统一布局了以苏联援建我国的“156项”工程为核心的694项重点建设项目，东北、华北、西北、华东、中南、西南六大区域均有分布。其中，三分之一的重点项目落于东北地区，主要是在原有产业基础之上的改扩建项目；其余的重点项目以新建项目为主，主要分布在京广铁路沿线及以西地区。工业重心的北移，让包头、石家庄、长春、齐齐哈尔等一举成为新兴的工业中心，到1957年全国已有城市179个，其中71个为新增城市。1958－1960年的“大跃进”时期，以“全民炼钢”为中心任务的做法让城市的规模迅速扩大，人口急剧增长，城市化率由1958年的16.2%陡增至1960年的19.7%。但由于脱离了国民经济基础，造成农村劳动力的巨大缺口，最终出现了“三年严重困难时期”，城市化率也

① 薛凤旋．中国城市及其文明的演变［M］．世界图书出版公司，2014：91.

② 何一民．中国城市史［M］．武汉大学出版社，2012：27.

从1960年的19.7%降到了1963年的16.8%，回到了“大跃进”之前的水平[①]。1961年国民经济发展进入“调整、巩固、充实、提高”的时期，推动城市人口向农村回迁。1965年调整设市标准，有33个城市撤制，城市化率也因此保持在17%左右水平。同一年，中苏关系交恶，中央决定在西部13个省（自治区）开展“三线建设”。西北和西南地区陆续建成一批新的工业中心，工业布局也呈现出区域均衡化的新趋势。1966—1976年是“文化大革命”时期，国民经济受到严重的干扰与破坏，“三线建设”地区和城市成为国家重点的投资地区。但由于1968年开始的知识青年“上山下乡”、城镇干部“下放”等运动，2000万以上的城市人口向农村转移，城市发展陷入十年之久的低迷期。

1978年12月召开的党的十一届三中全会，开启了改革开放伟大征程。1978—1995年是社会主义市场经济的艰难探索时期，也是城市进入正常化稳定发展的时期。在这一时期，东部沿海地区因其良好的产业基础、便利的交通条件以及潜在的市场活力，成为改革开放初期的重点投资区域。1981—1985年的“六五”期间东部沿海地区基本建设投资总额占全国的47.7%，超过中西部投资总额之和[②]。通过扩大开放，以经济特区、沿海港口城市、沿海经济开放区等空间形态为载体，吸引大量外资进入，扩大产品市场，为外向型经济的发展奠定了基础，城市化率也增至1995年的29.0%。1989年中央提出“严格控制大城市规模，积极发展中等城市和小城市”的城市化方针，乡镇企业崛起推动了中小城市的蓬勃发展，也促使中西部地区劳动力向长三角、珠三角等经济发达地区加速聚集，形成了改革开放初期的“民工潮”[③]。1992年党的十四大后，社会主义市场经济制度正式确立，“西部大开发”“振兴东北老工业基地”“中部崛起”等国家战略和政策的相继出台，推动实现全国范围内产业发展重心的第三次转移。重化工业和加工型工业项目由东部沿海向中西部地区大规模转移，既让东部城市有了产业转型升级和发展方式转

---

① 数据来源：《新中国六十年统计资料汇编》。

② 陈栋生．区域经济学［M］．河南人民出版社，1993.

③ 简新华，何志扬，黄锟．中国城镇化与特色城镇化道路［M］．山东人民出版社，2010：213.

变的空间，又让中西部地区通过产业承接，有了建立市场化机制和推动城市产业更新的发展机遇，全国的城市化率也由1995年的29.0%上升到2014年的54.8%。对比中国1990年人口普查和2010年人口普查资料可以发现，20年间我国城市人口在500万—1000万人的特大城市数量就由2个扩大为10个，还出现了常住人口超过1000万人的超大城市6个，呈现出大、中、小等不同规模城市齐头并进的态势。

改革开放以来，我国工业化与城市化取得的伟大成就表明，只有坚持党的全面领导，以建立社会主义市场经济制度为脉络，我们才能仅用30多年时间就完成了西方发达国家100多年的发展历程。尽管取得了世所罕见的发展成就，但我们也应清醒认识到，我国西部地区的城市化与工业化进程，并没有真正实现同步的产业集聚和空间结构演进，而是表现出了明显的滞后性。进入社会主义建设的新时代，如何更好促进不同地区和城市之间的产业协同与空间可持续发展，构成了西部地区推动实现城市高质量发展的重要挑战。

二、 新中国成立以来我国城市空间格局的演化

在新中国成立之后的早期工业化进程中，各城市都是依托于工业项目的投资与建设而不断成长壮大的。投射到空间上，就是以大型国有企业为主导，提倡“企业办社会”，生产区和住宅区紧密相邻，相关生活服务和基础设施项目也在企业周边进行布局，城市也由此形成以中心地带的功能为支撑，以不同部门工业分类集聚为连接的生产生活区域布局。改革开放以来，随着社会主义市场经济的逐步确立与完善，城市的商业等服务业活动快速兴起，产业的多元化带来新的产业在城市内部空间上的资源整合与重新集聚，从而推动城市的空间形态由过去的单中心逐步向多中心的现代城市形态演进，产业集聚的空间转移与城市空间的功能分化构成了城市空间结构演化趋势的两个方面。

在新的发展时期，工业项目在中心城市和中心城区的长期盘踞将带来土地紧缺、环境污染等问题。所以，20世纪90年代开始，推动工业企业向城市外围或周边中小城市转移成为新的趋势，位于城市边缘的产业园区、开发区

等开始成为大城市工业企业重新集聚的地域空间。通过政府主导的产业园区基础建设，以及招商引资的各项政策优惠，同一产业或者多个产业部门的大量企业开始集聚于专业化或者综合性的产业园区，刺激了工业用地规模持续扩大，直接推动了城市空间边界不断向外扩张。随着市场经济改革的持续深化，中小企业成为园区产业发展新的主体，并形成“企业自然集聚—政府服务”的产业园区发展路径，带动城市生产部门的重心从中心城区向外围地区转移；在城市空间结构上，由生产力核心部门主导的城市副中心开始出现，推动形成以多中心为主要特征的城市空间新结构。据不完全统计，到 2016 年全国已有包括出口加工区、自贸试验区、自主创新示范区等在内的国家级产业园区 647 家，其中经济技术开发区 219 家，高新技术产业开发区 169 家；省级产业园区 1166 家；其他各类的工业园区上万个。2016 年，高新技术产业开发区和经济技术开发区这两类国家级产业园区对全国 GDP 的贡献率达到 23.0%，同比增长 8%，高于全国当年 GDP 增速 1.3 个百分点，上缴税收超过全国的 1/4，出口创汇约为全国的 40.0%①。

传统工业部门从中心城区的撤出，推动城市的主导功能由生产型加速向消费服务型转变。20 世纪 90 年代中期，以商业和金融服务业为主的第三产业迅速崛起，商业用地取代工业用地成为中心城区对土地要素的最大需求，极大冲击了城市既有的生活服务布局，加剧了消费市场地在城区中心集中的趋势。城市空间的产业更迭让制造业对生产性服务业的需求不断扩大，中心城区以便捷可达的交通区位和良好的办公环境成为企业选址的首选。中央商务区以其独有的商务办公、金融与信息要素供给优势，成为中心城区快速崛起的新空间，金融、咨询、高档型服务业的专业化与高端化集聚，让中央商务区的辐射范围进一步扩大，中心城区的空间结构不断极化。21 世纪以来，信息技术广泛普及与数字经济的发展，让生产要素和产业活动在更大范围内配置与组织成为可能，移动互联网、跨境电商、科技金融、数字媒体等新业态不断涌现，中央商务区由商务主导开始向“商务、金融、文化、互联网融合”

① 数据来源：《2017 中国产业园区持续发展蓝皮书》。

的创新模式加速演变。

与产业集聚和城市功能的分化趋势不同，生活空间的演进更能体现出中国特色社会主义城市建设的特征。在计划经济时代，“单位大院”是城市居民生活的基本空间，多数居民区都与工业生产的功能区相伴而生。改革开放以来，随着职工住宅分配福利制度取消，城市住房开始以商品的形式进入市场。商品房的出现，推动了市场机制下住宅用地与工业生产用地相互分离；房地产业的兴起和繁荣，开始成为城市拉动经济增长与空间扩张的重要途径。

进入 21 世纪，在传统的工业、商业和住宅用地分化的同时，以技术和知识为导向的空间形态不断发展壮大，逐渐成为城市空间结构演进中的新趋势。首先，以学术科研为主导的“大学城”源于 1999 年开始的高校扩招政策，推动了城市外围地区兴起了建设大学城的热潮。其次，以高新技术科研为主导的高新区，围绕核心技术、尖端技术的研发，通过体制机制优势变成了区域产业创新的源泉与孵化基地，并最终成为城市新的副中心和增长极。最后以研究与开发相结合为主导的产学研一体化空间，通过对科学研发、技术创新与企业生产的有机融合，形成了一种新的产业孵化与发展模式。知识指向型的城市空间崛起，来自信息技术对城市空间扩张与结构演进的推动力。显然，这一模式更加强调对技术与人才的集聚，也不涉及既有的产业空间布局，但从长远的角度来看，代表了城市未来空间结构演化进程的新的方向。

三、 我国城市产业发展与空间演进的基本规律

总体来看，新中国成立以来尤其是改革开放以来，我国城市内部的空间结构从主导产业引领的单中心模式逐步向多元化产业协调发展驱动的多中心模式演变。在多中心结构的形成过程中，城市的空间分布与产业发展表现出以下三个特征。

首先，城市的产业体系具有鲜明的垂直分工特征。计划经济时代的城市多是围绕主导工业部门的生产、加工、销售来建设的。改革开放后随着城市规模扩大与制造业外移，产业体系的垂直分工特征不断增强，中心城区以中央商务区为载体，开始承担更多的办公、金融、总部决策及其他服务功能。

与此同时，高新区、经开区等城市外围地带的产业空间功能进一步强化，除了满足工业生产的需要之外，技术创新、生活等配套设施日趋完善，成为拉动经济增长和空间演进的增长极，城市中心与外围的产业关联由先前的水平联系逐步转化为垂直式关联。

其次，城市的空间扩张多是通过非均衡的用地规模增长来实现。随着产业与人口的外移，城市建成区的面积不断增加，沿交通轴线进行的产业布局催生出更多的商业与住宅集聚区，并让其中具有影响力和辐射力的集聚区成为城市副中心，对中心城区构成了竞争。人口与土地之间的不均衡使得高层建筑开发与城市立体空间建设成为必然，工业用地总量多、居住用地供给少，带来了工业用地的低价格和居住用地高价格之间的“剪刀差”，逼迫城市用居住用地的高溢价来补贴日益高企的基础设施和产业园区建设成本，长远下去，势必将带来城市空间上生产和生活的相对失衡。

最后，城市产业发展与空间演进相互融合的趋势日益显著。城市是一个多种功能的集合体，信息技术的普及与运用进一步淡化了不同产业部门之间的物理边界，推动城市不同空间地带的功能出现多元化和复合化的新趋势。城市大脑、智慧楼宇、智慧城区等治理单元的涌向，使得传统意义上的商业、办公、居住、生产、生态之间界限被打破。新产业的集聚、空间的规划与调整、城市新功能的供给、社会社区治理等等，这些新的问题对城市空间的合理布局提出了新的要求。处理好这些问题，要求城市的决策者必须要有系统思维的观念，能够站在城市可持续发展的高度来统筹推进，稍有不慎就可能导致职住失衡、交通拥堵等一系列大城市病的发生与蔓延。

第五节　对相关学术研究和城市实践的思考

国内外学者在城市的产业集聚与空间演进方面做出了卓有成效的研究贡献，特别是国内学者的研究成果对本书有着极其宝贵的借鉴意义。与此同时，笔者也清醒认识到，改革开放以来各地城市的社会主义建设实践，让我们对中国城市空间的产业发展模式有了系统认知。但是，围绕新时代推动实现城市高质量发展这一主题，以下几个方面的话题仍有待于深入研究与探讨。

第一，目前尚未建立起系统、全面的理论框架来阐释城市产业集聚与空间结构演进的内生作用机制。相当部分的研究关注了产业集聚与城市规模、产业构成与区域特征之间的影响，但对异质性空间的城市如何促进产业集聚，以及产业发展与空间结构之间的互动关系却论述不多。特别是对于中国社会主义城市建设而言，影响城市产业集聚和空间结构演进的内在动力机制不够，难以为我国进行社会主义建设和城市高质量发展提供必要的指导和借鉴。

第二，学界的研究大多集中在传统产业领域，对新兴产业对城市空间演进的影响认识不足，相应的实证分析过程也多为沿用经济学的经典模型而少有创新。当前，在新一轮产业革命引领下，新技术、新工艺、新产品和新组织形式正不断涌现，对传统的产业发展方式与城市空间演进趋势都造成了极大的冲击。这一冲击究竟会带给产业集聚多大程度的影响，城市又如何通过政策引导和空间重塑来顺应这一新的趋势，是本书需要深入思考的命题。

第三，理论上看，产业集聚将带来城市功能的提升与空间规模扩大，但也并不是越大越好。因为规模经济达到一定高度，就可能转为规模不经济；集聚经济发展到一定程度，也可能变为集聚不经济。资源禀赋和空间的异质性，决定了城市的产业集聚范围与空间规模并不存在一个静态的统一门槛。各城市要结合地方特色，努力踏上发挥自身特点的城市高质量发展之路。

第三章

城市的产业集聚与空间演进：

一个理论分析框架

城市的产业集聚和空间演进，实质上反映出要素和经济活动集聚与分散之间的权衡。城市空间的集约势必带来成本节约与市场机会的增加，进而对产业企业产生促进聚集的向心力。但随着一定空间集聚程度的不断提高，导致经济活动趋于分散的离心力就会增强，引致要素和产业活动向外围转移。本章以新经济地理学的核心-边缘模型和本地溢出模型为基础，将市场传导、知识溢出、需求偏好等变量纳入分析框架，从机制上解释产业集聚、要素流动等因素如何改变了城市的空间格局。

第一节　新经济地理学的基本观点

1991 年，克鲁格曼发表了著名的《收益递增和经济地理》（Increasing Returns and Economic Geography）一文，提出了基于 D－S 垄断竞争模型的核心-边缘模型（Core－Periphery Model，以下简称“CP 模型”），从而奠定了新经济地理学的理论分析框架。CP 模型通过严密的数理分析，阐明了一个最初具有对称性结构的经济空间系统，是如何通过制造业和人口的迁移内生演化为工业核心区和农业边缘区的。作为新经济地理学的理论基础，CP 模型第一次明确指出形成产业集聚的真正动因，并不是外来投资等条件变化，而是经济系统内部的各种力量之间相互作用和相互影响。

一、 城市经济的外部性

一般意义上，城市经济的本质就是集聚经济。新古典经济学认为，城市空间上经济活动的集聚将带来共享的劳动力市场、更加廉价且易获得的中间投入供应商，以及信息传播的便利。之后更多的研究发现，正面的外部性效应主要有三个。第一个是本地市场效应，即由于庞大市场规模产生的“马太效应”。当越来越多的人聚集在一个城市，需求规模的扩大将让企业更愿意把生产放在市场中心地来组织，并将产品出口到市场规模较小的其他地域。同样的道理，当大量企业聚集在城市这一巨大市场空间的时候，也能吸引更多的人涌入城市谋求更好的发展机会，相应推动市场规模的进一步扩大。不断累积和互为因果的产业与空间互动关系推动城市市场规模和功能等级一轮又一轮的扩张。第二个是价格指数效应，即产业和企业的集聚为城市带来多样化的产品，导致城市对其他地区输入的产品需求明显下降，地方市场的形成让本地的价格指数下降，从而吸引更多劳动力涌入城市。第三个是知识创新的本地化效应。技术创新和知识经济本身都具有很强的外溢性，而产业的技术创新往往与本地大学或科研机构密切相关，从而让知识创新以及基于创新成果形成的产业化过程，都具有了很强的向心力。

尽管产业集聚对城市规模和空间扩张有着诸多的正面作用，但产业的空间集聚也会产生负的外部效应。其中最突出的就是拥挤成本效应。大量经济活动集中在城市中心的结果，就是对要素的需求规模迅速放大，相应推高了非贸易品（如房地产）和不可移动要素（水、土地资源等）的价格；同时，大量人口聚集在狭小的城市空间里，还将造成道路拥堵和公共设施拥塞，以及人们通勤时间的增加，带来城市综合生活成本的上升。其次是市场挤出效应。城市中的产业集聚必定也将让市场竞争不断激化，企业边际收益下降。最后是劳动力的流出，劳动力工资和城市综合成本的上升，迫使以劳动密集型为特征的制造业类企业撤离中心城市，在成本更低的边缘地区进行新的生产布局，最终导致成本敏感型产业活动向外围地区的转移。

CP 模型以不存在任何的外生性差异为前提，提出在劳动力自由流动的两个经济地区中，虽然初始的条件完全相同，但劳动力的某一方向流动导致了需求、生产规模发生变化。在规模经济的作用下，经济规模占有优势的核心区域将吸引更多的劳动力进入，并因此拥有强大的市场需求，也使得企业为了节约运输成本在核心区域或者靠近核心区域的区位选址生产。核心区的生产相对于外围区域，有着包括规模经济、运输成本及贸易成本和价格成本节约在内的一系列优势，必然会导致关联企业在这一地区集聚。大量企业的集聚进而会形成关联产业活动的空间集聚，极端的情况下甚至可能出现“核心-外围”的空间格局。在这样的循环累积作用下，核心区域原本初期微小甚至“偶然”的差异不断循环，通过要素和产业活动一轮又一轮的集聚不断扩大自己的领先优势。但是，由于土地资源在空间上无法移动，要素和产业活动的过度集聚必然将产生拥挤效应，土地租金上升、交通拥堵、环境污染等负的外部性将形成一种排斥集聚的反作用力——分散力。正是由于产业集聚的推动力和分散力的存在，才构成了真实丰富的城市世界；也正是靠着向心力和分散力之间的权衡与变化，我们才能对复杂且富于变化的城市历程有了理性的认识和了解。

如果我们把城市视为一个空间上的经济系统，那么中心城区就是在其中拥有“初始优势”的核心地区。由于拥有更高的市场需求与规模效益，中心城区能够广泛吸引人口流入和资本积累，具有在区域内主导知识创造和集聚产业的绝对能力。这些优势因素在自我强化同时又相互加强，形成了循环累积因果的集聚力。核心地区的优势尽管在最开始可能是基于偶然的原因而形成的，但受到集聚力的影响不断增强。随着生产要素、产业活动向核心地区持续聚集，核心地区的经济发展势头对其他区域产生了强大的负向虹吸效应，导致周围区域经济发展动能日趋衰减，产业集聚与空间演进能力水平相对下降。

假如一定的经济空间中只存在集聚力，那么整个区域所有的经济活动都将集中在中心城市这一极核。但这显然违背了经济发展的常识。所以，新经济地理学以 CP 模型给出产业集聚与城市空间演进合理解释的同时，也明确指出经济空间中仍然存在着与集聚力相反的分散力，即由土地资源的异质化分布、土地租金、运输成本等因素共同构成的分散力。正是两种力量的相互竞争与权衡，才决定了城市空间结构演进与产业集聚发展的趋势。

二、影响产业集聚的内在因素

虽然新经济地理学将经济空间抽象为同质对称的空间，但同质性的假设并不意味着它否认外生差异的存在。做出这样的处理，其目的是证明即便不存在外生的差异，城市仍然会受到内在各种因素的综合影响，形成产业集聚与空间分异。在新经济地理学中，这些因素主要包括四个，分别是规模经济、空间成本、消费者偏好以及心理预期。

（一）规模经济

规模经济是指随着生产规模的扩大而引起经济效益增加的情况。其实质是随着产量增加，生产一类商品的固定成本将相应下降，进而带来平均生产成本的下降。规模经济的存在，是新经济地理学所指的产业集聚的逻辑起点。虽然在现实世界中，并不缺少类似农业这样规模报酬不变甚至递减的产业例子，但规模经济构成了一定产业发展的基础支撑，依然是产业经济学中一个不争的重要命题。

从理论视角看，规模经济主要有内部规模经济和外部规模经济两种类型。其中，内部规模经济是指规模扩大导致的边际投资增长或边际成本降低；外部规模经济是企业间相互关联带来的成本节约或者收益增加，以及在更大空间范围内由于产业或服务配套所产生的隐形收益。规模经济的形成，来自完全竞争的市场结构。生产主体企业在给定的产品市场价格下，只有通过成本的节约才可能获得最大化利益。但在现实世界中，市场更多表现为垄断竞争。所以，CP 模型放弃了完全竞争假设，取而代之的是工业部门的规模报酬递增假设。规模经济主要体现在内外两个方面：在企业内部，生产规模的扩大将使得生产的平均成本出现显著下降，形成企业参与市场竞争的成本优势；另一方面，则是外部规模经济的溢出效应也将引致成本下降。正因为如此，要求企业在空间布局中要尽可能接近市场中心地，规模经济由此带来了产业集聚的发生与发展。

（二）空间成本

空间成本的客观存在，源于现实世界中生产供给和需求市场之间的距离，为了克服距离就要付出距离成本，这是区域经济学立论的基础。也正是因为存在空间成本，不同城市和区域之间的产业分散状态才能得以维持。空间成本的范围比较宽泛，新经济地理学主要涉及三种，分别是冰山成本①、贸易成本和拥挤成本。

首先是运输成本。运输成本最初是指商品在地理空间进行转移所花费的成本。新经济地理学将传统的运输成本赋予了冰山成本的新内涵，指出商品在运输过程中造成的损失将转嫁为消费者多支出的那部分费用。在现实社会中，随着基础设施不断完善，以及运输方式和效率的大幅提升，运输成本的下降成了大趋势，这在一定程度上削弱了对产业集聚的影响力。其次是贸易成本。商品在不同行政区域之间的贸易必须要克服信息、对象选择与谈判等一系列问题，这成了企业进行区位决策的重要因素。和运输成本类似，随着科技进步与信息技术的广泛使用，贸易成本的下降对产业的空间布局带来了新的冲击。最后是拥挤成本。土地资源的有限性，决定了产业活动和要素在某一空间的过度聚集，必定将带来租金上升、环境污染、通勤时间增长等城市病，也对很多产业的空间分布造成了影响。

（三）消费者偏好

在现实世界中，始终存在着稀缺和有限的资源与人类多元化需要之间的矛盾。人类的多元化需要，既包括对物品种类和数量的需求，也包括对物品

---

① 冰山运输成本由著名经济学者保罗·萨缪尔森于 1952 年提出。他认为货物运输成本可看作冰山从极地冰川漂向目的地过程中逐渐融化的部分，即产品从生产地到消费地运输中有一部分成本在途中被“融化”，就是产品的运输费用。在进行产品交易过程中，消费者要支付的费用就是产品原价与产品剩余之比。例如将一批价格为 P 产品从 A 地运往 B 地，途中有部分产品“融化”，到达 B 地仅剩 π （$0<\pi<1$）部分产品，则 B 地消费者要以单价 P/π 购买这部分产品。新经济地理学采用冰山运输成本，既简化了运输部门所带来的问题，也规避了垄断厂商的定价。详见 Samuelson P A. The Transfer Problem and Transport Costs：The Terms of Trade When Impediments are Absent [J]. The Economic Journal，1952，62（246）：278－304.

内在的品质、文化以及由此产生心理效用的需求。一般而言，消费者偏好具有以下五个特性。一是偏好的完备性，消费者总是可以比较和排列所给出的不同商品组合。二是偏好的非对称性，也称为非饱和性，指消费商品的数量越多，消费者所获得的满足就越大。三是偏好的传递性，指消费者对A的偏好大于B，对B的偏好大于C，那么对A的偏好一定大于C。四是偏好的单调性，指如果一个消费组合包含的商品数量不少于另一个消费组合的话，那么这个消费组合至少同另一个消费组合一样好。五是偏好的凸性，是指在含有商品数量较多的商品组合和含有商品数量较少的商品组合之间，消费者总是选择前者。所以，消费者偏好的多样性与厂商追求规模经济的动机相矛盾，逼迫企业不仅仅要扩大生产规模，降低生产成本，还要尽可能靠近需求市场，带来相关产业在特定空间的高度集聚。

所以，规模经济从供给角度为产业的集聚提供了动力，而消费者无限的需要以及多样性偏好则从需求角度推动了产业集聚发生。城市作为厂商生产的聚集地和人口集中地，一方面以强大的生产能力满足了消费者的偏好消费，另一方面也以更完善的公共服务和配套设施成就了适宜人口规模化居住的空间，让市民在获得商品消费的效用之外，更加偏好生活与生态环境的品质。

（四）心理预期

人的流动与聚集决定了要素的流动方向。在市场条件下，人员在空间上的流动与聚集是为了追求效用的最大化，资本、技术等要素在空间上的流动是为了追逐利益最大化。两者尽管目的并不一致，但考虑到要素流动的方向是人做出的判断和决定，说到底就是人们对城市发展的预期决定了要素的流动方向，从而也影响了产业的集聚或者分散。

新经济地理学在强调历史偶然性的同时，指出城市的发展在一定程度上还是一个“自我完成的预期”①。在区域经济变迁的过程中，路径的依赖与锁定会使一个城市的产业空间结构长期固化，但潜在条件的累积变化可能导致

---

① 保罗·克鲁格曼. 地理和贸易［M］. 张兆杰译. 北京大学出版社，中国人民大学出版社，2000：96－117.

突变。突变的方向不仅会受到客观条件的影响，还会受到预期的作用。如果某种原因使每个人都认为某个地区将会变成未来的城市中心，并根据这一信念采取行动搬迁到那里，那这一预期就会成为自我实现的预言。

第二节　一个产业集聚与空间演进的简单模型

本节基于新经济地理学著名的 CP 模型，以一个简单城市为研究对象，即城市仅拥有两个城区、两个生产部门和使用两个投入要素，构建出一个产业集聚带来城市空间变动的基本模型，并对产业集聚带来的空间演进机制展开理论分析。

一、 模型的基本假定

借鉴前文中 CP 模型的构建方法，我们假定城市空间上生产要素和产业活动的组织均以市场配置为前提，并提出以下 6 个假设。

假定 1：该城市仅由两个城区组成，一个是中心城区，另一个是外围城区（用下标 j 表示，中心城区为 1，外围城区为 2）；城市所有的产业活动开展都仅依赖于两个要素——劳动要素 L 和中间产品 M。

假定 2：城市空间上有两个生产部门，一个是生产多样化工业产品的工业部门 I，初始时位于中心城区；另一个是生产农产品的农业部门 A，分布在整个城市；中心城区和外围城区之间存在运输成本 c。假定初始时两个城区的劳动力配置固定，同时劳动力可在本城区内跨部门流动，但不能跨区域自由流动。

假定 3：工业部门所投入的劳动力为 l_i，劳动力工资水平用 w_i 表示，工业品价格指数（中间产品的价格）为 G_j；中间产品投入到工业部门的份额为 α，则劳动投入的占比为 $1-\alpha$。所以，第 j 个城区工业产品的企业价格为 $p_j=w_j^{1-\alpha}G_j^{\alpha}$。

假定 4：假设工业部门的生产函数为 CES 函数（常数替代弹性函数），其形式可表示为：$G_j=\left\{\sum_{i=1}^{R}n_i(p_i\tau_{ij})^{1-\rho}\right\}^{1/(1-\rho)}$。其中，$\rho$ 为不同工业制成品

之间的替代弹性。同时，我们假定农业部门 A 规模报酬递减，其函数形式可表示为 $A(1-\beta_j)=(K/\eta)[(1-\beta_j)/K]^{\eta}$。由此，可得出农业部门的劳动工资为农业劳动的边际产出 $A'(1-\beta_j)$。

假定 5：考虑到工业产品支出份额是收入增长的增函数，假定以 B 表示消费者收入，$\bar{B}$ 表示消费者的最低食物消费水平，其中，有 θ 部分用于购买工业产品，则 $1-\theta$ 部分用于购买农业产品。因此，购买工业品的支出额可表示为 $\theta(B-\bar{B})$。

假定 6：我们将产业的技术进步因素引入生产模型。假定两个部门产出增长为外生的，那么技术进步带来的生产效率提高，就可被视为初始要素禀赋不断提升的过程。因此，以 X 表示效率水平，可知 $X\beta_j$ 表示城区 j 工业部门劳动力的效率水平，而 $(1-\beta_j)X$ 表示城区 j 农业部门劳动力的效率水平。

二、 基本模型的建立

根据上述假定，依据要素达到最优配置的均衡条件，可得中间产品模型如下。

$$w_j\beta_j=(1-\alpha)n_jp_jq^*,q^*=1/(1-\alpha),\text{可得 }n_j=w_j\beta_j/p_j \tag{3-1}$$

厂商定价为：$p_j=w_j^{1-\alpha}G_j^{\alpha}$ (3－2)

将（3—1）、（3—2）式带入假定 4 的工业品价格指数中，可得：

$$G_j^{1-\rho}=\sum_{i=1}^{R}X\beta_iw_i^{1-\rho(1-\alpha)}G_i^{-\alpha\rho}\tau_{ji}^{1-\rho} \tag{3-3}$$

由垄断竞争市场出清条件可得：$q^*=\sum_{i=1}^{R}(p_j\tau_{ij})^{-\rho}E_iG_i^{\rho-1}\tau_{ji}$ (3－4)

将（3—1）、（3—2）两式带入（3—4），可得到效率单位劳动的工资函数：

$$(w_j^{1-\alpha}G_j^{\alpha})^{\rho}/(1-\alpha)=\sum_{i=1}^{R}G_i^{\rho-1}E_i\tau_{ji}^{1-\rho} \tag{3-5}$$

收入函数为：

$$Y_j = w_j X\beta_j + A(1-\beta_j)X \quad (3-6)$$

其中 $w_j\beta_j$ 为工业部门的劳动收入，A（$1-\beta_j$）为农业部门的工资收入，考虑到技术进步率对两个部门的影响相同，故两项均乘以效率 X。易知工业产品的支出来自消费者与厂商的需求，故第 j 个城区工业部门支出函数为：

$$E_j = \theta(Y_j - \bar{Y}) + \alpha w_i X\beta_j/(1-\alpha) \quad (3-7)$$

根据假定条件，在均衡状态下农业和工业两个部门同一个效率单位的劳动将具有相同的工资率，即 $w_j = A'(1-\beta_j)$ (3－8)

联立式（3—1）到式（3—8），我们可以推知，初始的产业活动最早在中心城区产生集聚，即有 $\beta_1>0$ 和 $\beta_2=0$。此时两个不同城区的相对工资率水平满足：

$$(w_2/w_1)^{(1-\alpha)\rho}\tau^{\alpha\rho} = (E_1\tau^{1-\rho} + E_2\tau^{\rho-1})/(E_1+E_2) \quad (3-9)$$

由于所有的工业活动集中在中心城区，因此中心城区工业部门的工资率最终将与农业部门趋同，即 $w_1=A'$（$1-\beta_1$）。这时的外围城区只有纯粹的农业部门，因此 $\beta_2=0$。按照核心-边缘结构逻辑，中心和外围城区保持如此结构的基本条件是：$w_2\leqslant A'$（1），有：

$$A'(1) \geqslant A'(1-\beta_1)\left[(E_1\tau^{1-\rho}/(E_1+E_2) + E_2\tau^{\rho-1}/(E_1+E_2)\tau^{-\alpha\rho}\right]^{1/(1-\alpha)\rho} \quad (3-10)$$

因为中心城区所生产的工业产品至少要满足两个城区的需求，所以中心城区工业部门的工资水平需要满足：$w_1X\beta_1 = (1-\alpha)(E_1+E_2)$ (3－11)

由（3—6）和（3—7）式可知，E_1、E_2 在 $\beta_1>0$，$\beta_2=0$ 的情况下可表示为：

$$E_1 = \theta[w_1X\beta_1 + A(1-\beta_1)X - \bar{Y}] + \alpha w_1X\beta_1/(1-\alpha), E_2 = \theta[A(1)X - \bar{Y}] \quad (3-12)$$

将（3—12）式代回（3—11）式，可以得到：

$$w_1X\beta_1(1-\theta) = \theta[A(1)X + A(1-\beta_1) - 2\bar{Y}] \quad (3-13)$$

由此，联立式（3—10）到（3—13）就可确定 w_1 和 β_1 的值，进而确定

E_1 和 E_2 的值，并得到中心城区保持经济中心地位的所有信息，利用数值模拟还可进一步处理（3－10）式，得到一个关于 X 和 τ 之间关系的不等式 $X \leqslant f$（τ）。

三、 相关的分析

对式（3－10）进行比较静态分析后可发现，技术效率 X 的提升对维持中心城区的产业集聚将会在两个方面施加影响。一方面是随着技术效率 X 的提升，中心城区的工资水平 w_1 将明显提升，表明中心城区的综合成本将上升，带来边缘城区对企业的吸引力进一步提升，从而最终带来中心城区既有产业活动向外围扩散的可能性；另一方面，技术进步也将带来生产效率的提升，即 X 的上升将导致 β_1 和 w_1 的同步提升，意味着中心城区将可能推动产业聚集的进一步深化，工资支付水平的上涨将提升从业人口的收入水平，带来中心城区支出份额的上升，进一步强化要素和经济活动向核心区域的集聚趋势。所以，两个方面的影响共同决定了技术效率 X 提升所带来的净效应。

重新回到式（3－10）中，表示工资水平上涨的 A'（$1-\beta_1$）就是推动产业扩散的影响因素，而表示支出变化的 $E_1\tau^{1-\rho}/$（E_1+E_2）$+E_2\tau^{\rho-1}/$（E_1+E_2）$\tau^{-\alpha\rho}$ 即为强化产业集聚的影响因素。根据克鲁格曼等人的模拟分析结果，当边际工资水平上涨显著超过支出增长边际的时候，城市既有的核心-边缘结构将被突破时，处在外围的城区 2 开始出现由中心城区转移出来的工业活动和产业部门，城市空间也将从之前的中心极化转向相对均衡的空间新布局。

上述模型虽然仅仅依据两区域、两要素、两部门的简单假定，对城市空间的产业集聚和产业扩散给出了一个简单的理论解释框架。但是相关的结论对于市场机制主导下的城市产业发展和空间演进有着较强的解释力。可以看出，随着城市要素规模扩张和经济活动不断深化，城市空间一体化的内生性力量 A'（$1-\beta_1$），推动产业经济在不同的空间上进行布局和再布局，体现出以企业为主体的产业经济发展的阶段性特征。产业活动的初始往往以中心城区为基点形成与壮大，并带来上下游关联企业的集聚，众多直接或间接相关产业活动的聚集将抬高劳动力工资、居住、通勤等各种地方化的成本。随着技术进步与产业生命周期变化，中心城区的综合性成本持续攀升，部分成本敏感型的企业和产业开始把生产活动向外围边缘地区转移，产业的空间趋势也就由之前的中心城区集聚开始逐步转为扩散，能够决定企业和产业空间流动的决定性力量，恰恰就是那支“看不见的手”——市场。

之后，随着更多劳动密集型等产业活动向外围地区的移出，边缘城区逐步成为新的人口生活和消费地，消费指向的服务业活动也将从中心城区向边缘城区扩散，产业承接和知识的溢出将为边缘城区的设施提升和空间扩张创造出强劲的动能。而对于中心城区而言，由于拥有高端人才、新兴产业、制度创新等积累的优势，可能因制造业的流出而转型为研发设计、技术创新与总部经济等新产业的聚集地，实现新一轮的产业集聚与经济增长；也可能因为主导产业迁出导致“产业空心化”，经济动能减弱、人口结构趋于老化、治理成本居高不下等现实问题都将导致中心城区出现明显的经济衰退。

第三节 行政分权下的城市产业集聚与空间演进模型

在现实世界中，中西方的城市都不是一个高度统一的行政单元，而是由两个以上的城区所组成的复合行政结构。作为财政收入最小的支出单位，各个城区的地方政府在谋求本地效益最大化的前提下，将受到晋升激励、资源稀缺等因素的影响，更偏向于保护与推动本地经济发展，从而在无形中增加产业集聚或扩散所必须考量的交易成本，本节基于新经济地理学中对称的本地溢出模型（LS 模型），把行政权分割带来的交易成本纳入模型，对城市基于产业集聚或扩散所带来的空间演化机制进行更深入的探讨。

一、 模型的基本假定

假定 1：经济系统中存在两个区域（区域 1 为中心城区，区域 2 为边缘城区），有两个生产部门（工业与农业部门）、两种投入要素（劳动 L 与资本 K），区域 1 拥有的资本份额为 s_K，劳动份额为 s_L，区域 2 拥有的资本份额、劳动份额及其他指标都以上标“ * ”区分表示。

假定 2：工业部门是垄断竞争且规模收益保持递增，工业产品在不同城区之间存在冰山运输成本 τ。工业部门的资本投入为固定投入，假定每单位差异化工业品的生产需要投入一个单位资本；劳动的投入为可变投入，单位产品的劳动投入为 a_m。

假定 3：农业部门为完全竞争部门，并且规模收益保持不变，所生产的农产品为同质化产品。生产过程中只投入劳动这一种要素，单位劳动可以生产出一个单位的农产品。

假定 4：工业部门所投入资本的折旧率为 δ，则 t 时刻的 1 个单位资本到 s 时刻的价值贴现为 $e^{-\delta(s-t)}$。

假定 5：存在一个知识资本的创造部门 I。单位知识资本的形成需要投入的劳动量为 a_I，创造单位知识资本的边际成本为 $F=w_La_I$。假定一个城区的研发成本取决于资本所在的具体区位。由于学习效应的普遍存在，我们假定 a_I 随 I 部门产出的增加而逐渐降低。所以，知识资本形成成本的方程组为：

$$F=w_La_I, a_I=1/(K^wA^*), A=s_K+\lambda(1-s_K)$$

$$F^*=w_La_I^*, a_I^*=1/(K^wA^*), A^*=\lambda s_K+(1-s_K), \text{其中} K^w=K+K^* \quad (3-14)$$

假定 6：消费者的效用函数为柯布-道格拉斯函数和 CES 函数。假定跨期替代弹性为 1，并把各期的效用函数用对数形式表示出来：

$$U=\int_{i=0}^{\infty}e^{-\varphi}\ln Cdt, C=C_A^{1-\mu}C_m^{\mu}, C_m=\left(\int_{i=0}^{n}c_i^{1-1/\sigma}di\right)^{1/(1-1/\sigma)} \quad (3-15)$$

二、 基本模型的建立

首先来看工业部门与农业部门的生产取得短期均衡的条件。因为农业部门以单位劳动产出的单位农产品作为计价物，所以有 $p_A=p_A^*=w_A=w_A^*=1$；工业部门的企业成本函数为 $\pi+a_mw_Lx$，在中心城区产品的销售价格依据收益最大化原则为 $p=[\sigma/(\sigma-1)]a_mw_L$，在边缘城区销售的价格考虑到冰山运输成本后为：$p^*=\tau p$，标准化 $a_m=(\sigma-1)/\sigma$ 后有：

$$p = 1, p^* = \tau, p_A = p_A^* = w_A = w_A^* = 1, s_n = s_K \quad (3-16)$$

垄断竞争的条件下，两个城区在短期均衡下所能获得的经营利润如下：$\pi = bBE^w K^{-w}, \pi^* = bB^* E^w K^{-w}, b = \mu/\sigma$ （3－17）

其中，E^w 为总的支出，K^w 为总的资本存量，s_E 是中心城区支出占总支出的份额，$B = s_E/\Delta + \varphi(1-s_E)/\Delta^*$，$B^* = \varphi s_E/\Delta + (1-s_E)/\Delta^*$；$\Delta = s_n + \varphi(1-s_n)$，$\Delta^* = \varphi s_n + (1-s_n)$；$\varphi = \tau^{1-\sigma}$

从城市整体的经济规模考虑，设资本成本为 $\bar{a}_I$，经济的总支出可转写为：

$$E^w = L^w + bE^w - (g+\delta)K^w \bar{a}_I \quad (3-18)$$

对于中心城区和边缘城区分别为：

$$E = s_L L^w + s_K bBE^w - (g+\delta)K\bar{a}_I \quad (3-19)$$

$$E^* = (1-s_L)L^w + s_K bB^* E^w - (g+\delta)K^* \bar{a}_I \quad (3-20)$$

将（3—19）和（3—20）两式相加后得到：

$$E^w = \left\{L^w - (g+\delta)\left[\frac{s_K}{s_K + \lambda(1-s_K)} + \frac{1-s_K}{\lambda s_K + (1-s_K)}\right]\right\}/(1-b) \quad (3-21)$$

$$s_E = \frac{s_K b\varphi/\Delta^* + (1-b)\dfrac{s_L L^w - (g+\delta)s_K A^{-1}}{L^w - (g+\delta)(\dfrac{s_K}{A} + \dfrac{1-s_K}{A^*})}}{1 - s_K b(\dfrac{1}{\Delta} - \varphi\dfrac{1}{\Delta^*})} \quad (3-22)$$

从长期的视角看，两个城区不同的资本存量和相对资本份额都将发生持续的变化，直到每单位资本投入的回报率和创造每单位新资本的成本相同时，整个经济系统才达到长期均衡，总支出水平 E^w、总资本存量 K^w，以及两个城区资本存量和支出份额都将趋同。资本份额 s_K 受到中心城区资本存量的增长率 g 和边缘城区 g^* 的共同影响，根据 s_K 的时间变化趋势，可得到：

$$s_K \equiv (g - g^*)s_K(1-s_K) \quad (3-23)$$

根据长期均衡定义，产业活动在两个城区的空间分布必然稳定，由（3—

23）式可得到：$g = g^*, s_K = 1$ 或者 $s_K = 0$ (3－24)

首先考虑两个城区对称均衡增长的情形。此时 $s_K = s_L = s_E = 1/2, B = B^* = 1$，代入(3－22)式得到：$E^w = \frac{1}{1-b}\left[L^w - \frac{2(g+\delta)}{1+\lambda}\right]$ (3－25)

$$q = \frac{v}{F} = \frac{\pi}{(\rho+\delta+g)w_L a_I} = \frac{\pi K^w A}{\rho+\delta+g} = \frac{b(1+\lambda)E^w}{2(\rho+\delta+g)} \quad (3-26)$$

将（3－25）式代入（3－26）式，求出对称均衡条件下的长期增长率如下：

$$g_{CP} = bL^w - (1-b)\rho - \delta \quad (3-27)$$

将（3－27）式代入（3－25）式，求出对称均衡条件下的长期总支出为：

$$E^w = L^w + \frac{2\rho}{1+\lambda} \quad (3-28)$$

其次考虑核心边缘结构下城市的长期均衡增长。这种情景下，工业部门的经济活动全部集聚在中心城区，即 $s_K=1$，$\Delta=1$，$\Delta^*=\varphi$，$A=B=1$，$q=1$，$q<1$ 重复上述的计算过程，得出处在核心边缘结构的长期增长率为：

$$g_{CP} = bL^w - (1-b)\rho - \delta \quad (3-29)$$

为把行政区划分割这一新的要素纳入分析框架，我们把冰山交易成本引入到城市的产业集聚之中，并假定同一个城区内部的交易成本用 τ_D 表示，两个城区之间的交易成本用 τ_I 表示。显而易见，同一城区内的经济发展水平越高，基础设施和公共服务就会越完善，τ_D 就会越低；两个城区之间由于行政区划分割所导致的竞争越激烈，τ_I 就会越高。假设工业部门的产业集聚首先发生在中心城区，则 $\tau_D > \tau_D^*$。根据（3－17）式，中心城区的内部均衡条件可表示为：

$$\pi = \pi^*, \pi = bB\frac{E^w}{K^w}, \pi^* = bB^*\frac{E^w}{K^w}, b = \frac{\mu}{\sigma}$$

$$B = \frac{s_E\varphi_D}{\Delta} + \frac{s_E^*\varphi_I}{\Delta^*}, B^* = \frac{s_E\varphi_I}{\Delta} + \frac{s_E^*\varphi_D^*}{\Delta^*}$$

$$\Delta \equiv \varphi_D s_n + \varphi_I(1-s_n), \Delta^* \equiv \varphi_I s_n + \varphi_D^*(1-s_n) \quad (3-30)$$

其中的 $\varphi_D \equiv \tau_D^{1-\sigma}$ 表示中心城区内部的贸易自由度，$\varphi_I \equiv \tau_I^{1-\sigma}$ 表示两个

城区之间的贸易自由度。根据均衡条件 $\pi = \pi^*$，就可得到城市依赖市场规模 s_E 和交易成本所形成产业空间分布 s_n 的两个重要方程：

$$s_n = \frac{1}{2} + \frac{(\varphi_D\varphi_D^* - \varphi_I^2)(2s_E - 1) + 2\varphi_I(\varphi_D - \varphi_D^*)}{2(\varphi_D^* - \varphi_I)(\varphi_D - \varphi_I)}, s_E = \frac{1}{2} + \frac{b\rho(s_K - 1/2)}{g + \rho + \delta} \tag{3—31}$$

上式清晰描述了中心城区内部交易成本 τ_D 与两个城区之间交易成本 τ_I 之间的作用机理。当 τ_I 较高时，根据假定 $\tau_D > \tau_D^*$，可以得到产业集聚或发散的区位选择取决于两个城区支出份额的差异。在其他条件相同的前提下，两个城区之间更高的交易成本将会推动工业部门进一步在中心城区集聚，产业向边缘城区的转移将会明显被抑制。我们还可求出总资本存量的均衡增长率：

$$g = 2bL[s_n + \lambda(1 - s_n)] - (1 - b)\rho - \delta, 1/2 < s_n \leqslant 1 \tag{3 — 32}$$

其中，λ 为代表资本溢出本地化程度的参数，$\lambda = 1$ 时表示资本不仅在中心城区内扩散，还将无障碍地扩散到边缘城区。（3—32）式表明，两个城区之间更高的资本溢出可被理解为资本较低的形成与创造成本，也就是相对更高的经济增长率。因此，两个城区的行政区划带来的市场分割程度越低，两个城区之间要素流动和产业组织的交易成本就会越低，在达到长期均衡后所能实现的经济增长率也将相应提升到一个新的高度。反之，当两个城区之间交易成本提高时，产业将更偏向于集聚在中心城区，同时经济增长率在长期均衡时更低。因此，区际交易成本的高低将会抑制或是鼓励城市内部的产业分工与空间集聚。

第四节　对行政分权下城市产业集聚与空间演进的进一步讨论

前文构建的两个模型都是基于 CP 模型所做的拓展，同时两个模型的推导都建立在同一个前提之下，即城市具有一个中心城区和一个边缘城区。但在现实世界中，尤其是对我国各地大中城市来说，每个城市至少都有两个或两个以上的中心城区以及更多的边缘城区，对纯粹的中心与外围两城区之间要素流动和产业发展的考察结果，并不能直接推广到整个城市的演变之中。同时，任何一个城区内部的要素流动和产业集聚都并非出自企业主体的个人化决策，必定涉及地方政府推动本地经济发展的政策性引导。在本节，我们引入了政府干预这一新的行为变量，以期对包含多个中心城区的城市产业集聚与空间演化趋势进行更深入的讨论。

一、 模型的基本假定

假定 1：城市经济系统中存在两个要素禀赋相同的中心城区，即区域 1 与区域 2。假设城市是线性总长度为 $2f$ 的单中心城市，城市中心地的两边各有长度为 f 的农业区域。两个城区的总人口为 P，其中工业部门从业者比重为 θ，集中于城市中心地；农业部门从业者比重为 $1-\theta$，在区域内均匀分布；城区 1 和城区 2 的工人数量在总劳动力中所占份额分别为 ρ_1 和 ρ_2。

假定 2：每个城区都由工业部门 I 与农业部门 A 两个经济部门构成。其中，工业部门生产多样化的工业制成品，N 为两个城区所有工业企业的数量，该部门为垄断竞争市场和规模报酬递增。每个企业只生产一类产品，生产工业品 i 的总劳动量为 $L(i)$，可表示为 $L(i)=\alpha+\beta x_i$，其中 α 是企业的固定劳动力投入，β 是企业的边际劳动力投入，x_i 为工业品的生产数量，W 为工业部门工人的工资率。假设每一种工业品的价格为 p_i，消费者用于工业制成品的效用函数为 CES 效用函数 $U_I=\left[\sum_{i=1}^{R}c_i^{(\sigma-1)/\sigma}\right]^{(\sigma-1)/\sigma}$，其中的 σ 为不同工业制成品之间的替代弹性。农业部门只生产同质化的农产品，市场结构为完全竞争市场，产出一个单位的农产品需要固定的 l_A 单位的农业劳动力与单位的土地面积。

假定 3：两个城区的消费者也等同于劳动力的总量，两个城区消费者偏好相同，对农产品和工业品的消费均满足柯布-道格拉斯效用函数 $U=C_I^{\mu}C_A^{1-\mu}$，其中的 μ 为工业制成品支出占收入的份额，$1-\mu$ 为农产品支出占收入的份额。假设对工业制成品的需求量为 C_I，对农产品的需求量为 C_A，μ 为工业制成品支出占收入的份额，工业品价格指数为 G，消费者的收入 Y 全部用于购买农产品与工业品，没有储蓄。工业部门的从业者可在两个城区之间自由流动，农业部门的从业者在空间上不可流动。

假定 4：农产品和工业产成品均可在两个城区之间流动，中心城区生产的产品在所辖区域内销售不存在交易成本，销往另一城区则需要付出冰山成本。设送达另一个城区目的地的产品为 1 个单位，要从企业发出 τ 单位的产品（$\tau \geq 1$），假定企业区位到城市中心距离为 d，则工业品的运输成本 $T_I = 1 - e^{-\tau_I d}$，农产品的运输成本 $T_A = 1 - e^{-\tau_A d}$。

二、 模型的建立与命题

首先，考虑到农产品是同质化产品，而工业品具有产品多样性特征。假定城市消费者的全部收入均用来购买农产品与工业品，则消费者在预算约束下解决效用最大化的问题。通过构建拉格朗日函数并求导后得出 $C_A = (1-\mu)Y$。由此可知，当消费者用于购买工业品的支出预算为 μY 的时候，其效用达到最大化。同理，根据消费者对工业制成品的消费函数为 CES 函数，以及消费者面临的预算约束，可求出消费者效用达到最大时对工业制品的支出为：$c_i = p_i^{-\sigma} G^{\sigma-1} \mu Y$。

生产第 i 个工业品的企业为满足消费者需求，生产量 x_i 可表示为产品价格的函数 $x_i = k p_i^{-\sigma}$，其中的 k 是常数，则企业的利润函数可表示为：

$$\pi_i = k p_i^{1-\sigma} - W(\alpha + \beta k p_i^{-\sigma}) \qquad (3-33)$$

对价格 p_i 求导并在利润最大化条件下，求得相应的短期均衡价格以及企业的最优产量分别为：$p_i = \sigma\beta W/(\sigma-1)$，$x_i = \alpha(\sigma-1)/\beta$。根据假定 4，城区 1 生产的工业品在城区 2 销售时有冰山运输成本，所以求出城区 1 的工业品价格指数 G_1 和工业均衡工资水平：

$$G_1 = \frac{\beta}{\gamma}\left[\left(\frac{\theta L}{\sigma\alpha}\right)(\rho_1 W_1^{1-\sigma} + \rho_2 W_2^{1-\sigma} T^{1-\sigma})\right]^{1/(1-\sigma)} \qquad (3-34)$$

$$W_1 = \gamma\beta^{-\gamma}\left[\frac{\mu}{(\sigma-1)\alpha}\right]^{1/\sigma}(Y_1 G_1^{\sigma-1} + Y_2 T^{1-\sigma} G_2^{\sigma-1})^{1-\sigma} \qquad (3-35)$$

两个城区的农产品消费占总需求的比重为 $1-\mu$。联立农产品的总供给函数 $S_A=2\mu\int_0^f e^{\tau_A q}$ 与总需求函数 $D_A=(1-\mu)w_I L_I/p_A$，求出农产品的均衡价格 p_A 为：

$$p_A=(1-\mu)(P-2l_A f)/(2\mu\int_0^f e^{\tau_A q}dq) \qquad (3-36)$$

式（3—36）表明，农产品均衡价格是与城市中心地的距离 q 的函数，并随着距离的增加而递减；同理，农民的收入也受到距离城市中心远近的影响，平均工资也是距离 q 的函数，（3—34）式中城区 1 的工业品价格指数可以改写为：

$$G_1(\mathrm{q})=(\frac{L_I}{\mu})^{1/(1-\sigma)}e^{\tau_I q} \qquad (3-37)$$

根据假定 2，当农产品市场完全出清时，农业部门的生产利润为 0。那么在城市的边界处的农产品销售价格等于农产品生产成本，故在城市边界的农民收入为 $w_A(f)=p_A e^{-\tau_A q}/l_A$。所以，在考虑工业品价格指数的条件下，城市边界处农民的实际工资水平将是 $w_A(f)=(p_A)^{\mu}G^{-\mu}e^{-\mu(\tau_I-\tau_A)f}/l_A$，工业部门的工人实际工资水平为 $w_I=(p_A)^{\mu-1}G^{\mu}$。当两者实际工资水平相等时，可求出农业部门的农产品均衡价格：

$$p_A^*=l_A e^{\mu(\tau_I+\tau_A)f} \qquad (3-38)$$

对照（3—36）式和（3—38）式，前者是农产品供给与需求相等时，市场出清的均衡价格；后者是农业劳动力与工业劳动力实际工资水平相等时，农产品的均衡价格。把两式联立，便可得到农业和工业两部门经济均衡时的城市空间边界 f，换言之就是城市空间的合理规模。由上述各式，可得到以下两个命题。

命题 1：产业集聚主要是通过产品的价格效应与本地市场效应引发整个空间的集聚经济。一方面，通过产品价格指数下降来提高消费者的购买力，产品的市场规模随之扩大，并吸引更多的企业进入中心城区；另一方面，通过生活成本的下降来吸引其他地区的人口迁入，带来社会总需求规模的增加，并创造出新的就业机会，进而推动产业集聚的进一步发展。

命题 2：城市的合理规模可通过工业劳动力与农业劳动力在同一距离上的实际工资之比来确定。当两个部门工资比例为 1 的时候，表示城市的空间扩张达到了临界点；当工业与农业工资比例关系<1 时，表示城市空间扩张尚未到达临界点，工业等产业活动将继续在中心城区集聚，并且城市空间结构还具有相当的扩张潜力；当工业与农业工资比例>1 时，意味着城市开始出现了过度扩张，中心城区的产业活动开始向外围地区扩散，集聚将不再成为产业发展的最佳选择。

三、 加入城市政府的模型扩展

以上的讨论都有一个比较苛刻的前提，就是市场机制在要素流动和产业组织过程中发挥了决定作用。但在现实世界里，任何一个城市都只是国家空间体系中的一个极点，也必然会服从国家战略布局的部署和安排。同理，一个城市的各个区县，尽管在行政等级上是经济职能相对独立的空间单元，但其对所辖空间的规划与建设也一定受到了城市政府的管辖与制约。从实践的角度来看，改革开放以来国内城市的高速发展，一个重要的原因就是中央充分调动起从城市到区县各级经济主体的积极性，形成以产业高速集聚与空间快速扩张为特征的城市增长路径。与此同时，区县政府为实现短期的经济增长目标，和上级政府基于发展全局所做出的规划、政策安排存在着诸多的不一致和不平衡。为把握城市产业集聚与空间演化的实际趋势，本节进一步放松了完全市场化行为的假设前提，从动态博弈的视角来探讨城市产业集聚与空间演进相互作用的规律。

（一）模型的构建

模型中有两个参与者：城市与其所辖的一个中心城区。作为特定空间的行政管理者，城市政府推动经济发展所追求的目标有两个：一个是空间上的经济社会文化和生态各领域发展水平的不断提升，包括了财政收入增加、社会有序运行、污染治理等等；另一个则是高水平市场体系的形成，包括企业发展转型、创新动能增强、营商环境改善等等。对于另一个参与者来说，尽管所辖城区的经济发展目标与上一级政府相同，但经济发展水平的提升必定是其优先项。因为只有经济发展水平更高，才能带来财政收入的持续增加，进而才能依托公共投资带动社会进步。为此，本节将中心城区政府追求的基本目标确立为增加城区的经济收入。城市与城区发展目标的不一致，意味着城市政府关于产业集聚和空间治理的某项政策或者规划落实到区县层面，势必将产生一定程度的扭曲和偏离。但问题是，这一扭曲或者偏离会如何改变产业集聚和空间演化的趋势呢?

博弈论中的斯塔克博格（Stackelberg）模型能够给出上述问题的思考方向。该模型假定在一个寡头行业中有两个生产相同产品的厂商，其中的寡头厂商处于支配地位，而另一个是寡头厂商的追随者。所以，接下来，借鉴斯塔克博格模型的建构方法，本节建立了一个关于城市政府与区县政府的完全信息动态博弈模型，力求阐明区县政府的行为变化趋势，以及对产业集聚和空间演化的影响机制。

城市政府首先提出了一项旨在推动参与人辖域的产业集聚发展计划，该计划将使用中心城区相对稀缺的土地资源和其他要素。假设此项计划在扣除所有的成本开支后，将为城市带来总体经济收益 R_0，其中城市政府选择的分成比例为 α，区县政府所能得到的分成比例为 $1-\alpha$。假设区县政府对该计划的响应程度为 r，r 越大表示区县政府对此计划的支持力度越大。考虑到计划实施的效果与区县政府响应程度正相关，边际收益递增，但边际收益的增长率将递减，所以有 $R_0'(r)>0$，$R_0''(r)<0$。因此，城市政府提出此项计划的效用函数 U_C 可表示为：

$$U_C = f(R_0, \alpha) = \alpha R_0(r) \tag{3-39}$$

对于中心城区来说，它可以选择完全落实上一级政府提出的此项计划，并最终获得 $(1-\alpha)R_0$ 的经济收益。但同时也存在另外一种可能，即由于落实此项计划必定将消耗自己相当的土地资源，从地方发展角度来看，土地资源的开发和利用还有其他更好的选择，能够让中心城区政府在短期内获得更高的收入。显然，机会成本的权衡让中心城区政府可能做出这样一种选择，基于对城市政府相关决策的观察与判断，自己在形式上积极响应上一级政府提出的要求，但在实际行动中反而以各种理由对计划进行扭曲和缩减。在这种情景下，中心城区所能取得的经济收益就来自抵触该项计划之后对资源开发所带来的收入 R_1，当然还要扣除因为落实不力而可能招致的城市政府对其的惩罚 pC（其中 p 是中心城区政府对上一级政府发现其扭曲行为的主观概率）。显而易见，中心城区政府对计划的响应程度 r 与 R_1 和 C 高度负相关，考虑各变量的经济意义和边际收益递减法则，中心城区对实施产业集聚计划的效用函数 U_D 可表示为：

$$U_D = g(\alpha, R_0, R_1) = (1-\alpha)R_0(r) + R_1(r) - pC(r) \quad (3-40)$$

（二）模型均衡的求解

因为有着先行一步的优势，城市政府将充分估计到中心城区对该项产业集聚计划的反应函数，并将其纳入自身的效用函数之中，进而确定最优的政策分成比例。而对中心城区政府来说，一旦城市政府确定了此项发展计划，就意味着城市政府的分成比例 α 是一个给定的量，它所能做的唯一选择就转化为求解自身经济收益最大化的经济学问题。

由（3—39）式可知，在城市政府给定产业发展计划的前提下，中心城区政府将最大化其效用函数，确立关键变量 r 的最优解 r^*，使得 $\partial U_D / \partial r = 0$，所以有：

$$dr^*/d\alpha = (R_0')^2/(R_0'R_1'' + pR_0''C' - R_0''R_1{}' - pR_0'C'') \quad (3-41)$$

同理，根据对城市政府的效用函数求极值，再对 α 求导后有：

$$dr/d\alpha = -R_0/\alpha R_0', \frac{d^2r}{d\alpha^2} = [\alpha R_0(R_0')^2 - R_0''R_0^2]/\alpha^2(R_0')^3 \quad (3-42)$$

由（3—41）式可知，中心城区对产业集聚计划的最优响应力度是单调递减的，表明其反应函数是严格凹函数。由（3—42）式可知，城市政府对产业集聚计划的等效用曲线也是单调递减的，但曲线为严格凸函数，所以同一坐标系内两条曲线可能将相切于一点。该点即是城市政府通过产业集聚计划获得的分成比例与中心城区选择响应力度的均衡点。所以，联立（3—41）式和

（3—42）式，令 $dr^*/d\alpha = dr/d\alpha$，从而求出城市政府提出产业集聚计划的最优选择为：

$$\alpha^* = -R_0(R_0'R_1'' + pR_0''C' - R_0''R_1' - pR_0'C'')/(R_0')^3 \quad (3-43)$$

（三）命题与推论

从上面城市与其中心城区之间的互动博弈模型中，我们可以得出以下命题和重要推论。

命题 1：中心城区对城市促进产业发展计划的响应程度与自身经济发展的水平正相关。从（3—41）式可知，中心城区对城市政府响应力度的大小，取决于依靠自身能力实现的边际效率。假如多个中心城区由于历史原因，各自的经济基础和资源条件有着比较明显差别的话，城市政府基于发展全局考量做出的产业集聚发展决策落实下来必定就会产生不同的扭曲。越是经济发展水平高的城区，越有动力积极推动产业项目的落地，进而通过产业集聚带动空间增长；越是经济发展水平低的城区，越有动机利用地方保护、市场分割等手段来限制要素流动和新产业的引入，从而让城区产业和空间发展被锁定在既有的发展轨道上。所以，不同城区响应程度的不同，在更长的时间里将可能造成高水平城区的“赢家通吃”①。

命题 2：如果以均衡分成比例作为城市确定最优产业计划的评判标准，那么一项产业集聚发展计划的出台，必须要充分考虑到目标城区和其他竞争性城区之间的资金、劳动力等要素结构和产业水平等因素。（3—43）式中的 R_0'、R_1'、R_0'' 等指标代表了由资源分布、要素构成和市场体系等内生性变量决定的产出效率的不同方面。如何通过有效的机制设计，充分激发目标城区参与产业布局的积极性，使得中心城区广泛认同产业集聚发展的重要性与必要性，成为后者是否积极回应上一级政府所提出产业决策的关键因素。这也表明城市政府在引导落后城区实现经济发展方式转变的过程中，除了必要的产业和政策倾斜之外，还应着眼于推动市场机制的完善与营商环境的优化，

① 赢家通吃（Winner－Take－All）是博弈论中常用的术语，是指市场竞争的最后胜利者获得所有或绝大部分的市场份额，失败者往往被淘汰出市场而无法生存。

以此来增强城区经济社会发展的内生动力。

命题 3：产业发展计划的制定改变了中心城区的发展路径与空间格局，而两个参与主体的博弈均衡，又将反作用于产业计划的制定过程。所以，城市政府对所辖城区的经济介入效果不仅仅取决于城市决策者的动机，也受制于现有行政架构的效能与执行力。一定程度上，2015 年提出的“放管服”改革，其要义就是要打破行政管理“一亩三分地”的思维定式，通过简政放权，优化服务，化解区域为维护自身利益而有意限制竞争的错误做法，来充分激发市场主体活力和社会创造力。因此，该命题为城市政府进行产业发展和空间治理的相关决策提供了一个新的思路，即考虑到目标区域的理性经济行为选择，通过引入事后推理机制，对政策实施效果进行必要的评估，以推动实现城市发展目标和规划建设管理工作的有机统一。

第四章
西部地区中心城市高质量发展的测度与评价

习近平总书记指出，理念是行动的先导，五大发展理念是我们在深刻总结国内外发展经验教训的基础上形成的，也是在深刻分析国内外发展大势的基础上形成的，集中反映了我们党对经济社会发展规律认识的深化，也是针对我国发展中的突出矛盾和问题提出来的①。总书记的讲话表明，经济高质量发展是中国由“富起来”走向“强起来”的必然选择，经济的高质量发展必须要贯彻执行“创新、协调、绿色、开放、共享”的新发展理念，并以服务于构建新发展格局，建设社会主义现代化强国为终极目标和根本动力。

第一节　西部地区中心城市高质量发展的研究对象

西部地区包括重庆市、四川省、陕西省、云南省、贵州省、广西壮族自治区、甘肃省、青海省、宁夏回族自治区、西藏自治区、新疆维吾尔自治区、内蒙古自治区等 12 个省（自治区、直辖市）。截至 2018 年底，西部地区的总面积为 678.16 万平方公里，占到全国总面积的 70.6%；人口为 3.8 亿，占全国总人口的 27.2%②。除重庆市、四川盆地和关中平原以外，绝大部分地区都是我国经济欠发达的地区。

一、 西部大开发 20 年中心城市发展的简单回顾

2000 年 1 月国务院成立了西部地区开发领导小组，西部大开发正式启动。

① 中共中央文献研究室. 习近平关于社会主义经济建设论述摘编 [M]，中央文献出版社，2017.

② 数据来源于西部地区 12 个省（自治区、直辖市）的 2018 年国民经济和社会发展统计公报。

经过 20 年建设，特别是党的十八大以来，在以习近平同志为核心的党中央坚强领导下，西部地区的经济社会发展取得了重大历史性成就，也扩展了国家发展的战略回旋空间。但同时，西部地区发展不平衡、不充分问题依然突出，产业高度集中与空间极化现象日益突出，12 个省（自治区、直辖市）中心城市发展的差距逐步拉大。具体数据见表 4.1。

表 4.1　西部 12 个省级行政区中心城市的经济规模对比

城市	2001 年地区生产总值	2018 年地区生产总值	增长率	排名变化
重庆	1976.86	20363	930%	0
成都	1492.04	15342	934%	0
西安	733.85	8350	1038%	0
昆明	673.06	5207	674%	0
南宁	324.79	4480	1280%	+1
贵阳	302.75	3800	1155%	+2
乌鲁木齐	315.00	3184	911%	−1
兰州	348.75	2733	684%	−3
呼和浩特	211.12	2508	1088%	0
西宁	104.49	1417	1256%	+1
银川	104.82	1285	1126%	−1
拉萨	33.55	528	1474%	0
总　计	6621.07	69197	945%	

2001—2018 年，西部大开发政策的实施让 12 个省（自治区、直辖市）经济增长插上了腾飞的翅膀。随着青藏铁路、西气东输等工程投入运行，以中心城市为主要空间载体，积极承接东南地的产业转移，大力推动新型城镇化与工业化，成为过去 20 年间西部地区各省市推动经济社会发展的主线。但客观来看，尽管有着同样的政策环境，但由于地理环境和历史等多种原因，12 个省级行政区中心城市的经济规模和功能等级并不在同一个层次。由表 4.1 可见，重庆、成都、西安和昆明在过去 20 年间始终占据了西部地区城市经济规模的前四席，且排名没有发生任何变化；2018 年四个城市加总的经济产出

为 49262 亿元，占到当年西部地区 12 个中心城市产出总量的 71.2%，和 2001 年的 73.6%相比也几乎没有多大变化。虽然从第 5 位的南宁到第 8 位的兰州之间排名几乎重写，但即便加上排名靠后的 4 个城市，2018 年经济规模也仅占 12 个中心城市总和的 28.8%，反映出人口和经济的规模效应仍然是城市推动经济增长与社会发展进程的根本性动力。

接下来，在探索建立西部中心城市高质量发展的评价体系工作中，我们将以重庆、成都、西安、昆明为研究对象，对四个城市在 2010—2019 年城市产业经济、资源要素、空间结构与社会建设等诸多领域的数据进行梳理和分析，以尽可能体现西部地区中心城市推动高质量发展的全貌。

二、 四个中心城市经济地理概况

（一）重庆市

重庆位于中国西南部、长江上游地区，地跨东经 105°11′～110°11′、北纬 28°10′～32°13′，是青藏高原与长江中下游平原的过渡地带。东邻湖北、湖南，南靠贵州，西接四川，北连陕西；辖区东西长 470 千米，南北宽 450 千米，总面积 8.24 万平方千米。西北部和中部以丘陵、低山为主，东南部靠大巴山和武陵山两座大山脉，坡地较多，有“山城”之称。总的地势是东南部和东北部高，中部和西部低，由南北向长江河谷逐级降低。

2019 年，重庆常住人口 3124.32 万人，比上年增加 22.53 万人。其中，城镇人口 2086.99 万人，占常住人口的比重（常住人口城镇化率）为 66.8%。全年外出市外人口 474.02 万人，市外外来人口 182.05 万人。重庆经济建设基本形成大农业、大工业、大交通、大流通并存的格局，是西南地区和长江上游地区最大的经济中心城市。相较于 2019 年，2020 年全市实现地区生产总值 25002.79 亿元，增长 3.9%。其中，第一产业实现增加值 1803.33 亿元，增长 4.7%；第二产业实现增加值 9992.21 亿元，增长 4.9%；第三产业实现增加值 13207.25 亿元，增长 2.9%[①]。

作为全国老工业基地之一和重要的现代制造业基地，重庆现已形成全球最大的电子信息产业集群和国内最大的汽车产业集群，亦形成了装备制造、综合化工、材料、能源和消费品制造等千亿级产业集群，还是全球最大的笔记本电脑生产基地、全球第二大的手机生产基地。重庆是中国重要的现代服务业基地，已形成了农业农村和金融、商贸物流、服务外包等现代服务业。

重庆是长江上游地区唯一汇集水、陆、空交通资源的超大型城市，西南地区综合交通枢纽。重庆共建成了“二环十射”高速公路网和“一枢纽十干线”铁路网，港口年吞吐量 1.6 亿吨，江北国际机场年旅客吞吐量位居全国前八，以长江黄金水道、渝新欧国际铁路等为支撑，构建起航空、铁路、内河港三个交通枢纽。截至 2020 年 5 月，重庆已开通 1、2、3、4、5、6、10 号线及环线、国博线共 9 条轨道交通线路，运营里程 370 公里，覆盖主城全域，最高日客运量 387.2 万人次，拥有中国（重庆）自由贸易试验区、中新（重庆）战略性互联互通示范项目、内陆首个国家级新区（两江新区），以及重庆两路寸滩保税港区、重庆西永综合保税区、重庆铁路保税物流中心、重庆南彭公路保税物流中心、万州保税物流中心，拥有过境 72 小时内免签，拥有进口整车、水果、肉类、生鲜海产等口岸。

（二）成都市

成都是四川省省会、副省级城市、特大城市、成渝地区双城经济圈核心城市，国务院批复确定的中国西部地区重要的中心城市，国家重要的高新技术产业基地、商贸物流中心和综合交通枢纽。截至 2019 年，全市下辖 12 个市辖区、3 个县、代管 5 个县级市，总面积 14335 平方千米，建成区面积 949.6 平方公里。截至 2020 年 11 月 1 日，含四川天府新区（成都直管区）、成都东部新区、成都高新区及 20 个区（市）县的全市常住人口为 2093.8 万

---

① 相关数据来自重庆市人民政府官方网站，详见 http://www.cq.gov.cn/zjzq/sqgk/zqsq/202108/t20210805_9544438.html。

人，城镇人口为1649.3万人，城镇化率为78.77%[①]。

成都地处四川盆地西部边缘，地势由西北向东南倾斜。西部属于四川盆地边缘地区，以深丘和山地为主，海拔大多在1000～3000米，最高处位于大邑县西岭镇大雪塘（苗基岭），海拔高度为5364米；东部属于四川盆地盆底平原，为岷江、湔江等江河冲积而成，是成都平原的腹心地带，主要由平原、台地和部分低山丘陵组成，海拔高度一般在750米上下，最低处在简阳市沱江出境处河岸，海拔高度为359米，是有着1/3平原、1/3丘陵、1/3高山的独特地貌类型。在土地类型上，按地貌类型可分为平原、丘陵和山地；按土壤类型可分为水稻土、潮土、紫色土、黄壤、黄棕壤等11类；按土地利用现状类型可分为耕地、园林地、牧草地等8类；平原面积比重大，达4971.4平方千米，占全市土地总面积的40.1%，远远高于全国12%和四川省2.54%的平均水平；丘陵面积占27.6%，山地面积占32.3%；土地垦殖指数高。土地肥沃，土层深厚，气候温和，灌溉方便，可利用面积的比重达94.2%，全市平均土地垦殖指数达38.22%，其中平原地区高达60%以上，远远高于全国10.4%和四川省11.5%的水平。

2020年，全市实现地区生产总值17716.7亿元，按可比价格计算，比上年增长4.0%。分产业看，第一产业实现增加值655.2亿元，增长3.3%；第二产业实现增加值5418.5亿元，增长4.8%；第三产业实现增加值11643亿元，增长3.6%。三次产业结构为3.7∶30.6∶65.7。八大特色优势产业中，石化和电子信息产品制造业增长最为显著，冶金产业、建材产业增长次之，轻工、汽车产业略有下降。2019年全市实现进出口总额5822.7亿元，同比增长16.9%。其中对“一带一路”沿线国家实现进出口总额1714.2亿元，增长23.0%；贸易结构持续优化，高新技术产品出口额2532.9亿元，增长19.8%。

① 相关数据来自成都市人民政府官方网站，详见http://www.chengdu.gov.cn/chengdu/rscd/gmjjhshfzgk.shtml。

三、西安市

西安是陕西省省会、副省级市、特大城市、关中平原城市群核心城市，国务院批复确定的中国西部地区重要的中心城市，国家重要的科研、教育、工业基地。截至 2019 年，全市下辖 11 个区、2 个县，总面积 10752 平方千米，建成区面积 700.69 平方千米。2020 年，西安市常住人口为 1295.29 万人[①]。

西安位于渭河流域中部关中盆地，东经 107°40′～109°49′和北纬 33°42′～34°45′，北临渭河和黄土高原，南邻秦岭。辖境东西长约 204 千米，南北宽约 116 千米。西安市土壤分布形成南北两个差异明显的区域，北部的渭河平原以黄褐土、褐土为代表，南部的秦岭山地以黄棕壤、棕壤为代表。据 1980—1986 年土壤普查，全市有 12 个土类，24 个土壤亚类，50 个土属，181 个土种。土壤类型的复杂多样，为区内农作物的多品种组合提供了有利条件。

2018 年，西安市全部工业增加值 1874.36 亿元，同比增长 9.0%。规模以上工业增加值增长 9.4%。在规模以上工业中，装备制造业增加值增长 11.1%，占规模以上工业增加值的比重为 60.2%。其中，铁路、船舶、航空航天和其他运输设备制造业增长 11.7%，计算机、通信和其他电子设备制造业增长 14.8%。2018 年，西安市全年社会消费品零售总额 4658.72 亿元，比上年增长 9.6%。其中，限额以上企业（单位）消费品零售额 2973.14 亿元，增长 9.3%。全年进出口总值 3303.87 亿元，比上年增长 29.6%。其中，出口 1957.49 亿元，增长 26.1%；进口 1346.38 亿元，增长 35.0%。

西安是联合国教科文组织于 1981 年确定的“世界历史名城”，是中华文明和中华民族重要发祥地之一，丝绸之路起点。2018 年 2 月，国家发展和改革委员会、住房和城乡建设部发布《关中平原城市群发展规划》，支持西安建设国家中心城市、国际性综合交通枢纽，建成具有历史文化特色的国际化大都市。

---

① 相关数据来自西安市人民政府官方网站，详见 http://www.xa.gov.cn/sq/csgk/sqjj/1.html。

四、昆明市

昆明是云南省省会、滇中城市群中心城市，国务院批复确定的中国西部地区重要的中心城市。截至2019年，全市下辖7个区、3个县、代管1个县级市和3个自治县，总面积约为21012.54平方千米，建成区面积483.52平方千米，2020年城市总人口为846万人，占全省的比重为17.92%①。

昆明位于中国西南云贵高原中部，东经102°10′～103°40′和北纬24°23′～26°22′。南濒滇池，三面环山。昆明是中国面向东南亚、南亚乃至中东、南欧、非洲的前沿和门户，具有东连黔桂通沿海，北经川渝进中原，南下越老达泰柬，西接缅甸连印巴的独特区位优势。市域地处云贵高原，总体地势北部高，南部低，由北向南呈阶梯状逐渐降低。中部隆起，东西两侧较低。以湖盆岩溶高原地貌形态为主，红色山原地貌次之。大部分地区海拔在1500～2800米。

2019年，全市实现地区生产总值6475.88亿元，按可比价格计算，比上年增长6.5%。其中，第一产业实现增加值270.29亿元，增长5.5%；第二产业实现增加值2078.75亿元，增长4.6%；第三产业实现增加值4126.84亿元，增长7.7%。在重点行业中，烟草制品业增长2.1%，石油、煤炭及其他燃料加工业增长1.68倍，化学原料及化学制品制造业增长6.3%，冶金工业增长21.7%。全年社会消费品零售总额2787.41亿元，比上年增长10.0%；海关进出口总额131.20亿美元，比上年增长67.6%；接待国内外游客16053.43万人次和实现旅游总收入2180.08亿元，比上年分别增长35.5%和20.3%。三次产业结构为4.2：32.1：63.7，三次产业对地区生产总值增长的贡献率分别为3.4%、25.3%和71.3%，全市人均生产总值93853元，增长5.2%，按年均汇率折算为13605美元。

① 相关数据来自昆明市人民政府官方网站，详见 http://www.km.gov.cn/c/2021－07－14/4002080.shtml。

第二节　城市高质量发展指标体系的构建

从理论视角来看，城市经济增长与城市的高质量发展之间存在本质性区别。前者属于宏观和区域经济学的基本范畴，多指城市依靠劳动、资本等要素投入所能实现的经济产出增长，通常用地区生产总值增长率来表示。后者则具有远远超出纯粹经济增长的广泛意义，几乎可以涵盖城市经济发展、社会建设、生活品质和生态文明等各个方面各个维度的要求。就城市经济社会发展的测度体系而言，国际上有三个代表性的指标体系：首先是美国对新经济的评价指标体系，主要以高新科技产业发展为核心，覆盖了全球化、知识型就业、数字化转换、活力与竞争、创新基础设施等不同维度的指数测算①。其次是荷兰提出的绿色增长评价体系，包含了发展机遇、生活环境、自然资产、环境生产率和政策回应等五个维度②。最后是欧盟提出的可持续发展战略设想，评价指标涉及经济繁荣、有效资源监管、充分保护环境、社会和谐等四个维度③。

基于上述讨论，构建西部地区城市高质量发展的评价指标体系，我们认为不能仅仅立足于经济增长的阶段性特征来探讨经济增长的质量问题，更应站在社会主义现代化建设的新阶段，尽可能完整描述出城市推动质量变革、效率变革和动力变革的最新实践进展。为此，本节将以新发展理念为根本指引，探索建立符合西部地区特点的城市高质量发展评价指标体系。

一、评价指标体系构建的基本准则

城市的高质量发展既涉及城市经济、社会、文化和生态文明建设等各领

---

① Atkinson R D，Andes S M. The 2010 State New Economy Index：Benchmarking Economic Transformation in the States. [J]. Social Science Electronic Publishing，2017，12（48）：97－111.

② Statistics Newzerlands. Green Growth in the Newzerlands in 2015 [R]. Statistics Newzerlands，2015.

③ URRÍA A. Towards Green Growth：Monitoring Progress OECD Indicators [M]. OECD，2011.

域和多维度工作，还要努力使不同领域的目标任务相互统一。因此，准确评价城市的高质量发展水平，要在把握高质量发展的理论内涵基础上，遵循相应的评价准则。

（一）坚持以新发展理念为指引

党的十九大报告指出，发展必须是科学发展，必须坚定不移贯彻创新、协调、绿色、开放、共享的发展理念[①]。2018 年中央经济工作会议进一步强调，坚持新发展理念，推动质量变革、效率变革、动力变革，促进经济社会持续健康发展。化解中国经济发展不平衡不充分这一难题，需要以新的发展理念为破解口。事实上，中国经济由高速增长阶段转入高质量发展的新阶段，不仅意味着推动高质量发展是当前和今后一个时期经济社会发展的根本要求，也意味着不同空间尺度下工作的重点已经由经济增长的速度转向经济发展的质量。从理论研究的视角来看，区域和城市经济的“好”与“快”总是相对的。尤其是在中国成为世界最大的工业化国家之后，不需要也没有必要过度关注经济增长的速度，而要把区域经济发展的重心，在保持增长态势基本稳定与可持续的前提下更多放在对提质增效的考量，更加注重城市经济发展的强度、稳定性、合理化和韧性，同时更关注城市空间上的文化、社会、生态的共同发展态势。

基于此，这里首先对城市高质量发展的评价体系从创新发展、协调发展、绿色发展、开放发展和共享发展五个维度进行刻画，并通过复合型的指标体系来反映出各个城市贯彻新发展理念，实现高质量发展中所取得的成果进展。具体来说，以经济水平、创新驱动、要素供给等指标来刻画城市创新发展的能力；以城乡发展、产业构成、融合程度等指标来反映城市协调发展水平；以绿色生产、环境治理、生态友好等指标来衡量城市的绿色发展水平；以经济开放、信息技术、市场规模等指标来表征城市的开放发展程度；以民生福祉、设施完善、社会和谐等指标来体现城市的共享发展水平。

① 习近平. 决胜全面建成小康社会 夺取新时代中国特色社会主义伟大胜利——在中国共产党第十九次全国代表大会上的报告［M］. 人民出版社，2017.

（二）注重全局化与本地化相融合

城市评价指标体系的建立，既需要有全局性的视野，体现出国家对区域经济发展的战略定位；也要把高质量发展的内在本地化，力求做到与区域和宏观经济的发展要求相一致。在构建过程中，片面强调“大而全”的指标体系，可能会失去评估的可操作性，无法对地方政府和产业助力高质量发展提供应有的功能。因此，本书从西部地区和城市发展的实际出发，以反映空间与资源的异质性为前提，所构建的评价体系能够表征西部地区主要城市发展的具象化特征，做到共性和个性兼顾，明确对城市差异化发展路径的引导。同时，还与国家和省（自治区、直辖市）已经出台的各类高质量发展评价体系相对接，确保为西部地区中心城市带动和引领区域发展提供必要的参照。

基于此，本书扬弃了对城市发展各个维度的“地毯式”测评方法，避免了由于缺少准确数据而丧失评价指标体系的效度。同时，考虑到高质量发展在本质上代表了对新时代中国经济发展的价值判断，使用了一些具有代表性又兼具动态性的指标选项，力求构建出明确并且通用的指标体系，确保可以找到各个城市推动高质量发展的着力点和突破口。

（三）确保科学性与系统性相统一

构建城市高质量发展评价指标体系是一项复杂的系统性工程。其中，指标设计、数据采集与定量评估过程都要首先保证数据的科学性。为此，要坚持以问题为导向，评价指标选取要注重数据来源的代表性，并能满足相关数据的可得性与权威性，能够客观反映城市高质量发展在特定方面的具体要求和实际进展。同时，要科学区分过程型与结果型指标的不同，并结合研究的需要提升指标量化的可操作性。其次，要坚持客观公正、实事求是的原则，明晰指标度量方式，强化数据采集方式，以保证数据采集与评估方法的独立性和公正性。

系统性则要求综合考虑到城市高质量发展的多维度要求，在指标体系设计的过程中要考虑统计工作实际，突出引领城市高质量发展的核心要素，数据采集与指标分析能够实现纵向可追踪、横向可比较。具体来说，首先要针对每一个评价维度，选取最能有效表征其关键内容的有效指标，并且所选的指标要能够表现出良好的信度和效度，满足实证分析过程中的数据通用性和可比性要求。此外，考虑到数据缺失或质量问题将让指标体系缺少说服力和可操作性，本章将优先考虑现有统计制度支撑下的指标选项，以确保指标评价体系与测度的准确性和质量。

二、评价指标的确立

2018年中央经济工作会议指出，推动高质量发展是当前和今后一个时期确定发展思路、制定经济政策、实施宏观调控的根本要求，必须加快形成推动高质量发展的指标体系、政策体系、标准体系、统计体系、绩效评价、政绩考核，创建和完善制度环境，推动中国经济在实现高质量发展上不断取得新进展。由此可见，探索建立符合城市高质量发展需要的评价指标体系，不仅可以有效总结城市在长期高速增长过程中不断积累和突显的问题与隐忧，还能通过对城市经济社会生态等诸多领域发展成效的量化评估，为推动新时期的城市高质量发展指明方向。

所以，本书借鉴既有学术研究的最新成果（任保平等，2018①；魏敏等，2018②；李金昌等，2019③；聂长飞等，2020④；张涛，2020⑤），从创新发展、协调发展、绿色发展、开放发展和共享发展的5个维度出发，通过可操作性和可观测性的定性方法筛选出无法获得准确数据的指标，以保证指标数据的可观测性。之后，基于简约原则，清晰区分过程指标与目的指标，通过分层

---

① 任保平，李禹墨．新时代我国高质量发展评判体系的构建及其转型路径［J］．陕西师范大学学报（哲学社会科学版），2018，47（3）：105－113.

② 魏敏，李书昊．新时代中国经济高质量发展水平的测度研究［J］．数量经济技术经济研究，2018，35（11）：3－20.

③ 李金昌，史龙梅，徐蔼婷．高质量发展评价指标体系探讨［J］．统计研究，2019，36（1）：4－14.

④ 聂长飞，简新华．中国高质量发展的测度及省际现状的分析比较［J］．数量经济技术经济研究，2020，37（2）：26－47.

⑤ 张涛．高质量发展的理论阐释及测度方法研究［J］．数量经济技术经济研究，2020，37（5）：23－43.

聚类法和标准差率法等定量方法删除信息中存在明显重复的指标，确保在降低之间相关性的基础上尽可能多地保留数据的原始信息，最终得到比较完整反映城市经济社会生态建设等各层面多领域的指标集合，初步构建起包括 5 个指标维度、15 个具体指标的城市高质量发展评价体系（见表 4.2）。

表 4.2　以新发展理念为指引的城市高质量发展的评价指标体系

目标层	指标维度	具体指标	单位	指标属性
西部地区的中心城市高质量发展评价指标体系	创新发展	地区生产总值增长率	%	正向指标
		人均生产总值	元	正向指标
		财政科学支出	万元	正向指标
	协调发展	道路长度	公里	正向指标
		常住人口城镇化率	%	正向指标
		第三产业就业人数比例	%	正向指标
	绿色发展	污水处理率	%	正向指标
		人均公园绿地面积	平方米	正向指标
		空气质量达到二级以上天数比例	%	正向指标
	开放发展	民用航空客运量	人次	正向指标
		电信业务总量	万元	正向指标
		社会消费品零售总额	亿元	正向指标
	共享发展	公厕数量	座/万人	正向指标
		公共图书馆图书总藏量	千册	正向指标
		医院、卫生院床位数	张	正向指标

注：正向指标指在指标体系中数值越大，对于测度结果越有利的指标；逆向指标是指在指标体系中数值越小，对于测度结果越有利的指标；适中指标，指在指标体系中越接近其中间值，对测度结果越有利的指标。

在表 4.2 中，创新发展的具体指标考虑经济水平、创新驱动和要素供给等方面的影响，之所以做出这样的分类，主要是由于创新作为城市高质量发展的根本动力，其能力高低与未来的提升，归根到底都是由城市自身的经济发展水平、未来发展动能和要素供给三个变量决定的。再考虑数据的可获取性，我们用地区生产总值增长率、人均生产总值、财政科学支出三个具体指标来表征。

协调发展主要考量的是城乡发展水平差异、城乡产业构成，以及城乡经济社会的融合程度等指标。在研究中，由于不同城市对数据统计口径的不一致，本书将具体指标设定为城乡道路总里程、常住人口的城镇化率、第三产业就业人数占城市总就业人数的比例共三个指标。

绿色发展体现出习近平生态文明思想的发展观和价值观，其目的就是通过缓解区域发展的生态压力，来破解传统发展方式带给城市可持续发展的困境。因此，我们把绿色发展的具体指标设定为污水处理率、人均公园绿地面积、空气质量达到二级以上的天数比例等三组数据。

开放发展其实代表了西部地区未来推动城市高质量发展的重要方向。作为典型的内陆腹地，改革开放 40 余年西部地区更多是作为东南沿海产业转移的承接地，产业集聚和空间的演进与先发城市相比处于下风。2013 年“一带一路”倡议提出后，西部地区跃升为国家向西向南开放的门户。所以，本书中开放发展的具体指标将通过民用航空客运量、电信业务总量、社会消费品零售总额来予以展现。

共享发展的核心是坚持发展为了人民、发展依靠人民、发展成果由人民共享。落实到城市层面，就是要加快推动城市发展方式的根本性转变，从过度追求经济扩张转向安全、绿色、宜居、智慧城市，进一步满足市民日益增长的美好生活需要。所以，我们以每万人拥有公用厕所数量，公共图书馆图书总藏量，医院、卫生院床位数三个涉及民生的公共服务设施指标来展开研究。

研究所涉及的数据为 2010—2018 年的年度数据，均来自四个中心城市的统计年鉴、统计公报，以及国家统计局所发布的数据，具体查询途径包括中国知网大数据研究平台、EPS 数据平台、中经统计等。因为所涉及的指标较多、时间范围较长，统计口径在过去 10 年间也有所调整；个别指标甚至缺失当年的数据，我们采用线性均值法予以补齐。另有极个别的异常数据，我们采用不同数据来源的同一指标数据替换；没有可替换数据的，按缺失数据处理。

三、指标权重估算

由于指标体系涉及的五个维度指标均具有异质化属性，不能通过直接的加总得到各类因素对高质量发展的综合作用结果，为此，我们需要首先确定各项指标的权重值，然后把各个指标的原始数据换算为无量纲的指标测评值，以保证测算结果的客观性。在此基础上，城市高质量发展的指数由相应的指标权重和指标测评值经合成计算后得到。

权重的确定，我们采用比较常用的客观赋值算法——熵权法计算权重。熵权法是一种客观的赋权方法，它是利用各指标的熵值所提供的信息量的大小来决定指标权重的方法。与其他确定指标权重的方法相比，熵权法具有两点优势：一是熵权法给指标赋权可避免各评价指标权重的人为因素干扰，使评价结果更符合实际，克服了现阶段的评价方法存在指标的赋权过程受人为因素影响较大的问题；二是通过对各指标熵值的计算，可以衡量出指标信息量的大小，从而确保所建立的指标能反映绝大部分的原始信息。[①]（熵权法的具体算法步骤略）。由于熵权法主要适用于截面数据，因此我们选择时间维度上居中的2014年度的数据来计算权重。计算结果如下：

表4.3　西部地区四个中心城市高质量发展评价指标的分维度权重

指标	指标权重	指标维度	权重
地区生产总值增长率	0.0616	创新发展	0.2026
人均生产总值	0.0613		
财政科学支出	0.0797		
道路长度	0.0739	协调发展	0.188
常住人口城镇化率	0.0565		
第三产业就业人数比例	0.0576		

---

① 章穗，张梅，迟国泰. 基于熵权法的科学技术评价模型及其实证研究 [J]. 管理学报，2010，7（1）：34—42.

续表

指标	指标权重	指标维度	权重
污水处理率	0.0710	绿色发展	0.2009
人均公园绿地面积	0.0677		
空气质量达到二级以上的天数比例	0.0622		
民用航空客运量	0.0788	开放发展	0.206
电信业务总量	0.0663		
社会消费品零售总额	0.0609		
公厕数量	0.0579	共享发展	0.2024
公共图书馆图书总藏量	0.0606		
医院、卫生院床位数	0.0839		

在确定各指标权重之后，需要对原始指标数据进行标准化处理以便比较。为了让四个中心城市的跨年数据具有可比性，我们以2010年为基期，采用定基功效系数法进行处理。由于是比较数据，故不进行平移或映射来消除零值和负值，直接采用计算后的数值。考虑到高质量发展评价体系中各项指标均为正向指标，计算公式如下：

$$s_{ij}(t_k)=\frac{x_{ij}(t_k)-\min[x_j(t_k)]}{\max[x_j(t_k)]-\min[x_j(t_k)]}$$

其中，$x_{ij}(t_k)$和$s_{ij}(t_k)$表示第i个城市第j项指标在t_k年度的原始值和标准化值。max和min分别表示取该项指标t_k年度的最大值和最小值。

标准化后的数据采用线性加权法与权重数据合成：

$$Q_i(t_k)=\sum_{j=1}^{m}w_j s_{ij}(t_k)$$

其中w_j是第一步中计算出的第j项指标的权重，$Q_i(t_k)$为第i个城市在t_k年度的高质量发展指数。

第三节 指标分析

为了便于分析各维度的指标对总体指标的影响情况，以及各城市在不同维度高质量发展的特征和趋势，我们基于计算所得的权重比例，依次对各个维度内指标的标准化指标值进行合成，之后进行归一化处理，从而达到可在各个维度之间进行横向与纵向比较的数据序列。

一、 创新发展维度指标分析

经过归一化计算，四个中心城市在创新发展维度上的九年高质量发展指数见表 4.4 所列。

表 4.4　西部地区四个中心城市创新发展的评价值

年份	2010	2011	2012	2013	2014	2015	2016	2017	2018
成都	0.585	0.918	1.046	1.084	1.056	1.381	1.730	2.262	3.062
昆明	0.144	0.375	0.610	0.765	0.355	0.484	0.661	0.998	1.295
西安	0.292	0.412	0.392	0.615	0.750	1.018	1.213	1.768	2.113
重庆	0.697	1.001	0.971	1.202	1.161	1.495	1.786	1.990	1.995

由上表可知，重庆和成都作为两个最大的中心城市，经济规模、科技实力等一直在西部处于领先地位。而西安和昆明城市规模偏小，创新发展动能也相对处在弱势；尤其是昆明的工业基础和科研能力相对薄弱，经济发展尤其是新兴产业发展滞后于前三个城市。从动态角度来看，过去九年间四个城市的创新发展总体呈现出“加速—趋稳—再加速”的阶段性特征；特别是党的十八大以后，党中央提出了创新驱动发展战略，要求各地及时实现经济发展方式的根本性转变，四个中心城市都把创新作为推动城市经济社会发展的根本引擎，通过开展科技创新、管理创新、制度创新等一系列措施，培育城市高质量发展的动力源。所以，从表 4.4 中可以发现，西安作为国家重要工业基地，尽管城市规模体量相对较小，地理区位又远离大江大河，却依靠其雄厚的科技研发积累，在创新发展维度的表现最为突出，创新发展指数后来居上，2018 年超越重庆排名第二。同样，成都推动创新发展的表现也可圈可点，2017 年攀升到四个中心城市的第一位，其做法我们将在第七章进行详细陈述。

二、 协调发展维度指标分析

经过归一化计算，四个中心城市在协调发展维度上的九年高质量发展指数见表 4.5 所列。

表 4.5 西部地区四个中心城市协调发展的评价值

年份	2010	2011	2012	2013	2014	2015	2016	2017	2018
成都	0.672	0.712	0.771	0.801	0.862	0.882	1.024	1.102	1.218
昆明	0.469	0.570	0.620	0.701	0.957	0.825	0.817	0.941	1.037
西安	0.666	0.694	0.791	0.971	1.025	1.155	1.229	1.365	1.429
重庆	0.393	0.476	0.588	0.666	0.801	0.961	1.138	1.321	1.413

由于四个中心城市在创新发展维度上的表现不同，近几年重庆、西安两地的协调发展指数排名最为靠前，而成都和昆明协调发展的排位相对靠后。究其原因，可能有二。一是重庆作为省级行政区，市域范围广阔，行政管理和控制能力与其他三个中心城市相比明显处于上风，加之整个重庆的产业活动组织与配套都是围绕长江来展开的，所以在推动全域空间与产业协调发展上表现出了更大的影响力，能够有效推动全域范围内城市与农村、城区与城区之间的协同发展。二是西安的市域范围虽不算大，但地理地貌却属于一个相对比较完整的平原区域，交通设施通达与要素的流动要比其他区域便利得多，导致城市的协调发展也处在一个较高的水平。而成都和昆明，两个城市地理地貌呈现多样化形态，产业空间布局相对集中。随着城市规模扩大和边界扩张，产业布局和空间结构进一步发散。新发展理念把协调发展提到了更高的高度，意味着党中央对城市的产业布局和空间治理提出了更高的要求，所以地方政府要在推动产业集聚的同时，通过必要的行政干预与引导，努力实现高效能的空间治理。

三、 绿色发展维度指标分析

经过归一化计算，四个中心城市在绿色发展维度上的九年高质量发展指数见表 4.6 所列。

表 4.6　西部地区四个中心城市绿色发展的评价值

年份	2010	2011	2012	2013	2014	2015	2016	2017	2018
成都	0.507	0.537	0.455	−0.419	0.141	0.196	0.151	0.231	0.276
昆明	0.663	0.745	0.712	0.536	0.607	0.606	0.675	0.699	0.774
西安	0.079	0.152	0.271	−0.418	−0.262	0.114	−0.173	−0.196	−0.284
重庆	0.509	0.972	0.948	0.372	0.471	0.753	0.776	0.699	0.790

从数据可以看出，四个中心城市都普遍经历了从增长到下降，再到恢复的“U型”波动过程。这也体现出与城市在过去九年间努力推动发展方式的根本性转变密切相关。党的十八大之后，伴随着社会主要矛盾转变为人民日益增长的美好生活需要和不平衡、不充分的发展之间矛盾，“绿水青山也是金山银山”的发展理念逐步贯彻落实到城市工作的每个领域每个方面。在西部地区的四个中心城市里，昆明尽管在区位上存在劣势，但凭借其优越的自然条件和资源禀赋，绿色发展水平长期处在西部地区的高位。而重庆、成都和西安，在经历了西部大开发以来依托产业招商引资和要素投入实现高速成长之后，迎来了构建绿色低碳循环经济模式的新挑战。其中的过程必定有曲折，所以在 2013—2015 年三地的绿色发展指数出现了较大波动。从 2016 年开始，重庆和成都的绿色发展实践进入到一个新阶段，平均增幅都超出了昆明。在四个中心城市里排名最后的西安，未来探索建立的城市绿色发展空间，仍然需要寻找符合城市自身资源和环境承载能力的内容和动力。

四、 开放发展维度指标分析

经过归一化计算，四个中心城市在开放发展维度上的九年高质量发展指数见表 4.7 所列。

表 4.7 西部地区四个中心城市开放发展的评价值

年份	2010	2011	2012	2013	2014	2015	2016	2017	2018
成都	0.735	0.624	0.750	0.863	1.162	1.401	1.415	2.498	2.687
昆明	0.383	0.546	0.667	0.801	0.947	1.089	1.298	1.517	1.648
西安	0.466	0.711	0.833	1.102	1.278	1.516	1.735	1.918	2.071
重庆	0.380	0.507	0.773	0.953	1.201	1.395	1.644	2.007	2.089

改革开放后，西部地区作为国家经济版图的战略大后方，更多是承担了向东部地区提供劳动力要素和承接产业转移的功能。2013 年“一带一路”倡议的提出，为西部地区推动区域经济开放发展带来了重大机遇。从 2013 年起，四个中心城市的开放发展能力得到大幅提升。其中，重庆和成都充分发挥市场规模和产能的城市优势，积极构建“渝新欧”“蓉欧快铁”等中欧铁路班线，形成开放发展的重要增长极；西安也凭借其现代丝绸之路起点的空间优势，不断扩大对中亚和欧洲地区的辐射力与影响力。总体上看，西安的开放发展水平在 2011—2016 年一直处于领先地位，而重庆、成都两地依托开放通路建设，2017 年后迅速超过西安，成为西部地区开放发展的领头羊。

五、 共享发展维度指标分析

经过归一化计算，四个中心城市在共享发展维度上的九年高质量发展指数，见表 4.8 所列。

表 4.8 西部地区四个中心城市共享发展的评价值

年份	2010	2011	2012	2013	2014	2015	2016	2017	2018
成都	0.796	0.957	1.076	1.261	1.195	1.229	1.087	1.255	1.438
昆明	0.000	0.060	0.250	0.285	0.244	0.319	0.448	0.730	0.837
西安	0.237	0.331	0.409	0.457	0.580	0.650	0.795	1.034	1.270
重庆	0.880	1.026	1.259	1.265	1.548	1.749	1.945	1.980	2.122

在四个中心城市共享发展的评价上，重庆一直处在领先位置，这与其公共财政的投入力度和作为直辖市的政策因素有着直接的关系。其他三个城市的共享发展水平排序和城市经济规模的排序完全一致。值得强调的是，坚持“人民城市人民建，人民城市为人民”是党中央对各地城市发展提出的重要要求。社会主义城市建设的初心和使命就是要注重经济社会发展的成果惠及于民，始终把民生摆在城市工作的重中之重，把共享发展作为谋划城市发展的价值理念，也作为推进城市发展的实际行动。共享发展既是城市高质量发展的出发点，也是城市缩小城乡差距实现可持续发展的落脚点。不可否认，西部地区四个中心城市的共享发展水平尽管在西部地区位居前列，但与沿海地区先发城市相比还有不小的差距，如何在推动经济增长和社会进步的同时，促进城市共享发展，的确是西部地区中心城市高质量发展过程中不可缺失的重要一环。

第四节　结论及政策启示

通过归一化计算，并对四个中心城市在高质量发展各个维度的数据进行最终合成，得到四个中心城市的高质量发展指数，见表 4.9 所列。

表 4.9　西部地区四个中心城市高质量发展的评价值

年份	2010	2011	2012	2013	2014	2015	2016	2017	2018
成都	0.659	0.750	0.821	0.719	0.886	1.022	1.085	1.480	1.749
昆明	0.329	0.457	0.571	0.617	0.618	0.664	0.781	0.980	1.122
西安	0.344	0.458	0.537	0.543	0.673	0.890	0.960	1.180	1.324
重庆	0.574	0.800	0.912	0.896	1.041	1.276	1.464	1.606	1.688

为更加直观表示出四个中心城市推动高质量发展的趋势，我们将其绘制为图 4.1。

从图 4.1 可看出，在过去九年时间里，成渝两地的高质量发展水平在西部地区四个中心城市中一直保持领先。2016 年后，成都开始发力，推动城市高质量发展，并在2018年超过了重庆。对照前文不同子维度下四个城市高质量发展的表现与趋势特征，可以发现，成都推动城市高质量发展的关键在于实现了创新发展，也就是通过产业创新、制度创新迅速实现了对重庆的赶超。西安和昆明两个中心城市，近五年高质量发展的进程几乎同步；从四个城市高质量发展指数的演进图来看，两地与成渝之间的差距在未来有进一步拉大的趋势。

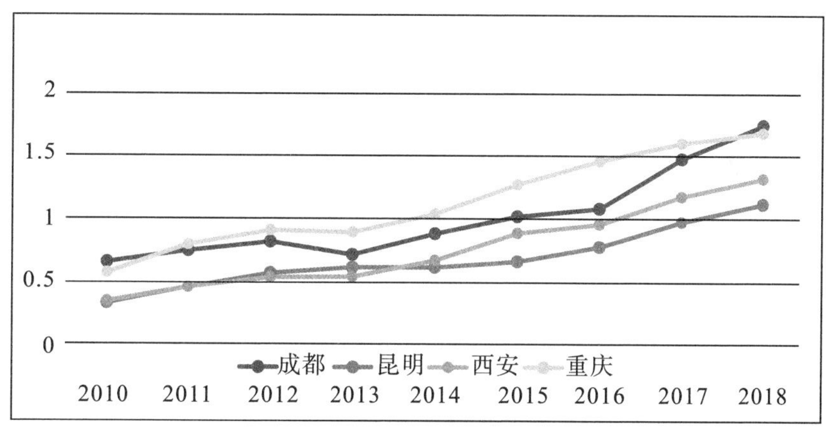

图 4.1　西部四个中心城市高质量发展指数

由此可见，尽管我们在分析中把高质量五个维度的权重以熵权法进行了客观划分，但对西部地区而言，创新发展依然是中心城市推动实现高质量发展的关键动力。这并不仅仅是一定理论分析的结果，同样也是指导城市实践的理论依据。也正是基于此，我们才对成都推动城市高质量发展的做法和经验有了更浓厚的研究兴趣。

就创新发展而言，产业创新也好，制度创新也罢，成都能做到的，西部地区其他几个中心城市同样也能做到。相信其中的关键，就在于成都以新发展理念为根本指引，以“一尊重五统筹”为根本遵循，探索并形成了引领西部地区中心城市高质量发展的体制机制和发展方式，进而针对城市发展要求和发展中出现的新问题新情况，把“自上而下的顶层设计与自下而上的基层创新”有机结合起来，探索并形成了新的城市经济工作组织方式和空间治理新模式。

第五章

推动产业集聚发展的成都实践

2018年1月30日，习近平总书记在主持中共中央政治局第三次集体学习时强调，国家强，经济体系必须强。要建设创新引领、协同发展的产业体系，实现实体经济、科技创新、现代金融、人力资源协同发展，使科技创新在实体经济发展中的贡献份额不断提高，现代金融服务实体经济的能力不断增强，人力资源支撑实体经济发展的作用不断优化。作为西部地区重要的经济中心，成都近年来坚持以新发展理念为指引，积极探索推动产业集聚发展，走出了一条质量更高、效益更好、结构更优的高质量发展新路。

第一节　从产业园区到产业功能区

到1949年12月成都仍然是一个小型的手工业城市。“一五”“二五”和1964年开始的三线建设，让成都在短时期内拥有了化工、电子、冶金等产品的生产能力，形成以电子、机械、化工、国防工业为主体的工业结构。改革开放以来，随着2001年东郊工业区结构调整计划实施，成都全域范围内的116个工业开发区归并为21个工业集中发展区，同时规划建设32个现代服务业的重点集聚区。

一、成都产业集聚发展历程回顾

从发展的历史脉络来看，成都产业集聚在过去70多年间大体经历了三个发展阶段。第一个阶段是改革开放前的30年间，由国家主导进行工业集中布局的计划经济阶段。第二个阶段是改革开放的前15年，工业发展表现为“村村点火、户户冒烟”的乡镇企业蓬勃发展，形成了以低成本、低门槛、高补贴为特征的“产业集聚”1.0版本。20世纪90年代，城市基础设施的建设力度明显增强，区县政府也争相出台各类鼓励产业发展的政策，城市进入以“高新区＋经开区＋工业园区”为空间载体，以吸引资本或技术密集型企业集聚为导向的产业发展的新阶段，我们将其称为“产业集聚”2.0版本。第三个阶段是进入21世纪，工业重心从中心城区开始大规模向郊区和卫星城市转移，服务业成为城市城区重点培育的新兴业态，要素和产业活动在空间的高度集聚催生出级别不同、形式多样的各类产业园区，如“工业集中发展区”“产业园区”“服务业集聚发展区”等，产业园区也由此成为“产业集聚”2.0版本下的基本空间载体。

回顾成都改革开放以来的产业集聚发展实践，城市的产业集聚尽管取得了长足的进步，但也存在不少的问题。其中的一个突出问题，就是过于强调对产出总量与经济增速的考量，却相对忽略了城市内生的集聚动力培育。由于缺少改革、科技和文化的支撑，城市的产业集聚只能牢牢被锁定在依靠要素和投资驱动的“不归路”。在这一过程中，随着城市的产出规模不断扩大，越来越多的人口集中在狭小的建成区空间，造成了交通拥堵、空气污染、公共服务配套不足等“大城市病”。在更深层次的城市产业构成中，重生产发展轻生活服务、重项目数量轻企业协作、城区之间产业同构化等问题和风险日益积累，分工协作不经济、基础设施不专业等矛盾也正在不断加剧。如何从根本上化解大城市病，为城市找到推动产业集聚与持续发展的新途径、新方式，是决策者必须要破解的重大课题。对于西部地区的中心城市来说，一方面和东南沿海地区城市比较起来，它们属于典型的后发城市，发展模式和工作思路大多沿袭了先发城市的做法。另一方面，西部地区的空间发展极不均衡，中心城市的高速增长往往是通过对周边地区的虹吸效应而取得的，如何实现城市甚至区域的可持续发展确实是一个难题。

二、产业生态圈的内涵与特征

2015年12月，时隔37年中央城市工作会议再次在北京召开，习近平总书记提出了新时期做好城市工作的“一尊重五统筹”重大要求。其中的第一个“统筹”，就是统筹城市空间、规模、产业三大结构，提高城市工作全局性[①]。习近平总书记的讲话，为城市谋求发展方式转变和构建现代化经济体系确定了根本方向。以“一尊重五统筹”为遵循，变革城市经济与产业发展的组织方式，以创新引领空间经济与产业经济的提质增效，成为城市推动实现高质量发展的必由之路。

为此，2017 年 7 月，成都在全国大城市里第一个提出要以产业新城为核心构建产业生态圈，营造良好产业发展环境。其中的产业生态圈，是指在一定区域内，人才、技术、资金、信息、物流和配套企业等要素能够有机排列组合，通过产业链自身配套、生产性服务配套、非生产性服务配套以及基础设施配套，形成产业自行调节、资源有效聚集、企业核心竞争力充分发挥的多维网络体系[②]。

生态圈的概念来自生态学，本指自然界中生命物质与非生命物质之间自我适应、相互调节的独立系统[③]。在这个复杂而开放的圈子里，有机体成员的运动带来能量流动和物质的循环，并引起环境条件变动，后者又反过来强化生物的适应性，最终推动整个生物系统变化与演进。将这一概念引入经济社会活动之中，则是近 30 年的事。20 世纪 80 年代，信息技术的突飞猛进与经济全球化浪潮此起彼伏，促使以大规模、标准化为标志的“福特主义”生产方式走向衰退，更多的企业开始探索建立更加迂回复杂的生产模式，以更好匹配顾客日益多样化、个性化的消费需求。其中佼佼者之一，就是当今世界市值最大的企业——苹果电脑公司。2016 年苹果公司手机销量虽仅占到全球智能手机出货量的 14.4%，却拿走了整个行业市场全年利润的 92%。原因不仅在于苹果产品优秀的工业设计与供应链管理，更重要的是它把手机操作系统与手机硬件融为一体，把消费者、开发者、代工企业和苹果自身紧紧绑在

---

① 中央城市工作会议在北京举行［EB/OL］. 2015－12－22. http://www.xinhuanet.com/politics/2015-12/22/c_1117545528.htm.

② 成都国家中心城市产业发展大会召开［EB/OL］. 2017－07－04. http://www.ljcd.gov.cn/show-48-43763-1.html.

③ 奥德姆，巴雷特. 生态学基础［M］. 陆健健，王伟等译. 高等教育出版社，2009：10－16.

一起，形成了一个封闭、互利共生的价值创造系统①。

与产业价值链中众多企业围绕核心产品的设计、生产与分销所建立的链状结构不同，产业生态圈在本质上可概括为以用户利益为中心的多领域、多维度“连接”，是创造更多更新供给来满足用户需求的网络机制。以国内最先导入这一运营模式的小米为例，通过互联网制造手机而崛起的小米科技，从2014年就开启了企业的生态链构建计划，围绕“智能家居”主题，以小米手机为控制器单元，以家庭路由器为网络接口，从最初的移动电源、手环等周边设备逐步拓展到毛巾、净化器、电动牙刷、电饭煲等家庭生活消费品，初步实现了以手机为核心、以生活家电为端口的家庭生活“万物互联”。据统计，2016年小米旗下的生态链企业接近80家，总收入超过150亿元②。

将以企业为主体的产业生态圈上升到城市层面，是推动城市产业经济发展的一次重要创新。按照定义，产业生态圈是一种多维网络体系。多维度是指产业生态圈包含了众多关联企业组成的生产维、科研设计和专业组织构成的服务维、劳动和人力资源供给形成的劳动维，以及相关基础设施和制度环境形成的公共维等多个维度。网络化是指产业生态圈除了生产组织的要素和主体以外，还包括了产业发展所需的人才、科技、信息、金融、基础设施等要素的供给环境，共同构成了良好的生态梯级层次。全面认识把握这一概念的内涵，应从以下三个方面入手。一是强调关联产业间要素集聚与内容协同。在通常意义上经济活动的劳动、资本、资源等投入要素的基础上，产业生态圈的要素构成更加突显主导产业企业与关联企业、配套服务之间的要素聚集与能量交换。二是突出产业内容、空间规划与城市建设相匹配。要求整合以往隔离分治的产业招引、公共配套和城市建设等经济活动，把城市发展上升到发挥资源禀赋优势，实现精明增长和永续经营的高度。三是明确生态圈是一种多维度的网络体系，是要素与产业活动相互促进的耦合系统。在供给的

---

① Gartner：2017苹果iPhone销量低于2016年［EB/OL］. 2018－02－23. https://www.ithome.com/html/it/348515.htm.

② 雷军：小米生态链企业已77家 2016预计收入150亿［EB/OL］. 2016－12－20. https://www.ithome.com/html/it/282048.htm.

维度上，多个部门产业活动具有必要的技术经济联系；在空间的维度上，多种社会活动之间具有清晰的功能分区，设施服务在空间布局与覆盖范围上拥有经济性；在时间维度上，打造良性循环的产业生态圈是一个相对长期的过程，要遵循产业发展与空间演化的内在规律。

三、产业功能区的范畴与作用

由上可知，产业生态圈是一个相对抽象的概念。落实到现实空间上，就形成了集生产、研发、居住、消费、生态等多元功能于一体的产业功能区。《成都市产业发展白皮书（2019）》第一次提出要在全市统筹布局建设66个主导产业明确、专业分工合理的产业功能区。所以，与传统认识中的“城市功能区”“产业园区”等概念相比，产业功能区带有鲜明的问题导向，集成了过往的“产业集中发展区”“产业园区”“工业开发区”“经济协作区”等多个概念，明确提出了破解大城市规模不经济症结的方案，是经济新常态下对推动城市产业集聚发展新的概念提炼与理论突破。

作为产业生态圈在地理空间上的物理映射，产业功能区是支撑城市高质量发展的空间载体。一方面，产业功能区有着明确的行政边界和实体边界，框定出了一定的地理区域空间，功能区内外有着较大的差别；而产业生态圈是开放的，往往跨越了具体的园区甚至是行政的边界线。另一方面，产业功能区呈现出在空间上为“园”，在内在逻辑上却是“圈”的内涵，体现为工业厂房、物流仓库、配套设施等外在形态；产业生态圈则是市场主体、创新主体、要素主体与功能设施的有机融合。所以，以产业生态圈理念指导产业功能区建设，有利于引导各类资源要素打破地域约束和行政壁垒，促进物化的产业园区与虚拟的要素生态之间虚实结合、相互耦合，从而达到主导产业鲜明、要素自动吸附、人才流入聚集、企业核心竞争力不断增强的局面。

因此，产业功能区在本质上是一个空间范畴，是集生产、研发、居住、消费、生态等多元功能于一体的城市新区。但是，与城市推动产业集聚发展的过往做法相比，产业功能区建设的立足点是由多个产业内容链接在一起的产业生态圈。这样的生态圈具有不同的主题，通过空间上的集聚串起了要素供给、公共服务与产业发展，在实践方法论上打破了以往各自为政、同质化发展的产业困局，称得上是推动城市经济组织方式转变的重大变革。

第一，跳出了“就产业招引发展产业”的思维定式。传统的开发区、产业园区偏好于引进第二产业中的大型工业项目，在产业选择的视野上不够开阔，多对某一类产业链进行平面式的“解剖”，围绕供应链上下游环节的关键企业展开谋划和招引。这里既有以地区生产总值考核为指挥棒的政绩冲动，也缺乏贯彻落实新发展理念、因地制宜发挥比较优势的战略主动，容易造成产城脱节、职住分离、配套缺失。产业生态圈和产业功能区则跳出区域经济发展的既有思路，强调从产业发展全生命周期的角度出发，理清不同类型产业发展的技术特征与变动规律，依据产业演进的技术路线来把握产业发展在不同阶段的具体需求与未来演进趋势，针对性补齐产业经济体系的突出短板和环节，以此形成全产业集聚协同发展的新态势。

第二，跳出了“就要素竞争发展园区”的粗放模式。传统的开发区、产业园区往往都有明确的空间区划约束，产业的导入、培育以及更多产业的发展都是依靠地方政策和资源要素的比拼，企业招引在实践进程中往往走向了同质化建设与低水平竞争的零和博弈。产业生态圈和产业功能区则有效整合了产业发展所需要的各项资源、禀赋和市场机制，通过在全市层面上科学统筹与合理调度，打破了既有的行政区划壁垒，实现了全区域、全产业的错位、融合与协同发展；同时，通过上下贯通、水平联动的政策服务与国际化营商环境建设，构建起城市主导产业集群集聚发展的“大生态圈”。

第三，跳出了“就空间扩张发展城市”的传统路径。改革开放以来，各地城市大多走的是城市边界不断向外推移的扩张之路，在产出规模和空间体量快速膨胀的同时，也必然会打破之前的职住平衡的城市格局，带来整个城市生产、生活、生态三大布局的必然失衡。而产业生态圈本身就是循环自生的基本单元，推动产业功能区建设，就是要摆脱“产业集中—城市扩张—人口集聚—布局失衡”的传统路径依赖，通过科学统筹空间、规模与产业，让城市迈入“人口集聚—空间拓展—能级提升—产业升级—城市演进”的新发展轨道。

第四，跳出了“就要素投入强化功能”的工作误区。城市发展犹如人体的功能系统，唯有吐故纳新才能永葆生命之树长青，传统园区的重生产发展轻生活服务、公共设施不配套等问题一直饱受人们的诟病。而以生态论为基础推动构建产业生态圈和产业功能区，就如同城市生命体的不同器官，既有各自的主导产业，也为其他产业单元提供必要的配套协作与要素供给。从城市全域来看，产业生态圈涵盖了现代农业、先进制造业和现代服务业等各个产业形态，相互影响，彼此共生，共同构筑起城市产业经济这一复杂的系统。

四、 产业功能区建设的总体框架

从城市空间上的产业集聚和组织方式来看，产业功能区是推动城市产业集聚发展的3.0版本。与前文提到的产业集聚发展1.0版和2.0版相比，产业功能区建设既能体现出充分尊重产业发展的客观规律，更体现出积极落实党中央对新时期做好城市工作的重大要求，以责任和担当努力践行新发展理念指引下的高质量发展之路。

第一，以职住动态平衡构建新时期城市现代化的实践逻辑。“一个产业园区就是一个城市社区，就是一个特色街区”，无疑是城市发展史上的一次重要转型与理念创新。纵观世界各地人口超过300万人的大型城市，尽管基本制度与运营模式有着本质的不同，但都普遍面临着“交通拥堵、空气污染、空间极化、社会冲突增加”等城市病困扰。其原因多种多样，但其中一个重要原因是规划远远滞后于城市建设实践。特别是各地产业园区多以“见物不见人”为生产导向，引致大量原本没有关联的企业向园区无序集中。就业人口向中心城区过度集中。大量的人口在工作地和居住地之间潮汐式的反复流动，既增加了通勤成本，又挤占了城市宝贵的空间和交通资源，最终带来“产城分离”“公共服务供求对立”等一系列问题。

因此，建设产业功能区，在根本上就要以“以人为本”为导向，打破工业化思维下标准化、同质化生产导向的园区传统模式，解决长期存在的项目投资和城市建设“两张皮”现象。通过产城融合，增强城市的居住、教育、医疗、金融服务等配套功能，推动城市人口和产业活动向产业功能区集中，就业人群在本地居住与消费，从而有效调节职住平衡，实现“产城人”向“人城产”的城市发展逻辑的根本性转变。

第二，以错位协同深化要素的供给侧结构性改革。供给侧结构性改革是2015年党中央做出的重大决策部署。五年多的实践证明，以“三去一降一补”为特征的供给侧结构性改革是改善我国生产供给结构，提高经济发展质量的治本之策。2018年中央经济工作会议再次强调，当前我国经济运行的主要矛盾仍然是供给侧结构性的，必须坚持以供给侧结构性改革为主线不动摇，在“巩固、增强、提升、畅通”八个字上下功夫。理解这一“八字方针”，就是要提升产业链水平，注重利用技术创新和规模效应形成新的竞争优势，加快解决关键核心技术“卡脖子”问题，强化工业基础能力建设，提升供应链完备程度，培育和发展新的产业集群，保持好我国在全球最完整的产业体系，提升我国在全球供应链、产业链、价值链中的地位与竞争力。

改革开放以来各地产业发展的实践经验也充分表明，越是聚焦细分领域的精耕细作，越容易形成产业的核心竞争力与城市的辐射力。例如杭州在过去10多年时间里，一直聚力于数字经济发展，通过培育细分行业的平台巨头，形成了强大的行业号召力。2017年杭州的数字经济占全市生产总值的比重已超过25%；而成都的占比却不足10%。又比如，贵阳早在2012年就前瞻性布局了“大数据”产业发展，经过多年耕耘形成了世界范围内具有重要影响力的城市品牌，为西部地区城市推动要素集聚与产业更迭提供了宝贵的经验。这些成功的案例启示我们，推动产业功能区建设，其目的就是要根本性变革城市已经固化的产业组织方式。做到这一点，关键是打破“一亩三分地”的行政思维定式，树立“一盘棋”发展的大格局，突破过多依靠“低成本—低收益循环”的产业发展路径依赖。

第三，以思路和制度创新推动超大城市的治理体系和治理能力现代化。经过40余年的工业化和城市化进程，我国已形成一批人口数量超过1000万人、经济规模超过万亿大关的特大城市。人类史上史无前例的工业化和城镇化进程，不仅是我国改革开放伟大成就的集中体现，而且还深刻影响着我国的空间格局、生产方式和生活方式，成为推动中国从农业社会向工业社会、从乡土社会向城市社会跨越的关键动力源。一定程度上，构建从产业发展到社会和生态文明建设的超大城市的现代治理体系，决定了城市乃至整个区域高质量发展的未来。

与此同时，世界范围内城市的产业发展趋势也正在发生深刻变化。主要表现为以下三个特征。第一，规模经济和外部经济相互叠加的集群化趋势，产业生态的形成与强化逐步成为一座城市扩大其影响力、辐射力和带动力的核心优势。第二，核心技术带动产业跨界渗透与相互交叉的融合化趋势，有力推动城市空间上产业集群的加速创新，推动生产技术结构与产业的转型升级。第三，以新一代信息技术为支撑的平台化趋势，深刻改变了城市既有的生产生活基本联结方式。三大趋势倒逼城市要深刻变革传统的经济工作方式。一是以协同化为导向，探索形成推动产业集聚的新推进机制；二是以专业化为导向，探索形成高效运营的新管理机制；三是以市场化为导向，探索形成奖惩分明的激励约束新机制；四是以集群化为导向，探索形成协同互补的企业扶持新机制；五是以差异化为导向，探索形成公开公平的考核评价新机制。这些共同构成产业功能区高水平建设的“四梁八柱”制度体系。

第二节　产业功能区建设的实践回顾

作为一场主动创新经济工作组织方式的城市变革，产业功能区建设的根本目的在于实现产业发展方式的根本性转变，努力以方式创新实现城市发展动能的新旧转换。当然，城市发展方式的长期惯性，也决定了产业功能区建设必定是一项十分复杂并且持久的系统工程。

一、系统谋划产业功能区的总体建设

产业功能区建设开局能否成势，取决于从思路谋划到规划先行，再到行动推进，每一项工作都有助于尽快形成统筹产业功能区规划、建设和管理三大环节的体制机制。为此，成都于 2017 年 11 月成立产业功能区及园区建设工作领导小组。2018 年 1 月，成都市委、市政府印发了《全市产业功能区及

园区建设实施方案》，对产业功能区总体规划提出了具体要求；2018年5月《成都市产业功能区及园区综合考核评价办法（征求意见稿）》正式对外征求意见建议。

截至2020年底，成都市产业功能区及园区建设工作领导小组已召开七次会议。其中，2018年1月11日召开的第一次会议着眼于高点定位系统谋划，提出“核心在产业、关键在功能、支撑在园区、机制是保障”总体思路，强调产业功能区建设必须以比较优势原则选择产业主导方向，把工作着力点放在引进战略性龙头企业、行业领军型创新人才和国家级科研工程中心上。产业功能区建设以宜业宜居为目标塑造城市新形态，坚持功能复合、职住平衡、服务完善、宜业宜居的发展导向，形成产业功能区规划编制导则、大纲和设计导则，围绕产业需求和产业人群构建科研型功能平台和生活性服务平台；以生态圈理念引领主导产业集群要素集聚，加快建设以政府为主导、以需求为导向、政产学研用共建共享产业生态圈；以创新体制机制激发市场主体活力，建立和完善以协同化为导向的工作推进机制、以专业化为导向的管理运营机制、以市场化为导向的激励约束机制、以集群化为导向的企业扶持机制和以差异化为导向的考核评价机制。

2018年5月17日召开的第二次会议着眼战略目标精准施策，鲜明提出以“人城产”逻辑推动城市发展方式转型和经济发展方式转变。一要聚焦错位协同，遵循产业发展规律构建符合龙头企业需求的产业链，建立主导产业的产业链全景图、重点企业和配套企业名录、产业生态发展路径图，主动在错位基础上实现协同，形成以产业功能区为单元的产业生态圈；二要聚焦供需匹配，打造校院地企创新共同体、利益共同体、发展共同体，引进高层次紧缺人才和领军人才，坚持市场化评价和企业需求侧目标导向，引育培用更加精准，运用产业引导基金促进各类基金支持产业功能区，提升资金链和创新链的匹配效率；三要聚焦人本需求，以“人城产”逻辑思考产业功能区建设，围绕主导产业发展个性需求建设一批不可复制、不可替代的基础设施和保障设施，围绕人力资源需求完善高端生活功能，围绕可持续发展未来需求完善绿色生态功能，把产业功能区建设成为绿色发展示范区；四要聚焦转型升级，加快建设专业化平台和服务机制，建立专业化的管理运营团队；五要聚焦政策资金和要素资源服务保障，强化对产业发展、功能配套、政策保障等差异化考核评价，强化对专业管理、要素匹配部门的考核。

2018 年 10 月 22 日召开的第三次会议着眼创新发展培育竞争优势，提出了加快质量变革、效率变革、动力变革的转型要求。要聚焦质量变革，聚焦聚力以先进制造业、现代服务业和新经济为支撑的现代化产业体系，确定细分领域的主攻方向，集中政策和要素资源招引全球行业龙头和领军科研团队，精准开展专业招商，深入实施产业功能区功能配套提升攻坚，打造以公园城市为标杆的城市社区；要聚焦效率变革，提升土地、资本、能源等要素供给效率，坚持权责匹配、效率优先，构建高效率的责任落实机制、部门协同机制和激励问效机制，全面实施项目承诺制改革，用活用足改革试点的政策空间，倾心倾情解决企业诉求，优化营商环境，提振社会投资信心；要聚焦动力变革，把校院企地深度融合发展作为重要抓手，推进高水平创新转化，推动高水平开放合作，着力提升区域带动力、辐射力和国际知名度影响力，大力引进一批行业领军人才、运营管理人才，引育一批专业技能人才，推动高水平人力资源协同。

2019 年 2 月 27 日召开的第四次会议着眼遵循规律科学作为，提出一个产业功能区就是若干新型城市社区的理念，强调要遵循特大城市的发展规律，深化对产业功能区建设战略意义的认识，抓好“七件事”，推进产业功能区建设。一是厘清产业功能区与各区域城市战略定位的关系，实现与区域城镇空间规划高度契合；要精准锁定产业的主攻方向，更加专注于细分领域。二是以“壮士断腕”的决心，集中政策要素资源推动产业集聚。三是秉持“一个产业功能区就是若干城市社区”理念，加强人居环境建设，提升招商引资吸引力。四是集聚创新资源，探索校院企地共建共治模式做强支撑。最后是聚焦主导产业所需，加强干部人才队伍建设与进一步完善考核体系。

2019 年 9 月 18 日召开的第五次会议着眼提升产业发展能级、创新构建城市核心竞争优势，进一步明确产业生态圈产业功能区的发展导向，提出要彻底转变营城模式和产业发展方式，积极建设集生产、生活、生态功能复合的产业功能区。一是彻底扭转产业园区思维，做强产业功能，补齐生活短板；要瞄准生产空间集约高效、生活空间宜居适度、生态空间山清水秀，持续增强城市高质量发展竞争优势。在产业功能区建设中，首先要持续推动产业配套链、要素供应链、产品价值链和技术创新链整体成势。二是大力推进生产要素高度集聚、配套功能高质集成、各类资源高效集约，完善生产服务功能配套，精准生活服务功能配套，强化交通路网功能配套，整体提升产业功能区能级。三是始终聚焦企业和市场需求，以功能区为重点全面下放市级经济管理权限，着力构建更加专业的管理体制、更加精准的政策体系和更加高效的运行机制。

2020年3月13日召开的第六次会议着眼成渝地区双城经济圈战略背景下产业生态圈和产业链的配套建设，提出要加快强链补链、推动要素集聚，坚定不移推动产业生态圈和产业功能区建设，形成要素资源集成集约、产业配套合作紧密、生产生活生态协调、全球市场供应供销便捷的区域经济新形态。一要整合区域需求和市场，实现规模共赢，努力形成对全球高端要素资源的强大吸附力，形成有世界影响力和区域带动力的产业集群。二要以建设成渝地区双城经济圈全球供应链物流体系为目标，加快推动优势互补、资源共享。特别要从头部企业发展需求出发，优先布局供应链节点城市，量身定制货机和班列。三要坚持环境和能力建设相衔接，从科创空间和产业社区建设起步，在专业化队伍和专业化管理上着力，加快推进产业功能区建设成势见效，形成城市竞争的新优势。

2020年9月1日召开的第七次会议着眼以产业功能区为载体，构筑细分领域的生态优势；以科创空间为平台，构筑主导产业的动力源泉，集中力量于比较优势领域，在细分领域精准招引培育企业、集聚资源要素、涵养产业生态，降低产业链协作配套成本，提高产业链价值链的韧性。同时，要坚持开放引领创新驱动，构建先进要素聚集高地，按照“一个产业一个政策、一个企业一套办法”制定专业化的产业政策体系；要探索专业化土地资源供给方式，建立完善的金融合作生态和资本运作体系，构建匹配不同层次人才需求的生态环境，推动先进要素和专业化人才集聚。此外，要坚持政府主导、企业主体、商业化逻辑，建设赋能产业的科创空间，推动研发设计、生产服务、生活休闲功能场景融合呈现，形成以创新平台、产业协作、专业咨询、运维能力为核心的竞争优势；以构建生产圈、生活圈相融合的产业生态为目标，加强产业功能区的协同配合，以培育专业园区投资企业为路径引导品牌资源输出，争取在更大区域内运筹要素、运用配套、集成链条，形成以产业功能区为核心的广域生态系统。

总体来看，自提出建设产业功能区的政策主张以来，随着规划、建设与管理工作框架的基本形成，成都产业功能区建设从认识论到方法论的思路愈加清晰，从战略谋划到战术推进的工作局面已然打开，从理论探索到实践创新的概念内涵日益丰富。过去几年间，成都坚持以“产城融合发展”的理念统筹规划建设和功能布局，以“有所为有所不为”的理念构建现代产业体系，以集约高效的理念集聚先进要素，以创新突破的理念转变工作组织方式，创造出一批值得总结、借鉴、推广的经验，14 个产业生态圈和 66 个产业功能区建设初步成型。

二、 建设产业功能区的基本经验

从理论上讲，产业生态圈和产业功能区都是在一定空间中开展的经济活动，都具有尺度不同的空间属性。但是，每一类的产业经济活动都是一个开放的体系。在产业功能区建设中，不能也不可能排斥以龙头企业或技术领军企业为基点，在多个产业功能区之间展开的产业协作和技术创新活动。因此，建设产业功能区的过程中，首先要坚持以下四个原则。

（一）聚焦错位协同，加强区域协作

产业经济学认为，产业链是以龙头企业需求为线索建立的上下游生产分工与协作链条。产业功能区的形成和壮大，同样也要遵循产业发展规律，积极构建依托于龙头企业和创新平台的产业链。成都是一座发祥于农耕文明，再由商业文明转向工业文明的内陆腹地城市，地方化发展形成的主导产业多是依靠招商引资而来，属于“两头在外”的来料加工生产模式，尚未形成系

统完善的产业业态。

所以，建设产业功能区首先要明确龙头企业的需求，加快形成以其为主导、企业产业共生的产业链。虽然城市的电子信息、汽车制造业已经站上规模经济的门槛，但尚未形成完整、可控的产业链和供应链。突破这一产业发展瓶颈，有赖于建立主导产业的产业链全景图、产业生态发展路径图、重点企业和配套企业名录，明确产业链精准招商和产业配套企业的培育路线，引导产业加快成链、集聚发展。

其次，要着力打破行政区划的边界，强化产业之间的内在关联。产业功能区是产业集聚发展的空间载体，但不能成为某一区域产业发展的空间边界，成为制约要素流动和科技创新溢出效应的束缚。因此，要引导各类资源要素冲破地域约束和行政壁垒，发生跨区域的产业关联，在全市范围内形成大的产业生态圈。如果各产业功能区各自为政、互不协作，甚至相互掣肘、恶性竞争，必然导致自我封闭，走向产业集聚发展的“死胡同”。

最后，要具有国际视野、世界眼光，加快建设开放型的产业功能区。产业功能区必定是开放型经济区，要以“一带一路”为引导，注重在全球范围内寻找龙头企业和领军团队，开展全方位的深度合作。对成都而言，特别要主动对接全球产业链的高端和价值链的核心，通过产业功能区的建设，形成集聚国际国内高端人才、产业资本、先进技术和管理经验的平台载体，力争在更大范围、更宽领域、更高层次形成高质量、可持续的产业生态圈。

（二）聚焦供需匹配，完善创新生态

城市快速发展过程中，最大的隐忧就是要素、经济规模和内生动力的不匹配。打造高水平的产业生态圈创新生态链，突出的矛盾就是要素供给和需求的不匹配，特别是创新资源、创新人才和资金要素的供需“错配”。要通过改革的办法，加快优化技术、人才、资金等创新要素的资源配置，促进供需匹配，完善创新生态。

深挖创新资源和产业发展关系，实现创新链供需匹配。企业同创新资源信息不对称，缺乏利益链接机制，是当前创新链供需不匹配的症结所在。本

土企业特别是中小企业囿于自身规模和能力，难以对接国际国内同行业创新资源和团队。与此同时，拥有大量创新资源的龙头企业、高等院校和研究院所由于体制差异、转化通道不畅、激励机制不足等障碍，缺乏主动对接企业的积极性。下一步的着力重点，是要打通企业同创新资源的对接通道，推动更多创新成果落地产业功能区，真正将沉淀的创新资源转化为产业发展动力源，实现创新链供需匹配。

围绕人力资源全生命周期需求，实现人才供需匹配。坚持树立“尊重知识、尊重人才、支持创新、支持创造”的城市形象，建立市场化为导向、企业需求为目标平台机制，紧贴城市发展战略和企业发展需求招才引智。遵循人才多样化发展规律，既要引进高层次紧缺人才和领军人才，又要坚持市场化评价导向和企业需求侧的目标导向，把人才引进重点放在应用型人才引育培用上。对产业园区有重大支撑作用的龙头企业和专业团队，要根据“一企一策”“一团队一政策”原则制定有针对性的人才政策，形成更加精准的人才引进、柔性流动和激励机制。

匹配创新活动全周期需求，实现资金链需求匹配。创新活动在前期需要巨大资本投入，比如生物医药产业链，投入大、周期长、风险高，是产业发展的客观规律。产业功能区要着力提升资金链和创新链的匹配效率，围绕主导产业发挥好政府投资的引导作用，构建起财政资金引导投资机构和社会资本系统联络机制。要发挥产业引导基金的杠杆作用，促进产业投资、股权投资和并购重组等各类基金支持产业功能区的主导产业发展，为产业功能区的创新项目搭建起项目和资金的对接平台，让创新供给和市场需求有效链接，让技术和资本无缝对接。

（三）聚焦人本需求，重构生活生态

从根本上讲，产业功能区就是高质量发展和高品质生活的载体，既要聚焦产业需求强化生产要素集聚，更要聚焦人本需求强化生活场景建设和叠加，在区域内统筹生产、生活、生态功能。要坚持以“城、产、人”逻辑思考和谋划产业功能区建设，着力打造集研发、生产、居住、消费、人文、生态等

多功能为一体的城市新型社区。

围绕主导产业个性需求，完善生产辅助功能。不同产业有不同的基础设施保障需求，所需要的生产功能配套标准也就不同。要围绕主导产业发展的个性需求完善生产服务功能，精准打造更专业、更现代、更具特色的生活场景。各产业功能区在研究主导产业对特色化、个性化基础设施需求的前提下，以产业全生命周期需求为目标，基于主导产业特征及对基础设施匹配要求，建设一批不可复制、不可替代的保障设施。

围绕人力资源协同需求，完善高端生活功能。重点是坚持职住平衡、宜业宜居的发展方向，深入开展针对产业功能区产业人群、居住人群的个性化需求调查研究，以人力资源全生命周期需求为目标，根据特定人群偏好合理布局教育、医疗、商务、文体等生活配套设施，加快发展适应不同层次需求的生活性服务业，构建人文和谐、包容开放和富有亲和力的城市空间，打造国际化高端生活社区，吸引更多国际化高端人才扎根成都。

围绕可持续发展未来需求，完善绿色生态功能。集约节约、绿色低碳是高质量发展的重要表现。要全面引入绿色生产、绿色生活、绿色消费理念，以集约节约、绿色低碳、生态宜居为方向，制定实施以提高产出效率和宜居水平为目标的工作行动计划，立足绿色生态理念和公园城市理念开展产业功能区的标准厂房设计、交通道路设计和配套生活设施设计，着力把产业功能区建设成为城市绿色发展的引领区和示范区。

（四）聚焦转型升级，构建政策生态

产业功能区的发展目标是形成有区域竞争力和行业显示度的城市新区，进而吸引高端生产要素、创新团队，形成以生态圈、生活圈为新竞争优势的经济工作组织方式，为实现高质量发展提供新路径。

加快建立专业化平台和服务机制，要在产业功能区展示未来城市形态的城市生活设计模型，展现科学系统完备的产业链全景图，构建政产学研用高度协同的创新平台，引入一批市场化的投资平台，健全精准定制的专业化政策保障体系，积极争取一批国家级的功能中心和创新中心，围绕功能区重大

项目和需求建立健全专业化的平台和服务机制。

建立专业化管理运营团队，打破身份和区域限制，面向全国遴选专业人才充实到产业功能区建设队伍中来，让管理团队通过长期专业化岗位锻炼，成为产业培育、园区建设、招商引资等方面的行家里手；聚焦政策资金和要素资源服务保障园区建设，加强统筹协调，将资金、土地、能源、物业等生产要素都聚焦到产业功能区建设上来，为高标准推进产业功能区建设创造有利条件。

三、 锚定产业功能区发展定位

城市的高质量发展，基础和支撑是实体经济振兴与现代产业体系的构建。产业功能区的使命之一，就是以其为空间载体，加快形成一批过千亿、过五千亿、过万亿的世界级现代化产业集群，全面确立起城市发展的新优势。

（一）产业发展定位

聚焦高端绿色智能，提升先进制造业能级。积极顺应全球新一轮科技革命和产业变革大势，着力发挥比较优势，提升国际竞争力，以电子信息、装备制造、医药健康、新型材料和绿色食品五大产业为重点，全面推动产业集群成链发展，在产能规模、研发创新、标准品牌等方面提升核心竞争力，到2020年建成电子信息万亿级产业，培育装备制造、医药健康万亿级产业，壮大新型材料和绿色食品千亿级产业。

聚焦高价值高品质，进一步提升现代服务业质量。围绕建设消费市场引领、创新要素集聚、辐射带动明显的国家服务业核心城市，充分发挥现代服务业引领转型发展、支撑经济增长的重要作用，着力发展会展经济、金融服务业、现代物流业、文旅产业和生活服务业五大重点领域，全面推进服务业供给侧结构性改革，深入推进现代服务业质量提升，推动生产性服务业向专业化和价值链高端延伸、生活性服务业向精细化和高品质转变。到2020年，培育形成会展、金融、物流、文旅、生活服务五个千亿级产业。

聚焦构建开放型产业体系，进一步发展新经济培育新动能。坚持以研发新技术、培育新组织、发展新产业、创造新业态、探索新模式为基本路径，深刻围绕智能经济、绿色经济等六大经济形态和智慧城市建设、绿色低碳发展等七大应用场景，大力推动数字经济与实体经济深度融合，全面构建以“人工智能＋”“大数据＋”“5G＋”“清洁能源＋”“供应链＋”为核心的高技术含量、高附加值开放型产业体系，着力将成都建成最适宜新经济发育成长的新型城市。

（二）产业功能区布局

立足城市的区域条件、产业基础水平与发展条件，在全市范围内规划统筹布局建设 66 个主导产业明确、专业分工合理、差异发展鲜明的产业功能区，加快形成产业活力强劲、城市品质高端、服务功能完备的现代化城市新区。在功能等级上，产业功能区可分为国家级新区及开发区和产业新城两大类，分别涵盖先进制造业、现代服务业和融合产业、都市现代农业，覆盖城市全域的 22 个区县。其中，国家级新区及开发区共有 14 个产业园区，先进制造业产业园有 16 个产业园区，都市现代农业产业园共有 6 个产业园区。

在东部区域，大力发展先进制造业和国际化生产性服务业。其中简阳重点发展高端智能制造、新能源和军民融合产业，建成简阳空天产业园、简州新城现代装备产业园两个千亿级工业园区，金堂统筹推进淮州新城智能制造产业园、成都通用航空服务业集聚区、天府水城现代文旅康养产业集聚区建设，聚焦节能环保、智能制造装备、通用航空等产业，建设现代产业基地。围绕建成产城相融的淮州新城，高标准编制智能制造产业园、通用航空集聚区规划。

在南部区域，强化国际交往、科技创新、会展博览等城市功能。其中天府新区着力发展科技创新及高技术服务、总部经济、国际会展等主导产业，规划建设鹿溪智谷高技术服务产业生态带，重点发展科技创新及高技术服务业，聚焦以军民融合为特征的国家科学中心、以农业科技创新和成果转化为重点的国家农业科技中心。新津重点发展交通装备、食品饮料、文化旅游和农业会展、农业博览；在产业功能区扩展区域，布局轨道交通、新能源交通两大基地，重点发展现代有轨电车、智能轨道列车、市域快铁等轨道交通新制式，以及新能源汽车。

在西部区域，进一步提升生态资源供给质量，重点支持文化创意、景观农业、休闲运动、康养旅游、绿色食品等产业。围绕食品饮料，文化旅游、主题娱乐，休闲旅游、医疗康养产业发展等主导产业，聚焦旅游核心，重点发展生态休闲、文化体验、康体养生、高端度假等旅游业态，大力发展休闲娱乐、文化创意、现代金融等现代服务业。

在北部区域，积极发展轨道交通、航空航天、先进材料等产业，依托先进材料产业园和成都国际铁路港服务业集聚区等产业功能设施，加快聚集一批有国际影响力的先进材料企业，推动北部各区县加强产业协同发展，建设成为国内领先、国际一流的先进材料产业园区与对外物流枢纽。

在中心区域，重点发展生产性服务业和高端生活性服务业。加快构建总部经济、新经济和商业商务、金融服务、文化创意等现代服务业新体系，重点推动数字经济、平台经济、大健康和新型金融等新兴产业发展，打造主体鲜明的主力商圈，积极推动航空产业、电子信息和新能源三大临空主导产业生态圈，突出做强航空产业、电子信息、新能源三大集群。

四、 建设产业功能区的实践创新

建设产业功能区是城市根本性变革经济工作组织方式的全新谋划，更是打破传统产业集聚发展的实践创新。产业功能区的建设立足城市资源禀赋和产业实际，强化顶层设计，在全市范围内以空间分布科学、主导产业明确、专业分工合理、差异发展鲜明为导向，通过科学制定产业功能区总体规划、起步区控制性规划、城市设计及重大产业全景图、重点企业和配套企业名录等“三图一表”，强化功能区的平台建设，着力构建产业活力强劲、城市品质高端、服务功能完备的现代化城市新区。

以高新区为例，在产业培育蓝图上，南部园区 87 平方公里的地域被精心布局为成都新经济活力区，一大批优秀企业在这里成长壮大。这背后，是成都高新区为新经济企业成长提供的良好环境和成长支撑。不断优化技术、人才、资本、信息等创新要素供给能力，为企业发展提供了土壤。为助推新经济活力区企业快速成长，已构建起孵化、投融资、人才支撑、科技创新、政务服务的“五大全链条培育体系”，孵化载体总面积超过430万平方米，孵化器和众创空间总数达到91家；打造西南首家连锁型高新技术服务超市，通过聚集政府、高校院所、市场机构等服务资源，为企业提供自选式、便利式专业服务；“蓉归派”“学院派”“创客派”“海归派”等各类人才总量达52.5万人，柔性引进诺贝尔奖获得者6名、院士19人。同时对外发布18条产业新政，提出进一步深化产业培育机制，探索业界共治新模式，加快构建以种子期雏鹰企业、瞪羚企业、独角兽企业、平台生态型龙头企业为重点的企业全生命周期梯度培育体系，支持企业集群发展。

此外，通过出台《成都新经济活力区高质量发展三年行动方案（2018—2020年）》，提出以六大产业社区建设为抓手，聚焦5G通信（基站系统及设备、车联网应用等）、数字文创（电子竞技、数字动漫等）、人工智能（智能芯片、智慧医疗等）等产业主攻方向，将梯度培育体系与产业社区融合，建立企业梯度培育空间格局。今天的新经济活力区，瞪羚谷产业社区、骑龙湾产业社区中国—欧洲中心、新川创新科技园和天府软件园六大产业社区正在加快推进，“人城境业”高度融合的新型公园城市社区即将成形。

（一）创新探索管理体制，激发内生发展动力

体制机制创新是产业功能区建设的动力之本、活力之源。全市积极推进市级部门和区（市）县职能转变，建立了市级统筹、区县主体、功能区实施为核心的“两级政府＋三级管理”工作新体制。市级层面领导小组实行产业功能区城市总体规划、产业招商指导目录、园区设计规划导则、产业引导政务政策、公共服务设施建设规划的“五位一体”管理；市级部门强化规划引导、政策协调、督促检查、考核评价等职能，确保优化要素配置、政策供给和营商环境建设；区（市）县负责产业功能区基础设施建设维护、要素保障和投资促进，以及相应的监管服务和保障职责。其中，双流区构建的“局区合一”模式就是创新产业功能区管理体制的一个范例。

以双流区为例，将区发改局、新科局、航空经济局等经济主体局与成都芯谷、西航港开发区、航空经济区的班子成员交叉任职，机关业务科室下沉至园区办公；将规划和自然资源局、住建交通局、生态环境局、行政审批局等职能局派驻园区，与园区规建、促建等部室合署办公；推动投促局、综合执法局等事项局聚焦功能区服务保障，通过资源要素向产业功能区聚集，逐步构建以“主体局办公合署功能区、职能局机构派驻功能区、事项局服务延伸功能区”为核心的“局区合一”管理体制和“领导一肩挑、管理一体化、办事一门清”的工作机制。

通过“局区合一”的行政审批制度改革，产业功能区发展能级大幅跃迁。特别是通过经济主体局与功能区主要负责人“一肩挑”、班子成员交叉使用、下沉业务科室等方式，提升了部门与园区资源整合、职能融合、政策聚合的力度，形成了“企业呼叫、园区响应、部门联动”的快速反应机制。三大主体局同时将产业发展科室的相关负责人和业务骨干派驻产业功能区，打造了“主要领导—分管领导—科室负责人—业务骨干”全链条专业化干部队伍。推进政策资源融合，将部门科室与产业功能区部室统筹设置，实现了政策研究、政策制定、政策执行、政策兑现无缝衔接。推进专业资源融合，整合部门和产业功能区专家库、项目库、成果库等稀缺资源，以及安全生产、环境保护等方面中介服务资源，集中力量推进产业功能区建设。

在推动“局区合一”的同时，双流区还着眼理顺条块关系，紧扣专业化服务，构建部门与功能区联动格局。针对区级要素保障部门、产业服务部门服务被动、服务滞后等问题，围绕强化审批监管、项目招引等产业服务功能，推动审批服务专业化，在区行政审批局、区规划和自然资源局、区住建交通局、区生态环境局等部门设立园区服务科，将科室及人员下沉产业功能区，与产业功能区管委会部室统筹配备、打捆使用，由产业功能区统筹调度规划、国土、建设、生态环境等各类政务资源。将职能部门服务功能区的相关科室下沉后，提高了工作结合度，找准了职能部门的工作重点和重心，既解决了作为“块”的功能区此前主体地位不够明确、赋能不够充分的问题，也解决了以前机关人浮于事的问题。

除了整合行政政务资源，双流区还积极推动投资促进专业化，在区文体旅游局、区国资金融局等多个产业发展和服务保障部门设立投资促进科，构建以产业功能区的需求为导向的“投促牵头部门＋产业功能区＋招商责任局”的联动招商机制。同时，还推动执法监管专业化，在区综合执法局设立两支产业功能区的执法中队，分别派驻航空经济区和成都天府国际生物城，在产业功能区设立综合监管执法联动办公室，统筹调度开展产业功能区环境保护、城市治理、市场监管、安全生产综合监管和执法工作。

为把赋予产业功能区协调各方和整合资源的能力落到实处，双流区实施了“两张清单”管理，逐一制定产业功能区管理机构职责任务清单和赋权清单，建立职责任务清单外工作准入机制，明晰产业功能区、职能部门、镇（街道）职责关系。完善配套管理制度，制定区级部门派驻产业功能区服务机构及人员管理办法等配套制度体系，为园区和部门协调运转夯实了基础。改革推行半年来，双流区实现 174 项区级涉企审批服务事项下沉产业功能区，在空港自贸企业服务中心推动 315 项省区市审批服务事项“一站式”办理。企业投资项目开工前的行政审批时限由 197 天缩短为 60 天，企业开办时间压缩为 0.5 个工作日。实施重大项目半月调度，每周开展“企业咖啡时”政企互动活动，设立 132 位政府首席代表服务企业，实现了“办事不出功能区”。

（二）整合优势资源要素，培养产业发展良好生态

产业发展良好生态的培育，说到底，就是要以产业和人力资源全生命周期需求为导向，以转变政府职能、理顺权责关系、激发市场活力为重点，探索建立扁平化管理、市场化运营、专业化服务机制。在实践中，各个产业功能区全面清理整合各类产业园区管理机构，积极探索建立“产业功能区管委会＋专业公司”管理模式，负责功能区内规划建设、招商引资、产业发展、基础配套、涉企服务等经济管理和投资服务工作。管委会分类设置机构，重点产业功能区为市政府派出机构，并委托所在区（市）县管理；规模较小功能区则不设实体管理机构，采取“领导小组＋平台公司”方式运行。同时探索赋予新型法定机构公共管理和服务职能，按照市场化、企业化、专业化方

式开展运作。

都江堰市遵循产业功能区就是“城市公园场景、生态招商载体、新型生活社区”理念，坚持以全域旅游为统揽，围绕建成美丽宜居公园城市、国际化生态旅游城市狠抓功能区建设，科学统筹城市改革、科技和文化三大动力，产业功能区建设迈出新步伐。

在“培育产业生态”上，按照“全域旅游”思路将原来四个产业园区重组为三个产业功能区，依托重大项目延伸产业链，形成“文创旅游主消费、灌区康养主延伸、旅游装备主配套”的大旅游大健康产业生态圈。在“完善创新生态”上，通过建立“校地企”合作共同体、引进国家级技术中心等方式，围绕龙头项目和优势领域延伸产业链条；在“重构生活生态”上，重点通过林盘修复、绿道建设和都江堰商圈建设，营造高品质生活社区和多样化人文场景，促进“产城人”向“人城产”演进；在“构建政策生态”上，落实“六个有”标准，大力实行员额制管理，推出差异化招商政策，通过组建三家国有运营企业，积极提升功能区的专业化管理运营水平。

在产业功能区建设中，积极搭建“1 个产业功能区＋5 个特色镇＋N 个川西林盘”的空间架构。其中，李冰文化创新旅游产业功能区立足传承天府文化，促进文化、康养与旅游有机衔接、品牌优势向消费场景转变，打造天府康养国际旅游目的地。围绕产业高端涵养创新生态，依托东软大健康产业园“国家级产教融合实训基地”，共建信息交流、项目合作、人才培养三大功能性平台，初步建成共享图书馆和双创孵化基地。与其相对的都江堰精华灌区康养产业功能区，则以激活生态价值、展现灌区文化为主线，构建“特色镇＋川西林盘＋精品民宿”的空间架构，积极打造国家千年农耕文明的新名片。青城山旅游装备产业功能区立足于工旅融合与适旅转型，推动旅游应用场景与制造业互动，打造宜业宜居、特色鲜明的现代产业新城。按照“区镇一体、职住平衡”编制片区整体打造方案，推进片区开发，科学调整商住、工业用地配比，完成核心区域城市设计，依托倾城旅游、青城山—都江堰智慧旅游和大数据联合实验室等运营机构，促进功能区个性化显示、高质量发展。

（三）打造专业高效运行机制，推动产业功能区数字化转型

以科技创新赋能，以制度改革提能，成为2020年后产业功能区建设的新亮点。一方面，在功能区运行上，赋予了管理机构在招商引资、土地使用、项目管理、资金利用、干部激励等方面更大自主权，通过健全产业功能区综合服务平台职能和专业化运营机制，形成与高质量发展相匹配的投融资便利化、项目转化、科技成果转化环境保障。同时，在产业功能区探索形成了“岗编适度分离、人才专项编制”等相关制度，建立市场化的薪酬标准体系、分配和考核评价机制，组建专业化高水平管理团队，积极打造与国际接轨的营商环境与运营机制。

例如新津区在产业功能区建设中，就推出了“两级政府、三级管理”的扁平组织管理架构，并以创新“1＋3＋N”智慧服务体系为突破口，整合政务服务、社区发展治理和综合治理三大模块，建立起1个区级的智慧服务中心、3个产业功能区智慧服务分中心和N个社区智慧服务末梢单元，以公开发布“数字经济发展行动方案”“数字经济城市（产业）机会清单”等方式，积极引导企业向自动化、智能化、数字化转型升级，推动实现产业功能区的数字化转型。

为更好统筹产业功能区的智慧服务体系，新设新津智慧治理中心（数字经济中心）负责系统平台建设、运营、维护技术保障，以及开展数据专题建设和应用开发，促进产业功能区的治理数字化、产业数字化和数字化产业项目招引落地。在社区治理场景领域，通过建设“天府市民云”新津门户，为群众提供“一站式”“一卡通”服务，满意率达到93.55％；“制造”数字化方面，依托天府智能制造产业园，与中国电信合作共建“5G＋智能家居开放实验室”，建设“5G＋”领域创新孵化平台。与华为、西南交大TOD研究中心组建“TOD＋5G”联合创新中心，在地铁10号线新津站策划布局承载5G场景的城市底板，打造“TOD＋5G”产业社区。在“农博”数字化进程中，依托天府农博园，采用BIM技术开展农博主场馆、农耕文明博物馆、天府农博创新中心、融媒体中心等载体规划建设，搭建数字农博平台，推进云大棚、

云农田和农业电子商务应用，发展云农业，打造农超线上对接平台、区域性农产品线上交易平台；同时开展数字农博示范，推进新希望 3S（安全可追溯、智能化、超级聚落化）智慧农业项目等，积极创建国家农业科技园区，为产业功能区发展搭建起更大的市场舞台。

第三节 产业功能区建设的成绩与问题

从 2017 年提出建设产业功能区的政策主张以来，产业功能区逐步成为成都以新发展理念为指引，推动产业集聚和城市高质量发展的重要抓手，工作思路日益明确，工作措施不断强化，建设成效持续得到显现。

一、 产业功能区建设的成绩

通过三年的城市实践，产业功能区建设已经成为成都加快建设践行新发展理念公园城市示范区的“牛鼻子”，成为推动超大城市实现高质量发展、高品质宜居和高效能治理的强力载体。产业功能区的思路和实践，表明城市已经从全局上理清了如何科学统筹城市空间、规模和产业三大结构之间的关系，使得尊重城市发展客观规律，建设全面体现新发展理念城市的路径越来越清晰，手段越来越有效，效果也越来越明显。

（一）精准化完善体制机制

产业功能区是城市推动产业集聚发展的一场方式变革。其实践的探索，就是坚持以新发展理念为根本指引，以创新为第一动力，以协调为内生特点，以共享为根本目的的城市高质量发展新路。针对此前产业功能区建设进程中显现的突出问题，2019 年 4 月正式印发《优化调整后的成都市产业功能区名单》，从政策导向上明确了产业功能区的产业定位、空间边界和对城市主导产业的承载功能，完善优化了产业功能区建设的总体方案，强调了统筹产业功能区建设的规划、建设、管理三大环节，统筹产业功能区的生产、生活、生态三大布局，通过构建“管委会＋专业化运营公司”的管理体制，以生态圈招商、产业社区建设、打造15分钟高标准公共服务圈等一系列创新方式，推动产城融合加速发展。

（二）精细化提升要素供给

结合发展实际进一步优化全市产业功能区布局，推动工作重心向资金资本、土地资源、科技人力资源等关键要素的精准匹配加快转变，进一步提升功能区的产业聚合力。在优化资本供给方面，积极实现每一个产业功能区都有一个主办牵头行，每个企业都有一个主办银行，实现了产业功能区的金融服务“全覆盖”；在市级层面统筹建立“5＋5＋1”的产业引导基金，推进产业基金向产业功能区内的重点项目倾斜。在政策支持方面，建立了产业功能区建设发展专项资金，重点用于支持产业功能区建设及主导产业的发展，持续推进以产出为导向的土地资源配置制度改革，鼓励和支持各个产业生态圈协同招商，组织有关产业功能区开展一体推介和专业化人才引进系列活动，为产业功能区精细招引专业化的实用人才。

（三）一体化构建工作运行体系

牢固树立全市“一盘棋”思想，推动各个产业功能区发展的一体化，明确各个产业功能区的主导产业定位，聚焦细分领域深化研究，主动在错位发展的基础上实现协同，努力实现跨行政区域的分工协作，加快形成以产业功能区为单元的产业生态圈。推动“人城产”布局一体化，真正将产业功能区建设成为集研发、生产、居住、消费、人文、生态等多种功能于一体的城市新型社区。同时，遵循产业发展的趋势和规律，推动主导产业上下游发展的一体化，积极构建符合关键行业龙头企业需求的产业链条，建立主导产业的产业链全景图、重点企业和配套企业名录、产业生态发展路径图。最后，强化产业关联，推动市内外区域发展的一体化，引导各类资源要素打破地域约束和行政壁垒，统筹国内外两种资源两个市场，吸引更多跨国企业“走进来”、支持更多本土企业“走出去”，逐步构筑起区域发展比较优势和中心城市的核心优势。

二、 影响产业功能区高水平建设的主要问题

2020 年 8 月，笔者先后调研了电子信息产业功能区、天府国际生物城、空港新城、金融总部商务区、天府中央商务区、新经济活力区、天府国际空港新城、中央时尚活力区、龙潭新经济产业功能区、汽车产业功能区、国际铁路港临港服务业功能区、轨道航空产业功能区、中国川菜产业功能区、中德国际精工产业功能区、中国天府农业博览园等 24 个产业功能区，并以问卷形式向相关部门了解产业功能区建设中存在的突出问题，累计发放调查问卷 520 份，回收有效问卷 513 份。经过详尽统计与分析，概括出成都的产业功能区在建设与运营中的三个突出问题。

（一）基础设施投融资缺口较大

产业功能区建设的内在逻辑是“人城产”，即通过以城聚人、以人聚产，进而实现以产兴城，构建起新时期产业集中集聚发展的新逻辑。调查问卷统计的结果显示，有 84%的受调查者都把缺少建设资金作为产业功能区建设中最急需解决的优先事项。特别对新建的产业功能区来说，由于缺乏产业基础和配套设施，基础设施建设正处在大规模投入的初期阶段，况且基础设施、公共服务与产业环境的投资都难以在短时间内获得回报。如何建立稳定与可持续的基础设施投融资渠道，以推动道路、交通、电力等配套设施长期的资金投入，是产业功能区推动高质量发展的最大困难。

而对聚焦新经济和战略性新兴产业的产业功能区而言，如何在建设投入和产业效益之间取得有效的平衡，同样也是一个不小的挑战。一方面，功能区的多数企业能级不强，在产业链、供应链中处在附属地位，产业水平不足以撑起产业功能区的发展大旗。另一方面，代表了新业态、新模式的科技创新企业规模较小，产业功能区的效益主要还是来自传统业态和模式的本地企业，如何进一步创新功能区建设的投融资工具和方式，既是很多产业功能区当前最为关注的话题，也对未来产业功能区的高质量发展提出了严峻的挑战。

（二）主导产业带动作用不明显

绝大部分的产业功能区都是由先前具有一定规模的产业园区改造而来。从产业集聚 2.0 版升级到 3.0 版，不仅重塑了区域的产业经济地理，同时也对功能区已有的优势产业能否在新时期发挥带动、引领作用提出了新的挑战。特别是在中国经济由高速增长转向高质量发展的新时代，领先行业领军企业如何利用技术、管理与模式创新，积极适应市场需求变化，不断提升要素配置与生产供给的质量和效率，推动自身发展转型和升级，很大程度上构成了相应的产业功能区实现可持续发展的重要支撑。

调查问卷的结果显示，有 52%的受调查者认为所在功能区的主导产业对关联产业生态的培育发挥了重要的引导作用；有 33%的受调查者认为主导产业市场前景趋淡且重点企业缺少竞争优势，难以为产业生态圈发挥正向的引导作用；还有 15%的受调查者认为主导产业发展趋势并不明确。这其实从一个侧面反映出产业功能区运行的实际状况。在宏观和区域经济转向高质量发展的进程中，以新一代信息技术为支撑的新产品新技术新业态层出迭代，逼迫汽车制造、传统装备等传统支柱产业进入下降通道。技术创新与产业升级更多是对制造工艺与模式的修修补补，难以真正实现产业涅槃或“蝶变”。

（三）管理服务水平和效能不显著

产业功能区之所以在较短时间内形成聚势，靠的是制度创新与“产城一体”的管理机制，从而能够迅速打破产业投资促进与空间开发之间的行政壁垒。但在更长的时间里能否不断成长壮大，关键仍然在于能否在更大的范围和空间上形成产业生态圈与创新生态链。因此，能够支撑产业功能区建设和发展的制度环境，核心就是支持产学研政企联合创新的技术创新环境、超越行政区划封锁的要素自由流动环境、鼓励职住平衡的公共服务与民生环境等等，这些都并非通过颁布实施多个文件和制度就能轻易建设起来。如何塑造跨越行政区划限制的制度环境，本身就是针对依托行政区划而建立的产业功能区管理体制的最大挑战。

调查问卷的结果显示，有 40%的受调查者认为现有的产业功能区制度体系基本符合当前的建设实际需要；有 35%的受调查者认为现有的制度体系在职能分工、权责划分方面存在明显的不足，难以真正调动起部门和个人的创造力；有 20%的受调查者认为现有制度体系的最大不足是尚未形成有效的激励相容机制，难以真正激发起功能区部门和个体的创造力，导致管理效能不明显；还有 5%的受调查者认为产业功能区的管理体系在实质上与之前的产业园区并没有多大不同，当前产业功能区建设中最需要突破的，恰恰是如何吸引更多有效的投资和项目落地这一“老大难”问题。

三、 对产业功能区存在问题的深层次剖析

成都在全国率先提出了建设产业功能区的政策主张，体现出其以创新发展引领产业集聚与经济组织方式变革的决心。但也应认识到，成都的产业规模与影响力跟东南沿海地区的先发城市还存在着相当大的差距。高水平推动产业功能区建设，不仅要认识到这项工作的长期性和复杂性，认识到其根本目标是要打破长期形成的固化生产方式，更重要的是，要紧跟党中央对西部地区大开发的重大定位，贯彻落实四川省关于区域协调发展的重要部署，从战略层面处理好以下三个问题。

一是处理好政府与市场边界之间的关系。党的十九大提出，要使市场在资源配置中起决定性作用，更好发挥政府作用。十九届四中全会通过的决议中也明确提出要坚持完善社会主义市场经济体制。从世界各地主要城市培育和引导主导产业发展的实践来看，至今都没有一个城市的现代产业体系构建是政府主动选择和培育的范例；在国内，深圳在过往 30 多年间经济发展的成功实践也充分证明了这一点。因此，在未来推动产业功能区建设的进程中，如何使市场在资源配置中起决定性作用，同时更好地发挥政府的作用，是一个必须回答好的大问题。对照产业功能区建设的成绩与不足，总体来看，在功能区主导产业未来选择和培育过程中，市场的地位和作用必须要得到充分尊重，但政府的作用不应是无所作为，也不能是无所不为，而是要在空间管制、规划制定、生态培育和创新策源地等重要领域积极担当，特别是在营商

环境改善和创新环境培育中主动有为，加快形成产业功能区内外要素配置、产业组织与创新生态的市场化机制。

二是处理好国家战略与城市作为之间的关系。作为国家中心城市之一和西部地区的重要门户枢纽，成都确立的发展战略和政策举措必须要充分体现中央的总体要求和国家的战略安排。建设产业功能区，既要使其成为提高城市核心竞争力和可持续发展能力的重要举措，成为增强城市经济社会高质量发展的重要动力源，也要努力与“一带一路”建设、长江经济带发展战略、乡村振兴战略和建设制造强国等新时期国家发展的重大战略密切结合，更要积极融入建设公园城市示范区、形成西部大开发新格局、构建“一干多支、五区协同”的区域协调发展新格局等重大要求和战略，要以“新一线”城市的担当与使命，找准切入点，深化区域开放与产业分工协同，积极构建成都平原城市群要素自由流动、生产高效配置和生态更加开放的产业生态圈与产业功能区，为区域协调发展贡献成都力量。

三是处理好产业功能区建设与城市定位之间的关系。成都在新时期确立的目标愿景是建设成为可持续的世界城市。而要想在全球城市体系中谋得“一席之地”，产业功能区建设就要更好地服务于城市的发展定位，以产业集聚发展和科技创新增强城市的硬核实力，努力在全球的产业链、创新链、供应链、价值链体系中系统谋划城市的突破重点。在内容上坚持有所为有所不为，引导资源不断向城市发展战略的重心聚焦，提升成都的城市、行业和技术的识别度和知名度；在文化发展和生活品质提升上，成都要打造成为全球的“向往之地”，持续增强城市的软实力，就要深入挖掘和充分发挥天府文化的内涵，积极赋予其新的时代内涵，以建设践行新发展理念的公园城市示范区为导向，持续改善自然生态环境，不断做好成都独特的人文生态环境这篇大文章。

第四节　产业功能区建设的新机遇与对策

城市发展，支撑在产业。在全国经济增速持续下行和区域经济增长加速分化的宏观大背景下，成都于 2019 年实现地区生产总值 17012.65 亿元，同比增长 7.8%，经济总量跃居全国城市的第 7 位。对于这样拥有 14000 平方公里辖域面积，服务 2100 多万人口的超大城市来说，成绩的取得，得益于成都初步建成的“城市产业体系＋产业生态圈＋产业功能区”三级架构。通过激活产业发展中改革、科技和文化三大动力，推动实现了产业的集聚与协同发展。在加快构建新发展格局的大背景下，在推进西部大开发形成新格局的全新时期，产业功能区建设正迎来一系列的重大机遇。

一、 推动产业功能区建设的新机遇

2020 年是极不平凡的一年。面对突如其来的新冠肺炎疫情，习近平总书记亲自指挥、亲自部署，全面加强对疫情防控的集中统一领导，带领 14 亿人民在危难中举国奋起，取得了疫情防控与经济发展的“双胜利”。为促进区域经济恢复和振兴，国家先后出台了一系列利好西部的重大战略部署，也为成都高水平推进产业功能区建设提出了全新的发展要求。

（一）加快构建新发展格局

党的十九届五中全会提出，要形成强大国内市场，构建新发展格局。以国内大循环为主体，国内国际双循环相互促进的新发展格局，是党中央对我国长期坚持的经济发展思路所做出的重大调整。其中的关键，就是要进一步深化对新发展格局的认识和把握。从大国发展的经验来看，外循环主导的发展战略并不能长期可持续。一是容易对发达国家的市场和技术产生依附，难以形成安全、可控、富有韧性的经济体系；一旦国际环境发生重大变化，本国经济发展可能出现典型的“路径依赖”，进而丧失国家发展的独立性与自主性。二是在注重发挥自身资源和禀赋优势的外循环模式中，会抑制本国发展中突出短板和问题的显著改善，进一步加剧深层次的发展不平衡与不充分，就无从谈起以增长带动核心技术、自主品牌等关键领域的突破。

因此，“十四五”期间强调构建新发展格局，就是从以出口为主要特征的经济全球化升级为发挥国内超大市场规模优势的新全球化战略。换言之，就是让我们的市场变成全球的市场，变成虹吸国际商品和要素资源的巨大引力场。一方面广泛吸引全球先进生产要素链接国内需求，加快构建安全、自主、可控的现代产业体系；另一方面依托庞大内需不断增强产业的规模经济和范围经济优势，鼓励中国企业走出去、走上去和走进去，进一步提升参与国际产业竞争的形式、途径和效能。构建新发展格局要牢牢把握扩大内需这一基点，加快培育完整内需体系。我国是一个拥有 14 亿人口、9 亿劳动力、超 4 亿中等收入群体的经济大国，以内需拉动为主能够有效减轻全球经济波动带来的各项冲击。同时，随着我国人均 GDP 突破 1 万美元大关，居民消费层次提高、消费需求升级、比较优势转变，都要求发展方式从过去追求规模扩张的粗放式增长转向效率更高、质量更优的内涵式增长。因此，要进一步以满足国内需求为发展的出发点和落脚点，提升中心城市和城市圈等经济发展优势区域的经济和人口承载能力，建立起在国内统一大市场基础之上的要素和经济活动大循环，以国内大循环吸引全球资源要素，积极促进内需和外需、进口和出口、引进外资和对外投资协调发展，促进国际收支基本平衡，不断优化国内国际市场布局、商品结构和贸易方式。

（二）推动成渝地区双城经济圈建设

2020 年 1 月 3 日召开的中央财经委员会第六次会议明确提出，推动成渝地区双城经济圈建设，有利于在西部形成高质量发展的重要增长极，打造内陆开放战略高地，对于推动高质量发展具有重要意义。从十九大报告中“以城市群为主体构建大中小城市和小城镇协调发展的城镇格局”，到中央财经委员会第五次会议做出“中心城市和城市群正在成为承载发展要素的主要空间形式”重大判断，再到这次会议提出的“成渝地区双城经济圈”，反映了推动我国区域经济高质量发展的动力源正在发生深刻变化，城市群和经济圈已成为增强区域发展动能、参与国际分工合作的全新空间单元。面对这一区域经济高质量发展的重大机遇，成都要牢固坚持以新发展理念为引领，通过全方位重塑城市的营城理念、动力机制、价值选择，彰显城市的产业比较优势、带动作用和可持续发展能力，加快推动形成中国经济社会高质量发展的“第四极”。

从产业功能区和产业生态圈的视角来看，一个区域的产业规模越大、要素集聚力越强、交易成本越低，市场话语权也就越大。成渝两地的产业构成较为相似，但过往的两地产业发展更多是对项目和要素的竞争，结果就是两地自行其是，低效重复建设的情况屡见不鲜。从整个区域的产业生态圈构成与互动关系出发，在加强成渝地区双城经济圈的建设中，两地更可能建立产业共生关系，通过规模经济效应的扩大而实现多方共赢。以成渝的主导产业为例，两个城市的电子计算机产品产量已占到全球的1/3，汽车整车的产量约占全国的18%；但同时又都处在整个产业链的生产制造环节，无论前端的研发设计，还是后端的品牌运营、软件应用和服务保障都还存在明显的短板。所以，探索形成以成渝两地为枢纽的计算机制造产业生态圈，充分发挥巨大产业规模对高端要素资源的吸附力，通过核心环节攻关和供应链整合形成区域产业价值链，构建世界范围的要素流动和产业组织网络节点，将形成具有世界影响力的计算机产业集群，进一步充实产业功能区的产业内容，增强产业功能区高质量发展的经济韧性。

（三）推进西部大开发形成新格局

2020年5月17日，中共中央、国务院印发《关于新时代推进西部大开发形成新格局的指导意见》，从推动高质量发展、加大西部开放力度、筑牢国家生态安全屏障、推动重大改革举措落实、增强人民群众获得感幸福感安全感、加强政策支持和组织保障六个方面阐释了西部大开发新格局的总体部署，也为西部地区尽快缩小与东部地区差距带来了政策红利。展望未来，包括成都在内的西部地区的工作重点，就是把握好文件中提到的“大保护”“大开放”“高质量”三个关键词。其中，“大保护”是指要坚定贯彻“两山论”，深入实施重点生态工程，加快推进西部地区绿色发展。“大开放”是发挥西部地区共建“一带一路”的引领带动作用，加快建设内外通道和区域性枢纽，提高对外开放和外向型经济发展水平。“高质量”是要求深化供给侧结构性改革，支持西部地区加强科技创新，拓展发展新空间，加快新旧动能转换，促进西部地区经济社会发展与人口、资源、环境相协调。

服务于西部地区大开发新格局，产业功能区的建设，首先是要在发展理念上，改变从土地、自然和人力资源开发上着眼的传统做法，在新的生产要素上多做文章、做好文章。《关于新时代推进西部大开发形成新格局的指导意见》中，有7次提到互联网，多处提及大数据、人工智能等新一代信息技术，就是要从依靠传统要素集聚驱动经济增长转向坚持创新、协调、绿色、开放、共享的新发展理念，更加注重“金山银山就是绿水青山”，让产业发展走上可持续发展的道路。其次是要树立以人为本的发展导向，通过强化就业创业服务、提升教育和医疗水平、改善住房保障条件等方式增强市民在产业发展中的获得感、幸福感、安全感。再次是产业功能区要更加突出开放发展，以共建“一带一路”为引领，推动城市打造内陆开放高地和开发开放枢纽，让区域积极参与和更好融入“一带一路”建设之中。作为城市推动产业集聚，实现经济高质量发展的主要载体和功能平台，产业功能区的高水平建设，要以新发展理念为指引，科学分析产业经济演进趋势，尊重产业发展客观规律，同时也要发挥产业集聚、资源整合的制度优势，切实推动产业功能区高水平建设与高质量发展。

二、 产业功能区建设的对策

党的十九届五中全会提出，要构建以国内大循环为主体、国内国际双循环相互促进的新发展格局。提高产业生态圈发展的稳定性，增强城市配套与产业创新能力，是成都这样一座超大中心城市有效应对不确定性风险、保持生产生活正常运转的重要支撑。

（一）广泛凝聚产业生态圈培育和产业功能区建设的合力

作为一项城市经济工作组织方式的根本性变革，产业生态圈和功能区建设是落实国家主体功能区战略，避免区域同质化竞争，构筑城市比较优势的战略性选择，相应也就成为以产业集聚推动城市高质量发展的系统工程。

一是科学统筹产业生态圈培育和产业功能区建设。产业功能区的价值体现为一定空间上要素集聚和产业高效率组织的制度优势。在全市“一盘棋”的总体框架下，由头部企业带动和牵引产业链的形成与壮大，通过生产、服务、人才、技术、资金、物流等要素资源的高效集聚，实现产业链、创新链、人才链、供应链、金融链交互增值。在这一过程中，产业自行调节、资源有效聚集、科技人才交互、企业核心竞争力持续成长构成了产业生态圈从形成到壮大，再到拓展与完善这一循环的各个方面。所以，在产业功能区建设中，要鼓励各个功能区结合自身禀赋与企业资源，科学研究第四次工业革命将带来的各种影响，以要素集聚、创新能力和产业链环的建设为重点，在若干细分市场与细分领域里逐步培养城市的新比较优势。同时，在全市的层面定期向社会发布年度的《产业生态圈蓝皮书》，引导产业功能区根据产业变动趋势，及时修订主导产业链的全景图、重点企业和配套企业的招商图、产业生态发展的路径图，针对重点产业领域趋势变化，充分发挥生态圈中的产业联盟作用，统筹做好招商引资、招才引智和招大引强工作，引导产业链协作企业主动创新、加快协作，不断提高在行业的话语权主动权。

二是充分发挥头部企业的带动集成作用。纵观世界各地产业集聚发展的历程，大都有一个共性的规律，就是头部企业在特定空间的产业集聚中扮演了极其重要的角色。所谓的头部企业，可能是一个深耕多个产业领域的跨国企业，也可能是全球领先的专业性大学，甚至是对核心环节或战略资源具有垄断力的隐形组织机构，但都拥有了特定细分行业的话语权和产业带动力。所以，推动产业功能区的高水平建设，一方面要积极促进本地化企业做大做强；但更重要的是，高度重视引入企业的成长性，尤其是在技术条件快速变化，未来可能在中西部地区拥有巨大成长空间的头部企业。就产业功能区的当前工作而言，要瞄准世界 500 强、行业 500 强、科技创新型企业 100 强等对象，大力招引与产业生态圈存在密切关联的头部企业，支持设立区域总部、创新中心、技术研发中心和生产基地，积极引导创新引领型的核心企业加强产业协同，形成更强创新力更高附加值的产业链供应链，引导规模集聚型企业提升产能，主动搭建市场供需的交流交易平台，强化区域内外的产业内与产业间协同配套，带动提升整个区域的产业链与价值网络。

三是推动区域内外要素资源的集成共享。当前，世界经济下行压力日益增加，跨国企业纷纷调整全球创新资源和生产基地布局。成都的人力资源比较优势突出，生活宜居美誉度高，未来要力争在国际战略通道能力建设、全球供应链体系建设、国际贸易服务能力建设等方面取得重大突破。比如，以建设成渝地区双城经济圈的全球供应链物流体系为目标，加快推动优势互补、资源共享，加快形成具有国际竞争力的陆港主枢纽和空港主枢纽；以形成产业生态圈比较优势为目标，运用既有的产业跨境供应链平台与合作机制，优先布局链接国内国际双循环的供应链节点城市。在产业功能区建设中，发挥“新一线”城市中人力资源可获取性强、稳定性好的城市优势，瞄准全国各地高校学生等各类人才，制定产业生态圈的专项人才定向培养计划和招引政策，推动科技创新人才和青年大学生人才创新创业。同时，鼓励和引导产业基金、创投资本、风投基金等投资产业功能区建设，推动信息、数据、技术、创意等新生产要素的配置、应用与综合集成，让新生产要素更加开放便利，让更多企业共享要素功能、分享产业红利。

（二）增强产业功能区建设的内生动力

充分发挥产业功能区的制度交易和市场交易成本优势，瞄准重点产业链配套招引项目，以构建产业生态圈创新生态链为牵引，确立城市未来产业发展重点与产能构成，围绕产业链搭建零部件、关键技术、中间产品供需交易平台，积极引入一批可替代企业，提高产业的就近配套水平，不断提升产业功能区建设成效。

一是以成渝发展轴为载体共建重大基础设施项目。加快规划建设成渝高铁中线、成昆高铁、铁路动货中心等战略性项目，打造以天府国际机场和空港新城为载体的国际航运和物流枢纽。以构建跨区域的产业生态圈谋划推动重大产业项目建设，加快在成渝地区城市群间打造新一代信息技术、轨道交通装备制造、生物医药等战略性新兴产业集群，培育若干个以成都为中心、在西部乃至全国协同配置资源要素、协作拓展全球市场的产业生态圈。以共建“一带一路”全球供应链枢纽谋划推动开放平台项目，共建川渝自贸试验区的协同开放示范区，加快建设“一带一路”进出口商品集散中心，推动形成产业区域内外协同、国际国内双向循环的开放型经济体系；加快公共服务和市场消费一体化，建设资源配置和公共服务平台，打破市场行政分割，构建大都市圈优质均衡的公共服务体系。

二是启动产业功能区的核心区建设。面对全球化趋势退潮、跨境贸易与往来下降等态势，产业功能区的建设应从内部发力，以科创空间和产业社区建设为着力点，持久发力，不断培育和增强功能区自身的造血能力与发展动能。其中，核心区在结构上以科创空间为主体，以生活配套和生态功能为支撑，是产业功能区未来发展和运营的功能“大脑”。在核心区中，无论是工程技术中心和产学研合作平台，还是科创服务业和小微企业的孵化器，其目标都是增强产业功能区建设和发展的内生动力，形成以潜在市场需求为牵引，以空间集约、功能复合、要素富集为优势的产业集聚新模式，通过聚焦特定产业的新技术、新业态、新模式、新要素、新材料，为产业功能区的企业聚势赋能，为产业转型和新经济扩张提供持久的动力。所以，要根据产业功能区的主导产业定位，推动建立以企业需求为导向、市场化运作的科创空间，鼓励园区和企业加强与全球领先的专业化设计公司合作，构建符合精准产业定位的生产配套体系、生活服务体系、政务服务体系。同时，进一步强化核心区建设资金保障，支持社会资本全方位参与科创空间的投资、建设、管理和运营。此外，还要强化核心区建设用地保障，在年度用地计划指标匹配上予以优先支持，鼓励老旧厂房、空闲房屋挖潜利用及自有存量土地再开发，探索实行土地混合开发模式，努力降低用地成本。

三是启动特色鲜明的新型产业社区建设。秉持“一个产业功能区就是若干城市新型社区”的理念，明确主导产业不同细分领域的社区级内容表现与承载空间，以产城融合、职住平衡、动静结合、独立成市等思路统筹产业功能区的生产圈和生活圈规划，科学布局生产空间、商业街区、生活社区和公共服务体系。同时，聚焦产业集聚的基础设施能力建设，围绕细分领域的实际需求，植入网络数据中心、分布式能源系统等生产性配套服务，形成产业社区精准集聚科研平台、投资企业和运营企业的比较优势。此外，围绕社区人群对美好生活的需要提升生活场景营造能力，合理布局生活配套设施和绿道公园、街边绿地等生态场景，发展适应不同层次需求的生活性服务业，将产业社区打造成为“产城一体”的城市公共空间。在产业功能区层面，建立健全“两级政府三级管理”的工作体制，建立符合主导产业需求的政产学研用产业联盟，定期发布产业生态圈和产业功能区的“机会清单”，为市场主体创造更多事业发展机会。盘活各类经营性资源，设置产业功能区的产业子基金，更好撬动社会资本参与片区综合开发的积极性和参与度，引导社会资本参与功能区公共产品和公共服务供给、运营、管理。在机制运行上，坚持专业运营理念，完善和优化功能区“管委会＋专业化运营公司”体制，功能区的规划设计、建设运营、招商服务等活动均应全部交与专业运营企业负责，探索引入城市的园区运营商，着力提升产业功能区的品牌营销、信息共享、商务服务等专业化能力。

（三）积极构建区域产业发展与自主创新共同体

坚持稳中求进的工作总基调，发挥城市对成都平原城市群的带领、引领与辐射作用，积极建设以高品质生活宜居地为目标、以产业功能区为载体、以科技创新和成果转化为脉络联系的经济社会发展共同体。

一是建立优势互补、互利共赢的发展共同体。以产业功能区为载体，以扩大有效投资为基础，加快先进制造业和生产性服务业向东部新区和成德眉资合作园区转移，推进关键领域的战略性、网络型、平台化基础设施建设，促进区域内外的产业结构促升级、公共服务补短板、基础设施强功能。以深化制度改革为重点，结合“十四五”发展规划编制和实施，健全以空间战略规划为引领、片区城市设计为指导的规划体系和政策体系，在产业功能区和兄弟城市产业园区之间统筹布局重大基础设施和公共服务设施，构建以创新生态链为纽带的区域产业协作配套机制。以成德眉资同城化为着力点，加快形成以高质量要素集聚和高水平政策集成为比较优势的功能型承载空间，与德阳、眉山和资阳共同重塑主导产业差异发展、城市功能组群布局、要素人口承载均衡的区域经济地理；以开放大通道建设、优势资源开发和产业链协作为重点，探索建立经济区和行政区适当分离的产业协同发函示范区，积极形成跨区域的“投入共担、利益共享”合作新机制，逐步构建优势互补、互利共赢的区域发展共同体。

二是构建核心技术自主创新的西部策源地。充分发挥成都平原城市群的科技文化资源禀赋，深度参与国家“一带一路”科技创新行动计划，抢抓国家重组重点实验室体系的战略机遇，扎实推进围绕区域内著名高校和科研院所打造的知识经济圈，在产业功能区和兄弟城市产业园区以“技术全方位应用—生产智能化赋能—社会深层次变革”的产业演变趋势为指引，以科技创新企业研究成果、市场应用热点领域、社会前瞻未来展望为工作重点，大力引进和转化具有先导性、颠覆性、带动性的“硬核科技”，积极推进关键核心技术原始创新和“二次创新”，为加快新旧动能转化、推动高质量发展提供支撑保障。要强化新产业培育和场景供给，在全区域定期发布与有序迭代各自的“城市机会清单”，积极探索搭建“城市未来场景实验室”，形成适配性强的新经济城市及产业应用场景，在各地产业功能区或产业园区用新技术新应用对传统产业进行全方位、全角度、全链条改造，释放数字经济对产业升级的放大、叠加、倍增作用。同时，探索建立“政产学研用投”协同创新机制，全面推行职务科技成果混合所有制改革，打通科学发现、技术发明、产业发展一体贯通路径，加强与创新创业团队深度融合，加速科技成果转化运用，推动高端人才、专利技术、科技成果等国际高端、新型资源要素在区域内集聚运用和转移转化。

三是构建国际化、开放型、高品质的宜居地。以成德眉资四地的现代服务业功能区和园区为平台，重构全区域的“生产—消费”“场景—服务”产业链条，发挥内陆自贸试验区体制优势，创新加快搭建高效、柔性、低成本的国际消费供应链体系，全面提升全球消费品中转集疏和国际旅客聚会通达能力，培育与国际接轨的高端商品消费链和商业集群，形成零时差对接国际时尚潮流、即时性服务国际消费群体的区域消费生态，形成以服务业开放带动消费结构优化、引领经济结构升级的良性循环发展机制。围绕建设国际消费中心的城市定位，以审慎包容的理念深化消费领域体制机制改革，提升国际消费城市的政策吸引力和市场影响力。学习借鉴上海、北京等先进城市经验，以未来的视角重塑政府职能以及对产业发展的管理方式，广泛推广政务服务的“一网通办”，持续深化“放管服”改革，以数字技术倒逼政务服务的流程再造，推行信用监管和“互联网＋监管”改革，推出覆盖范围更广泛、社会预期更稳定、企业感受更直接的营商环境 3.0 版本。同时，以多元供给为导向，聚焦高品质生活推动社会转型，支持引导国内外服务型企业参与公共服务领域投资、建设、管理和运营，促进市民生产生活流向与商业场景、生活场景、消费场景布局相适应，加快构建 15 分钟的生活服务圈和 1 小时的城市间交通服务圈，构建覆盖成德眉资的全区域全人群、标准化均等化的公共服务体系，持续完善产业功能区和产业园区的生产生活生态服务功能配套，积极建设功能复合、职住平衡的高品质产业社区，以四地的产业错位互补、协同发展推动形成“一干多支、五区协同”的区域发展新格局。

第六章

重塑城市空间结构的成都实践

2014 年 2 月，习近平总书记在北京市规划展览馆考察时强调，考察一个城市首先看规划，规划科学是最大的效益，规划失误是最大的浪费，规划折腾是最大的忌讳。事实上，规划先行的理念一直贯穿于习近平总书记对城市建设的思路之中。早在 2002 年习近平同志就曾提出，不仅城镇体系规划、城市总体规划、城市详细规划和专业规划要搞好衔接，而且城市规划要与国民经济和社会发展中长期规划、产业发展规划、土地利用总体规划和重大基础设施规划相衔接。① 积极以重塑城市空间结构的主动作为，激发城市产业集聚和社会发展的内在动力，是新时期各地城市迈向高质量发展的重要途径。

第一节　科学规划引领城市空间优化

千百年来，成都一直被局限在龙门山脉和龙泉山脉之间的成都平原发展。2017 年 3 月，国务院正式同意成都修编城市整体规划，并将成都作为落实新发展理念的城市总体规划编制试点示范城市。成都自此高起点开展了新一轮城市总体规划的修编，通过优化产业发展空间格局，重塑城市经济地理，为城市经济社会高质量发展奠定了坚强的基础支撑。2018 年 3 月，历经两年时间编制的《成都市城市总体规划（2016—2035 年）》草案完成，进入向社会公示及征求意见阶段。

---

① 何雨欣，韩洁，王立彬．走进习近平心中“那座城”［EB/OL］．2015－12－20．http://www.xinhuanet.com/politics/2015－12/20/c_128549102.htm.

一、 新版城市总体规划

从新中国成立到2016年，成都总共开展了四轮城市总体规划。1954年的版本积极响应全国社会主义建设的要求，提出要大力建设工业基地，逐步形成中心城区环形放射的空间格局。1982年的版本在空间上第一次提出“东城生产、西城居住”的格局。1996年的版本提出城市要向东向南发展，东郊地区要“退二进三”，加快产业结构调整。2011年的版本突出了全域内的城乡统筹，要求中心城区加快实现由圈层式布局向扇叶状布局转变。但在连续多年经济快速增长之后，一系列深层次的矛盾和问题开始凸显。比如，产业布局与资源环境条件不符，环境质量改善压力巨大，圈层同质化现象突出，区域协调、联动发展格局尚未形成等，这些问题严重制约了成都未来高质量发展的前景。

2016年4月，国务院正式批复《成渝城市群发展规划》，确立了成都建设国家中心城市的目标任务。如何深入贯彻新发展理念，落实四川省委省政府对成都发展提出的新要求，不断增强“五中心一枢纽”国家中心城市核心支撑功能，积极把握简阳由成都代管、天府国际机场建设、成都新的铁路枢纽规划获批等重大机遇，成为本次规划修编的重要依据。特别是习近平总书记在2018年2月视察四川，对全省提出了“五个着力”重大要求，明确提出支持成都建设全面体现新发展理念的城市，这为成都的未来发展和本次规划修编指明了根本方向。

（一）规划的总体思路

进入社会主义建设的新时代，国家新一轮发展战略加速了全国经济发展地图由过去的沿海发展拓展至沿江和沿边发展。成都作为沿边与沿江发展的交点城市，承载着西部对外开放的战略支点与长江经济带远端引擎的双重功能，肩负着带动西部区域振兴开放与创新型产业西向集聚的重要使命。在国家“一带一路”建设与面向全球化战略的大背景之下，成都将可能成为中西部地区极具竞争力和影响力的全球化开放城市。

结合党中央、国务院和四川省委、省政府对成都的系列要求以及成都发展面临的现实问题，本次总体规划修编面向“两个一百年”奋斗目标和“两个阶段”战略安排，立足于世界眼光、国际视野，立足于国家、全省战略要求，立足于解决社会关切的城市问题，坚持“如何建设全面体现新发展理念的城市”的主线，按照“更高质量、更有效率、更加公平、更可持续”原则，以全域景观化、景区化的理念，统筹生产、生活、生态空间，体现公园城市特点，重点处理好“舍与得”“增与减”“东与西”“新与旧”“城与乡”的关系。

其中，“舍与得”指的是疏解转移城市的非核心功能，强化提升国家中心城市核心支撑功能。“增与减”是指建设用地规模总量基本稳定，空间分布上东增西减，用地结构上生态生活空间增加、生产空间适当缩减。“东与西”在区域层面上是指向东与重庆相向发展、向西与川西共同保育生态；在市域层面上是指西部重点保护生态、减量发展，东部重点强化功能、增量拓展。“新与旧”指的是处理好历史与现代之间关系，实现历史城区与城市新区和谐相融。“城与乡”是指坚持农业农村优先发展，全面推进乡村振兴，实现从城乡统筹到城乡融合。

（二）规划的定位与目标

本次总体规划修编着眼于成都在全国全省大局中的位置与担当，全面研判当前城市所处的发展阶段和面临的主要矛盾，充分回应新时代成都人民的发展期待，科学确定成都的城市战略定位和发展目标，明确城市规模与核心功能。

一是科学确定城市战略定位。坚定贯彻习近平新时代中国特色社会主义思想，始终遵循“一尊重五统筹”城市工作要求，把践行新发展理念贯穿于城市规划、建设、治理、营造的各方面及全过程，确立建设国家中心城市、美丽宜居公园城市、国际门户枢纽城市和世界文化名城的“四大战略定位”，探索具有中国特色成都特点的城市发展新路。

二是明确“三步走”发展目标。全面对标国家“两个阶段”战略安排，确立新时代成都“三步走”战略目标：2020年，高标准全面建成小康社会，基本建成全面体现新发展理念国家中心城市；2035年，加快建设美丽宜居公园城市，全面建成泛欧泛亚具有重要影响力的国际门户枢纽城市；本世纪中叶，全面建设现代化新天府，成为可持续发展的世界城市。

三是科学确定城市规模。坚持以水定人，根据水资源承载能力，确定2035年常住人口规模控制在2300万。规划2035年城乡建设用地总规模2847平方公里，与2020年国土规划规模一致。

四是合理控制平坝与浅丘地区开发强度。合理控制平坝与浅丘地区城乡建设用地规模，调整用地结构，重点保障区域交通市政基础设施、公共服务设施用地，严格保护生态空间和农业空间。至2035年，全市平坝与浅丘地区开发强度控制在36%以内，逐步将都江堰精华灌区等龙门山前平坝地区的开发强度降至23%以内。

（三）强化“五中心一枢纽”的城市核心支撑功能

本次总体规划修编严格落实国家和四川省对成都建设“经济中心、科技中心、文创中心、对外交往中心、金融中心和综合交通通信枢纽”的功能发展要求，结合自身的区位条件、功能基础和发展潜力，进一步明确城市建设“五中心一枢纽”的功能内涵，科学确定相应的空间载体，以推动国家中心城市核心功能全域布局，切实保障国家中心城市目标的实现。

一是建设全国重要的经济中心。以构建产业生态圈、创新生态链为核心，大力发展新经济，加快现代化经济体系建设。二是建设全国重要的科技中心。建立以企业为主体、市场为导向、产学研深度融合的创新体系，建设具有国际影响力的创新创业中心，世界一流大学（学科）、一流研发平台与科研机构汇集高地，国家一流的高新技术产业基地。三是建设全国重要的金融中心。强化金融要素市场建设，强化科技金融、消费金融、普惠金融建设，增强“资本市场、财富管理、结算中心、创投融资、新型金融”五大核心功能，提升金融服务实体经济的能力。四是建设全国重要的文创中心。围绕发展天府文化、建设蜀风雅韵的国家历史文化名城，推动文化与三次产业深度融合，努力建设世界文化名城。五是建设全国重要的对外交往中心。提升国际合作园区的合作层级，建设国家内陆开放型经济高地，国际友好往来门户，西部地区重要的跨国公司和国际组织集聚地，世界旅游目的地。六是强化综合交通通信枢纽功能。坚持空铁并重、两港联动、多式联网，实施门户枢纽建设工程，强化口岸功能，发展流量经济，打造联通亚欧、畅达全球的枢纽体系。

二、 构建新的城乡空间布局

本次总体规划修编以新发展理念为根本指引，以资源环境为前提，科学配置要素，优化生态、农业、城镇空间格局，重构城市永续发展新空间，形成生产生活生态相宜的城乡空间布局，实现城市的精明增长、绿色发展与集约发展。

首先，在城乡空间布局上，坚持以底定城，以建设公园城市为目标，识别绿色生态空间底限，将生态底限作为城镇空间布局必须避让的基本前提，以资源环境承载能力为硬约束，按照“三生统筹”“多规合一”的原则，划定市域生态、农业、城镇空间（分别占市域总面积的41%、37%、22%）。坚持以气定形，结合生态绿隔区、环城生态区和城市内部的道路、河流、公园绿地划定城市通风廊道。中心城区和东部城市新区共规划一级通风廊道8条和二级通风廊道26条，并严格管控通风廊道范围内的用地、产业和建筑形态。

其次，加快构建网络化市域空间结构。着眼于延续千年立城的历史格局和治理大城市病的现实需要，推动城市发展格局由“两山夹一城”向“一山连两翼”演进，逐步形成“一心两翼三轴多中心”的网络化市域空间结构。其中，“一心”即龙泉山城市森林公园。龙泉山由生态屏障升格为“两翼”共享的世界级品质城市绿心和国际化城市会客厅，主要承载生态保育、休闲旅游、体育健身、文化展示、高端服务以及对外交往等功能，总面积约1275平方公里。“两翼”分别为中心城区和东部城市新区。中心城区范围扩大至11个市辖区以及高新区、天府新区直管区，打破圈层结构，延续扇叶状发展格局，构筑“双核、双轴、一区、多点”的空间结构，规划城市建设用地面积1388平方公里、城市人口1360万人，建设国家中心城市功能核心区。东部城市新区重点依托天府国际机场建设空港新城，打造引领航空枢纽经济的新极核和支撑国家内陆开放的新枢纽，加快建设简州新城、淮州新城和简阳城区。“三轴”分别是南北城市中轴、东西城市轴线和龙泉山东侧新城发展轴。“多中心”，是将“五中心一枢纽”国家中心城市核心功能在全域统筹布局，市域范围内形成28个国家中心城市功能中心。

三、产业发展与生态保护

（一）加快转变经济组织方式

本次总体规划修编紧扣推进高质量发展的根本要求，以构建产业生态圈、创新生态链为中心，推动发展模式从“产—城—人”向“人—城—产”转变。规划提出：构建产业生态圈，培育创新生态链；大力夯实实体经济，推动互联网、大数据、人工智能同实体经济深度融合，提升金融服务实体经济的能力；构建以先进制造业、现代服务业和融合产业、都市现代农业三大产业为主体的现代化经济体系；构筑“基础研究和科技研发—创新孵化—应用转化”全链条创新体系，推动创新驱动发展；坚持主题鲜明、要素可及，资源共享、协作协同，绿色循环、安居乐业，着力打造一批产业生态圈，优化功能设施配套，放大要素聚合效应，增强产业竞争比较优势。

（二）坚持以能定业

规划提出，按照“产城一体、职住平衡”原则，统筹布局23个先进制造业产业园区、37个现代服务业和融合产业园区、6个都市现代农业产业园区，探索形成以产业功能区为依托的产城一体、职住平衡新模式，推进城市与产业协调融合和可持续发展。以优化能源消费结构和节能减排为前提，严控产业门类，确定产业发展的负面清单，禁止新增及逐步退出高污染产业，如黑色、有色金属矿石冶炼等；鼓励发展综合利用、循环经济和环境友好型的绿色产业化项目，实施生产过程中的“减量化、再利用、再循环”。

（三）牢固树立“绿水青山就是金山银山”的理念

规划提出，优化生态空间格局，保护和修复生态系统，提高生态环境质量，同时构建多元协同的生态环境治理模式，努力让天更蓝、地更绿、水更清，让美丽城镇和美丽乡村交相辉映、美丽山川和美丽人居有机融合。明确市域生态格局，严守耕地保护红线，落实各类保护功能区域，形成包括龙门山和龙泉山、岷江水系网和沱江水系网、环城生态区和二绕生态环，以及都彭生态区、崇温生态区、邛蒲生态区等六大生态绿隔区在内的“两山、两网、两环、六片”生态新格局。

四、文化传承、城市设计与协调发展

文化传承方面，一是构建系统完善的历史文化遗产保护体系。系统整合世界文化遗产、历史文化街区（历史文化风貌片区）、特色风貌街道、大遗址、非物质文化遗产等各类历史文化保护要素，突出对物质和非物质文化遗产的综合保护，完整展现不同历史时期发展积淀形成的城乡空间脉络与文化风貌。二是发展天府文化，全面推动古蜀文化、水文化、商贸文化、诗歌文化、三国文化、民俗文化等的复兴与繁荣发展，建设 20 片文化片区、60 条特色风貌街道。三是加快建设博物馆、美术馆、剧院、音乐厅、体育馆等，积极建设世界文创名城、旅游名城、赛事名城，高标准打造国际美食之都、音乐之都、会展之都，塑造“三城三都”城市品牌。

城市设计方面，全面开展全域和重点区域、重要节点城市设计，强化城市空间管控，优化城市形态，塑造具有全球识别性的城市形象，进一步突出公园城市特点，为居民提供多元宜人、愉悦舒适的城市空间，塑造“蜀风雅韵、大气秀丽、国际时尚”的城市风貌。构筑“三轴、四心、多片”的整体景观格局，突出三轴统领城市空间格局、串联重点景观区域与景观节点的骨架作用。划定城市色彩分区，发挥城市色彩对塑造城市风貌的重要作用。

城市治理方面，扩大优质公共服务供给，构建“15 分钟基本公共服务圈”，配置教育、医疗、文化、养老、体育、商业金融、安全管理等基本公共服务。2035 年基本实现城乡社区“15 分钟基本公共服务圈”覆盖率 100%。建立多主体供给、多渠道保障、租购并举的住房制度，构建以政府为主提供基本保障、以市场为主满足多层次需求的住房供应体系。2035 年中心城区规划城市居住用地约 400 平方公里。遵循城市治理规律，创新城市治理方式，实现城市发展从工业逻辑回归人本逻辑，从生产导向转向生活导向，加快完善党委领导、政府负责、社会协同、公众参与、法治保障的社会治理体制，推动城市依法治理、系统治理、智慧治理、精准治理，加快城市有机更新，改善城市宜居环境品质。

第二节　重塑城市经济地理

习近平总书记在 2015 年中央城市工作会议上强调，要统筹空间、规模、产业三大结构，生产、生活、生态三大布局，提高城市工作的全局性和城市发展的宜居性。对成都来说，在拥有 2093.8 万常住人口（成都市第七次全国人口普查公报中数据）的城市空间上，进一步破解在经济快速增长中积累并显现的各种“大城市病”，解决潮汐式交通循环、同质化产业竞争、空间配置失衡和生活配套不足等问题，成为这座千年古城未来实现永续发展所面临的严峻挑战。为此，成都以完善城市体系与提升城市功能互促共进为依托，坚定提出了重塑城市空间结构和经济地理的主张，以此来全面增强城市承载能力，提升城市的宜居性和舒适度。

一、构建四个体系

（一）城镇空间四级城市体系

成都市以尊重城市发展规律为前提，科学修编城市总体规划，提出构建成都平原经济区、大都市区、区域中心、产业功能区和特色镇的城市层级，形成分工合理、层级清晰、有机衔接的大都市城市体系，创新城市发展模式，统筹生产、生活、生态空间，划定生态红线和城市开发边界。

规划提出坚持“东进、南拓、西控、北改、中优”，促进城市可持续发展。“东进”，就是沿龙泉山东侧，规划建设天府国际空港新城和现代化产业基地，发展先进制造业和生产性服务业，开辟城市永续发展新空间，打造创新驱动发展新引擎。“南拓”，就是高标准、高质量建设天府新区和国家自主创新示范区，优化空间结构，完善管理体制，建成行政政务服务中心、科技创新中心、国际会展中心、区域性总部基地、高新技术产业服务基地。“西控”，就是持续优化生态功能空间布局，大力发展高端绿色科技产业，提升绿色发展能级，夯实生态本底，保持生态宜居的现代化田园城市形态。“北改”，就是建设提升北部地区生态屏障，保护好历史性、标志性建筑，加快城市有机更新，改善人居环境。“中优”，就是优化中心城区功能，降低开发强度，降低建筑尺度，降低人口密度，提高产业层次，提升城市品质。

（二）“双核联动、多中心支撑”网络化功能体系

此次总体规划修编着眼于增强城市在区域内的竞争力和实现城市永续发展，提出优化城镇功能体系和空间布局形态，推动先进制造业和生产性服务业东移，减轻中心城区环境压力，为城市长远发展拓展产业承载空间。

一是实施“双核联动”。推进中心城区和高新区有机更新，完善公共服务设施，推动产业转型升级，强化金融商务、总部办公、国际交往、文化创意和都市休闲旅游等功能，打造现代服务业发展增长极核。推动天府新区产城融合，突出国际化服务和创新型引领，突出天府国际空港新城的国际门户功能和龙泉山现代化产业基地的集聚优势，把天府新区打造成为新兴增长极核。

二是强化“多中心支撑”。坚持把国家中心城市的功能定位与城市总体规划布局有机衔接，以城市战略规划引领城市空间布局和经济地理，构建与城市资源禀赋和生态环境特征相匹配的城镇空间布局，实现人口、城市、产业相互融合。强化各功能区域的整体支撑作用，加快形成先进制造中心、科技创新中心、金融服务中心、文化创意中心、公共服务中心、商业中心、消费中心、物流中心等各具特色、功能互补的区域性多中心发展格局。

（三）现代化高品质的城市设施体系

此次总体规划修编的目标之一，是科学规划、统筹实施，构建布局合理、功能齐全、适度超前的城市功能设施体系。

一是完善城市公共服务设施，提升公共服务供给质量，推进全域公共服务设施均衡化布局。建成奥体中心、城市音乐厅及音乐坊等一批国际一流的文体功能设施，加快推进教育、医疗、体育、养老等公共配套设施建设，构建“15 分钟基本公共服务圈”。同时，规划建设一批人物雕塑、园艺小品等景观休闲设施，记录成都符号，传承成都记忆。

二是加快建设公交都市，完善城市公共交通设施。大力推进轨道交通加速成网，强化城市间快速交通联系，到 2022 年地铁开通运营里程达到 600 公里以上，基本形成全域的半小时轨道通勤圈；优化快速公交和常规公交线路，创新公共交通组织方式，形成分工明确、相互协作、无缝衔接的地面公交网络；加强城市慢行系统建设，畅通城市微循环。

三是完善市政公用设施。加快污水和垃圾分类处置设施、地下综合管廊、海绵城市建设，提高排污标准和环保设施利用率，加强地下空间开发利用，规划建设第三水源，统筹推进能源、公共安全、消防等设施建设，提高城市综合服务能力。

（四）区域协同发展体系

一是以全面创新改革试验和建设天府新区、天府国际机场、天府国际空港新城为契机，促进区域设施共建、产业协作、功能统筹和环境共治，推动成都平原城市群一体化发展；以共建自贸试验区为载体，推动与川南经济区协同发展；以成渝深化合作为契机，推动川东北经济区融入成渝经济区发展；以资源开发、旅游合作为重点，强化与攀西经济区协作；以建设成阿、成甘等飞地工业园和省内对口帮扶为载体，加强与民族地区在清洁能源利用、绿色产品深加工等领域的合作。

二是积极参与成渝城市群协同发展，推动城市间相向发展、功能共享、设施互通、环境共建。

三是主动加强与京津冀、长三角、珠三角和长江中游城市群开展全方位、多层次深度合作，拓宽城市发展的外部空间。

二、 实施主体功能区战略

2017 年 4 月召开的成都市第十三次党代会提出，要推动“东进、南拓、西控、北改、中优”，着力构建以龙泉山脉为中心，南北双向拓延、东西两侧发展的战略空间布局，推动成都告别 2000 多年来龙门山和龙泉山之间逼仄的生长空间，加快迈向以中心城区和东部新城为节点的“双城”时代。

（一）战略背景

“东进、南拓、西控、北改、中优”反映出决策者对城市的地理地形特征与空间规律的尊重，以及实现城市生活与自然资源、环境本底和谐相处的决心。如果以自然资源分布和产业发展环境为基准，重新思考城市不同区域的发展定位，西部是上水地带与岷江冲积形成的优良灌区，作为全市的水源供给和生态涵养地，未来发展中应告别传统的粗放生产方式，加快形成绿色发展新模式；北部是成都平原的进风口，产业活动现以制造业和物流业为主，未来应以更高标准提升区域的生产生活设施条件，提升城市发展品质；南部的天府新区已经和中心城区连片发展，土地要素供给趋紧，倒逼未来要高起点规划、高水平发展，打造出区域创新发展的新引擎；而龙泉山东部地区环境容量相对较大，耕地级别较低，适宜发展大规模工业，未来应形成以先进制造业为主导的产业体系，开辟出城市永续发展的新空间；中心老城区人口密集、交通拥堵、公共服务资源紧张等大城市病突出，应高品质优化中部区域，促进城区有机更新，为建设美丽宜居公园城市做好示范。与此同时，随着天府国际航空港、简州新城、龙泉山城市森林公园等重点项目陆续开工，基础设施和物流交通网络日臻完善，面向国际的成渝地区相向发展的新格局将加快形成，龙泉山东部势必会成为成都发展的“第二主战场”。

由此，成都以“东进、南拓、西控、北改、中优”为指引，规划实施全市范围内的主体功能区战略，全面提升城市能级和可持续发展能力，引领城市由单极发展向“双城”时代迈进，由圈层发展向“多中心支撑”迈进，由同质化竞争向错位互补发展迈进，形成更高质量、更有效率、更加公平和更可持续的空间发展模式，从空间布局角度积极化解城市发展不平衡、不充分问题，为全面建设现代化新天府夯实空间基础。

（二）战略主要内容

成都市按照东南西北中五个分区推进分区的战略规划编制，把实施“东进”战略作为重中之重，坚持产业分区、集约开发、集群发展，推动先进制造业和生产性服务业重心东移，规划建设天府国际空港新城和现代化产业基地。着眼于城市均衡发展和外溢能力提升，发挥主体功能区在国土空间开发保护中的基础制度作用，构建与国家目标、城市目标、资源禀赋、环境条件、人口布局、产业形态相适应的差异化功能布局，健全不同主体功能区的差异化协同发展长效机制，实现城市空间治理体系现代化。

决策者着眼于提升城市整体运行效率和综合价值，按照城乡规划法优化城乡空间布局，打破既有的圈层结构，将传统的青羊、锦江、武侯、成华、金牛加高新区和成都天府新区的“5＋2”中心城区范围，扩大至包括一、二圈层的11个行政区加成都高新区、成都天府新区的“11＋2”区域，形成全域范围内“中心城区＋郊区新城”的空间层次，以进一步疏解城市核心区的非核心功能，促进基础设施互联互通，提高中心城区的外溢效率和辐射能力，带动全市实现均衡、协同发展。

成都市紧扣“五中心一枢纽”功能，统筹开展全市重点功能区控制性详规编制，谋划了一批未来五年重点开发建设的重大功能性项目、支撑性产业园区及标志性示范片区，实现了国家中心城市功能在市域范围统筹布局。按照产业先导、职住平衡、完善配套、塑造城市美学的原则，构建产业新城控制引导框架，加强色彩、天际线、绿化景观、建筑风貌等设计，实现城市与产业在时序上同步演进、在空间上分区布局、在功能上产城一体。

为充分发挥资源禀赋和比较优势，进一步优化产业功能区布局，成都市委提出按照园区城市总体规划、产业招商指导目录、园区设计规划导则、产业引导政务政策和公共服务设施建设来规划“五位一体”管理体制，在全市统筹布局建设66个产业功能区，加快建设产业活力强劲、城市品质高端、服务功能完备的现代化城市新区。聚焦垂直整合，积极引进配套产业和企业，建立完善企业协作服务平台，支持行业龙头企业通过股权合作、战略联盟、产业集群等模式开展全链条布局；聚焦功能配套，高水平配置标准化厂房、专业楼宇、人才公寓、智慧网络等基础设施，推动配套与服务品牌化，打造产城融合、职住平衡的新型城市社区；聚焦供给创新，建立土地产出效益与新增建设用地计划分配挂钩制度，构建工业用地亩产效益评价体系，探索试点新型产业用地机制，实现土地高产、高质、高效综合利用。

（三）五大主体功能区的发展定位

东进区域覆盖了简阳、龙泉驿、金堂三地，总面积为3976平方公里，2035年人口规划为365万人。沿龙泉山东侧，建设天府国际空港新城和现代化产业基地，发展先进制造业和生产性服务业，打造创新驱动发展新引擎。在空间上，构建“四轴一带、一极五片”的整体格局。其中的四轴，是指天府文化传承轴、国际创新驱动轴、蓉欧开放驱动轴、龙泉山东侧新城发展轴；一带是龙泉山城市森林公园；一极为空港国际新城发展极；五片指淮州、简州、简阳、龙泉驿、金堂。在产业发展布局上，空港新城将重点发展智能制造、总部服务、科技创新等产业形态；淮州新城将重点发展物流贸易、物流和产业链相关服务；简州新城将联动龙泉驿区，重点推动整车制造与零部件配套、智能装备制造等产业发展。在城市设计上，东进区域将以“特色营城”为指引，加快构建面向未来的天府新林盘，促进实现“青丘环抱、碧水穿城”；构建多元组团，产城共融；注重轨道引领，理水筑核；实现点丘为园，下城上憩。东进区域将以“品质打造”为核心，建设优质服务体系，打造品质生活区；以人为先导要素，构建高品质三级公共服务设施体系；以“轨道＋慢行”为主导，建立绿色出行和低碳生活示范区，建设可进入、可参与、承载高端服务功能的龙泉山城市森林公园；以“魅力彰显”为导向，注重文化传承与风貌塑造，构建覆盖全域的点、线、面结合的历史文化保护框架，构建“望山见水”、具有“丘陵田园特质”的总体城市形态，塑造“蜀风雅韵”与“国际时尚”交相辉映的城市风貌。

南拓区域总面积为1205平方公里，开发边界为362平方公里，2035年人口规划为220万人。该区域将高标准、高质量建设天府新区和国家自主创新示范区，优化空间结构，完善管理体制，建成行政政务服务中心、科技创新中心、国际会展中心、区域性总部基地、高新技术产业服务基地。在城市功能建设上，以“三中心两基地”为目标，加快集聚科技创新、国际交往、总部办公、会展博览、高新产业等新兴功能，形成科技创新中心、国际会展中心、行政政务服务中心、区域性总部基地和高新技术产业服务基地等承载空间。同时，不断强化对外的城市门户功能，积极融入国家高铁网络，提升国际门户枢纽地位；加快天府新客站建设，融入国家高铁网络；完善轨道线网，强化与原中心城区、两个机场及外围地区的快速客运联系。进一步完善行政、文化、体育、创新等服务，强化城市轴线功能，控制天际线，突出慢行系统建设。

西控区域的总面积为7165平方公里，生态保护红线内面积为1506平方公里，约占全市红线保护区面积的96%，2035年人口规划为275万人。该区域将持续优化生态功能空间布局，大力发展高端绿色科技产业，提升绿色发展能级，保持生态宜居的现代化田园城市形态。其具体措施包括：严控生态保护区，提升生态功能，加强组团隔离；划定重要生态绿隔区控制线和城镇开发边界，加强管控力度；加强对水环境的保护，增强水源涵养的功能，提升区域水环境质量，整治违规排污；优化城乡空间布局，构建“多中心、组团式、网络化”的空间发展格局，形成“青山绿水抱林盘，大城小镇嵌田园”现代田园城市格局；分区制定产业负面清单，退出或逐步退出与资源禀赋不协调的污染型产业；鼓励发展高新技术产业，坚持“一区一主业”，实现制造业产业园转型升级发展。

北改区域的总面积为703平方公里，2035年人口规划为55万人。该区域将建设提升北部地区生态屏障，保护好历史性、标志性建筑，提升改造老工业基地、老旧居住区、棚户区及老场镇，彻底改造棚户区，加快城市有机更新，以有机更新的理念进行居住环境品质的提升。在产业提升方面，北改区域将腾退低端企业，培育新材料等新兴产业，植入新型产业形态；同时保留有价值的工业建筑作为工业遗产，发展文化创意产业；对符合区域产业发展定位的老工业基地，保留生产功能，提升生产效率；植入工业邻里，提升产业园区配套水平。该区域将以国际铁路港引领地区产业转型升级，大力发展电子、高端装备、药品等高附加值适铁、适欧产业，推进落后产业、落后产能转移，植入新型产业形态，建设适铁产业生态圈；强化铁路港门户枢纽功能，预留空间资源，加快国际铁路港能力建设，加强铁空联运、铁水联运、铁公联运。

中优区域的面积为1264平方公里，2035年人口规划为1155万人。该区域将持续优化城区功能布局，进一步提高产业层次，提升城市品质。具体措施包括：通过“三减三增”，推动中部区域优化提升；优化形态分区，优化住宅和商业基准容积率，强化平均和上限双重控制；调减居住用地，缩限人口密度，增加绿地和公服设施；加强空间管控，降低建筑尺度，加强地块“四边”建筑形态、沿道路和河流建筑连续面宽、建筑形体的控制；大力发展金融商务、总部办公、文化交往、创新创意、高端消费等，进一步提高产业层次；通过塑造特色、完善配套、改善交通、彰显文化等方式，提升城市品质；按照“景观化、景区化、可进入、可参与”理念，加快建设天府绿道和环城生态区；完善水网体系，提升防洪防涝能力，实现滨水“岸线、通道、绿化”三通；加强水生态建设，彰显水文化魅力，强化滨水区域公共功能，提升滨水城市品质。

第三节　以站城一体综合开发重构城市流动空间

随着城市化进程的不断加快，高密度、大规模、机动化逐步成为我国超大城市空间演进的新特征。与此同时，要素和产业活动的高度集聚造成了土地资源的紧缺与交通拥堵的加剧。在此过程中，轨道交通相较于其他通勤方式，以其高效便捷、节地节能的优势而备受关注。既有的研究表明，特大城市和大城市的公共交通发展应把轨道交通建设放在首位，发展轨道交通是大城市实现产业和空间可持续发展的关键。①

一、 实施站城一体综合开发的基本逻辑

站城一体综合开发模式（Transit-Oriented Development，TOD）是20世纪90年代美国建筑设计师考尔索普（P. Calthorpe）所提出的，是一种以火车、飞机、地铁等城市公共交通为导向的城市综合发展模式。在西方主要城市的TOD建设中，多以轨道交通站点为中心，以400～800米（5～10分钟步行路程）为半径建立中心广场或城市社区中心，打造集工作、商业、文化、教育、居住等为一体的混合功能区。以全世界最大的地铁枢纽站东京新宿站为例，该站全年通勤人员约13亿人次，站内汇集了大量的轨道线路，周边路网紧凑复杂，站内及周边建设有大量的地下街，同时在轨道交通上方建设人工地面并开发城市综合体，站点周围500米范围内形成了大量的写字楼和商业中心。

从20世纪80年代起，TOD逐步在东京、新加坡及我国香港等城市开花结果。这种开发模式通过最大限度开发和利用公共交通设施，切实提高了城市的土地利用率和运行效率，称得上是一场轨道交通时代城市发展的思想解放运动，代表了城市开发理念的更新和城市运营方式的重构。特别是在日本，国土空间狭小，可利用土地资源稀缺，让日本政府早在20世纪初就把“紧凑城市”这一理念作为城市建设的发展目标，并逐渐形成以TOD引导城市建设的思路，以公共交通设施为载体，使城市建设尽可能紧凑化、集约化，进而实现了城市土地利用的经济、高效。

从东京、新加坡等国际大都市的发展经验来看，高密度发展的城市形态使城市内部交通量高度集中。而以轨道交通为核心的城市结构，可以把人们的居住、就业、购物、娱乐等活动场所都安排在步行可达轨道交通车站的范

① 陈磊，夏刚. 轨道交通对中国城市化的意义［J］. 城市问题，2008（2）：20—23.

围，使人们的出行绝大部分可依靠轨道交通完成，从而使轨道交通成为最便利的出行方式，保证了轨道交通有充足的人流供给。有了高密度、多用途、大流量的人口供给，城市空间就能够催生出更多的商机。对于开发者来说，只有车站使用人数达到一定量级，才能提升车站周边地区的不动产价值，使高密度复合空间形态呈现出明显的开发优势。因此，TOD 引导的紧凑城市结构使得枢纽站高强度复合开发在提升盈利、回收成本等方面具备可行性，从而为站城一体空间形态的形成奠定了经济基础。

二、 推动站城一体综合开发的现实意义

当前，成都正处在轨道交通引领城市发展的重要历史阶段，实施 TOD 综合开发既是保障城市轨道交通可持续发展的现实需要，也是推动城市组织重构、动力升级的有效途径，更是落实绿色发展理念、建设美丽宜居公园城市的重要抓手。因此，要进一步提升社会主义大城市建设的格局，坚决摒弃把 TOD 综合开发当作一般性开发项目的片面认识，切实站在推动城市空间升级和高质量发展的高度，增强推进 TOD 综合开发的紧迫感。纵观东京、大阪、新加坡和我国香港等城市的 TOD 开发实践，尽管土地性质、运作模式和城市发展阶段不同，但各城市在土地综合开发、集约用地和人本导向、产业功能布局等方面，都有很多值得我们学习和借鉴的成功经验。

（一）TOD 是破解地铁建设筹资困境的创新举措

轨道交通项目建设的资金需求庞大，远远超出了市级财政资金的支付能力，倒逼城市要创新投融资模式，通过 TOD 综合开发引导资源投入，获得资金回流，支撑地铁建设。同时，TOD 也是解决地铁运营财政补亏的重要突破口。根据国际经验，地铁设备在一个全生命周期（约 30 年）内的运维及更替费用，约为线网建设费用的 3～5 倍。随着运营里程增长和运营时间拉长，运营补贴终将成为财政“不能承受之重”。通过 TOD 综合开发获得持续稳定的资金回流，可有效破解这一难题。此外，TOD 也是实现站城一体、各方增值的有效途径。TOD 综合开发实行地上地下、站内站外统筹考虑、一体建设，

实现开发强度、经济密度向场站集中，城市形态、城市生态自然和谐，有利于提升城市综合价值和市民生活品质。各方主体以土地、资金、技术等要素共同参与，有利于调动各方积极性，实现“利益均沾”。此外，TOD 综合开发还能通过显著提升周边土地价值，配强公共服务设施，带来巨大人流量和消费潜力，进而带来区域内的强大“站外效应”。

（二）TOD 是放大轨道交通综合开发效应的最佳载体

到 2020 年底，成都已开通地铁运营里程 568 公里，已远远超出香港地铁的 264 公里、东京地铁的 312 公里。但在城市轨道交通布局上，成都地铁运营线路主要集中在传统的中心城区，建成后再实施 TOD 改造不仅存在技术难度大、成本投入高等问题，而且容易造成资源的低效配置，削弱地铁开发的综合效应。同时，在全市现有的轨道交通枢纽场站中，有接近半数的土地已经出让，回购或整合利用的难度较大。诸多因素决定了成都谋划和实施 TOD 综合开发的时间已非常紧迫，但面临城市有机更新、公共服务质量效能提升等迫切要求，推动 TOD 建设仍然是培育和增强中心城区发展新动能的必由之路。

（三）TOD 是城市交通组织方式提质增效的现实途径

成都的轨道交通建设起步晚、发展快、规模大，但目前仍停留在解决交通问题层面，对轨道交通建设与城市开发、城市功能的统筹和联动缺乏系统考虑，轨道交通开发陷入“源头策划意识不强、中间设计能力不足、后续运营人才不够、工作推进机制不顺”的困境。从源头策划看，确定不同场站的能级定位、开发模式、发展远景，促进其功能性、社会性、前瞻性的衔接统一，需要专业的策划团队，并建立策划团队与政府部门、智库专家及社会公众之间的沟通机制。从中间设计看，我国 TOD 综合开发这几年在深圳、上海等地已有突破，但专业企业和专业人才不多，且多为传统房地产企业转型而来，缺乏“综合开发”的理念认识和实践历练；成都本地更是缺乏熟悉 TOD 全链条业务的人才和企业，依靠“外来和尚念经”，难免“水土不服”。从后续运营看，以日本为例，尽管是以市场主导方式推动 TOD 运营，但仍然有“都市整备局”等政府部门的保障和支持，所以推动 TOD 建设，涉及运输、交通、土地整理与开发等多个部门领域，行政机制的支持是站城一体综合开发多样化发展的重要条件。

（四）TOD 是探索城市空间有机更新的解决方案

改革开放以来，我国各地的城市建设经历了新城崛起、棚户区改造、老旧小区改造等一系列转变。随着城市更新的重点由增量转向存量，由规模转向质量，城市有机更新应当围绕满足人民群众对美好生活的追求，强基础补短板，不断提升城市的生活品质，建设绿色便捷、安全生态、人文智慧的社会主义城市。成都的 TOD 开发建设具有较好的基础。从国情市情看，相比日本的土地私有制，我国城市土地属国家所有、农村土地属集体所有，这是实行 TOD 综合开发的先天优势。地方政府还可协调国资国企、金融资本和相关区县共同参与，实现 TOD 开发与轨道交通建设互促共进。从现实基础看，超过 2000 万城市人口的通勤就是一个巨大的市场需求，足以吸引国内外领先企业和机构积极参与到 TOD 的综合开发之中。从发展趋势来看，可以广泛学习和借鉴东京、大阪和我国香港等城市的成熟经验，扬长避短，发挥后发优势；同时培养专业人才和企业，为本地企业开拓国内二、三线城市 TOD 开发的巨大市场奠定基础。

三、 创新政策机制， 形成 TOD 开发合力

TOD 综合开发是一项跨专业、跨领域的系统工作，城市在推进过程中首先要加强统筹、形成合力，明确各方参与主体的责权利，充分调动各方积极性。一是进一步强化领导统筹，整合相关的职能部门，加快建立由市政府领导直接牵头的专项工作机构，专门负责“轨道＋城市发展”的规划编制、政策制定、产业统筹、资源整合、工作督察等。二是进一步研究具体方案，抓紧编制 TOD 综合开发总体规划，以科学的顶层设计指导规划建设。三是建立鼓励多元参与的合作机制。城市级、片区级站点综合开发规划由市政府统筹，

鼓励有关市属国有企业、区（市）县属国有企业和有实力、有经验的社会企业以参股形式共同组建专业化公司进行投资、建设和运营。组团级、一般级站点综合开发由所在区（市）县负责统筹，鼓励当地国有企业和社会企业合作进行投资、建设和运营。四是加强片区统筹，通过片区综合开发，集成产业功能和公共服务功能，聚集人气商机，塑造城市地标，提升片区整体形态品质，实现周边土地增值、公共设施完善、消费能级提升的溢出效应。

其次，在充分学习借鉴东京、香港等城市先进经验的基础上，聚焦城市当前实际和 TOD 开发的痛点，加快制定一批创新型支持政策。一是按照“一个 TOD 项目就是一个公园城市社区”的原则，锁定轨道交通场站综合开发用地，创新 TOD 供地方式，优先保障 TOD 项目用地。二是坚持“总体平衡、适度集中、开放共享”原则，允许将 TOD 项目开发容积率向站点核心区适度集中，站点周边退让出公园绿地和开敞空间，实现核心区用地复合、功能混合，周边区域配套补强公共服务设施，打造高低错落、大开大合城市形态。三是针对 TOD 毗邻区域“已出售、未开发”或处于开发初期的土地的业主，以及“已建成、需连通”的相关物业项目，明确规划调整及报建优惠政策，鼓励并宗开发、互联互通；积极引入国内外金融机构、战略资本参与，为企业发行 TOD 开发项目专项债券提供担保和贴息支持。

最后，进一步强化专业支撑。一是尊重科学，强化建设定位、目标、主要步骤和重大措施的系统集成，以专业精神推进 TOD 综合开发。二是加强理论研究，通过聘请国内外专家团队对成都 TOD 综合开发进行战略研究，制定规划、建设、运营等环节的专业性技术导则。三是强化项目的专业化论证，每一个 TOD 开发项目，都要坚持先策划后规划、不设计不施工的原则，对项目总体规划、形态设计、商业策划、投资收益平衡等各方面进行专业论证后，才能施工。四是面向全球寻找专业的战略合作伙伴，争取日本、新加坡和我国香港等地区的专业机构派驻专业团队参与成都 TOD 项目策划、规划设计、管理运营，加快进行“经验复制”和“技术嫁接”。五是积极引进培育专业化人才，面向全球引进一批具有国际化视野和行业洞察力的专业人才，充实到企业一线，帮助企业培育一批本土专业化人才。

第四节 积极建设践行新发展理念的公园城市示范区

习近平总书记在 2018 年 2 月视察天府新区时指出，要突出公园城市特点，把生态价值考虑进去，建设内陆开放经济高地。这是总书记对高质量推动天府新区建设的殷切希望，更是对成都加快建设全面体现新发展理念城市的重大要求。2020 年 1 月 3 日召开的中央财经委员会第六次会议，更是明确了成都建设践行新发展理念的公园城市示范区的发展定位。作为全面体现新发展理念的城市发展高级形态，公园城市以生态文明为引领，突出了公园形态与城市空间有机融合，生产生活生态空间相宜、自然经济社会人文相融，在世界城市规划建设史上具有开创性意义，更为新时代成都统筹生产生活生态三大布局，重塑城市价值、生活品质与空间格局提供了全新的路径。

一、 将公园城市理念贯穿于城市发展始终

建设公园城市在城市规划和建设史上具有开创性意义，为社会主义现代化城市建设开辟了新的道路，是习近平生态文明思想和城市发展理念的场景性表达。公园城市建设坚持奉“公”——服务人民，联“园”——涵养生态，塑“城”——美化生活，兴“市”——绿色低碳、高质量生产，包含了“生态兴则文明兴”的城市文明观、“把城市放在大自然中”的城市发展观、“满足人民日益增长的美好生活需要”的城市民生观、“历史文化是城市灵魂”的城市人文观、“践行绿色生活方式”的城市生活观。公园城市理念体现了马克思主义关于人与自然关系的思想，体现了城市文化与人文精神传承的文化价值、天人合一的东方哲学价值、顺应尊重保护自然的生态价值、城市形态的美学价值、人的自由全面发展的人本价值，将引领城市建设新方向，重塑城市新价值。

一是坚持以人民为中心的发展思想。坚持人民主体地位，充分调动人民群众的积极性，服务人的全面发展，强化高品质生活、高水平服务供给、高效能治理，不断满足人民日益增长的美好生活需要，彰显美丽宜居公园城市

价值，让全体人民在共建共享发展中有更多获得感。二是坚持生态优先绿色发展战略。贯彻山水林田湖城是生命共同体的理念，坚持节约优先、保护优先、自然恢复为主的方针，促进人与自然和谐共生。把建设长江上游生态屏障、维护国家生态安全放在生态文明建设首要位置，用最严格制度、最严密法治保护生态环境，坚定不移走生产发展、生活富裕、生态良好的文明发展道路。三是坚持“一尊重五统筹”总要求。尊重城市发展规律，统筹空间、规模、产业三大结构，统筹规划、建设、管理三大环节，统筹改革、科技、文化三大动力，统筹生产、生活、生态三大布局，统筹政府、社会、市民三大主体，提高城市工作全局性、系统性，统筹推进、久久为功，促进新型工业化、信息化、城镇化、农业现代化、绿色化同步发展。四是坚持突出公园城市形态。用科学规划组织城市建设，将公园城市理念贯穿于国际门户枢纽打造、主体功能区布局、城市格局优化、特色镇（街区）和美丽乡村建设，构筑美丽宜居公园城市大美形态，彰显城市创新创造、开放包容的文化特色，实现人、城、境、业和谐统一，充分绽放独特的自然人文之美。

二、 塑造人城境业和谐统一的大美公园城市形态

从地理条件来看，成都平畴千里，气候温润，风光绚丽，自然禀赋得天独厚，拥有良好的生态本底，同时又具有2000多年历史文化的积淀，文化底蕴深厚，与公园城市的外在要求和内在特质高度耦合，具备了建设公园城市的基础和优势。

（一）彰显大气秀丽、国际化现代化的城市形态

公园城市形态，孕育于山水形胜间，散发于阡陌广厦中，是公园城市空间格局、形态风貌沉淀后的独特气质。成都以千年立城的静气塑造城市格局，构建“一山连两翼”空间架构，凸显龙泉山城市绿心功能，按照沿山沿水组群发展理念推动东部新城建设，严格保护生态望山廊和城市通风廊，促进集约高效生产空间、宜居适度生活空间、山清水秀生态空间彼此共融共生；以留白增绿的定力雕琢城市风貌，依山傍势塑造反映成都地域特色、时代风貌

的“新中式”建筑形态，加强城市屋顶绿化和立体绿化，构建疏密有度、错落有致、显山露水的城市界面。

成都着力构建与市域资源禀赋、生态本底、环境条件等相适应的城乡空间框架，形成“东进、南拓、西控、北改、中优”差异化发展的五大功能区。一是优化市域空间结构，按照沿山沿水组群发展理念规划东部新城，以森林、湿地、农田、绿地景观构筑城市生态绿隔区，推动空间形态从“两山夹一城”到“一山连两翼”演进，形成“一心两翼三轴多中心”的多层次网络化城市空间结构。二是结合生态绿隔区、环城生态区和城市内部的道路、河流、公园绿地划定城市通风廊道，中心城区和东部城市新区建设城市通风廊道。三是加速建设龙泉山城市森林公园，在生态可承受范围内，有效承担和融合生态保育、休闲旅游、体育健身、文化展示、高端服务、对外交往等功能，高标准、高起点打造世界级品质的城市绿心和市民休闲游憩乐园。四是强化龙门山生态涵养保护，严守生态功能保障基线、环境质量安全底线、自然资源利用上线。

（二）彰显绿满蓉城、花重锦官的城市绿韵

公园城市的绿韵，在于沁人心脾的芬芳，在于绿意盎然的清新，更在于良田沃野的淳厚。成都把公园作为生态绿网的关键节点，以“一轴两山三环七带”的天府绿道体系为核心骨架，加快构建全域的生态绿网体系，串联起生态区、公园、小游园、微绿地等不同等级生态绿地，形成交融山水、连接城乡、覆盖全域的生态“绿脉”。

同时，成都以全域性、系统性、均衡性、功能化、景观化和特色化为原则，统筹布局大熊猫国家公园、世界遗产公园、自然保护区、风景名胜区、森林公园、湿地公园、地质公园、山地游憩公园、郊野公园等综合及专类城市公园、小游园和微绿地等，提升城市道路园林景观水平，争创“国家生态园林城市”，运用智能绿化、虚拟绿化等新技术提高城市绿化水平，彰显“城在绿中、园在城中、城绿相融”的大美意境。成都还把都市农业景观作为生态绿网的靓丽妆容，实施大地景观再造工程，在千里沃野营造“田成方、树

成簇、水成网”的川西平原美景，在丘陵地区打造“山水相融、田林交错、变幻多彩”的秀美大地景观，重现“岷江水润、茂林修竹、美田弥望、蜀风雅韵”的锦绣画卷。

（三）彰显开放包容、优雅时尚的城市文化

“九天开出一成都，万户千门入画图。”“二十里中香不断，青羊宫到浣花溪。”这些传颂千古的名家诗篇，描绘出一幅幅令人心驰神往的天府锦城画卷，成为卓荦华夏的天府文化印记。成都的城市规划者要树立对历史负责、对未来负责、对城市负责的态度，传承历史文脉，注重文物古迹、非物质文化遗产和现代工业文明遗产的活化利用，保护提升一批承载文化记忆的历史文化街区、建筑群落和文化景观，在社区公园建设中传承成都故事和民风民俗，留住天府文化的根脉和记忆，高标准建设天府锦城、熊猫星球等重大文化功能项目，高水平推进“三城三都”建设，打造“老成都、蜀都味、国际范”文化景观，彰显天府文化的时代风采，凸显公园城市的文化特色。

一是要围绕“师法自然、传承文脉、科技支撑、国际品质”开展风貌营造，把风貌设计与产业植入和市场运营结合起来，构建“三轴、四心、多片”整体景观格局。二是要强化城市天际线规划与管理，建立以中心城区、东部城市新区为重点的开发强度、建筑高度、建筑形态和色彩管控体系。三是要顺应自然生态发展需要和科技变革趋势，超前布局城市的空间结构、功能体系、设施网络，推进城镇留白增绿，构建疏密有度、错落有致、显山露水的城市界面。四是要结合开敞空间梳理和全域公园体系建设，植入蜀锦蜀绣、川剧等蜀文化元素，保护历史文化街区、建筑群落和文化景观，强化城市雕塑艺术创新和文化创意，构建独具成都审美认知的城市意象。

（四）彰显巴适安逸、简约低碳的城市魅力

其总体思路是：坚持以人民为中心，彻底纠正重城市物质发展、轻宜居环境构建的规划思想，严格控制城市开发强度和建设尺度，科学布局可进入可参与的休闲游憩点和绿色开敞空间，推动公共空间与城市环境相融合，休

闲要求与审美感知相统一，形成开敞通透、开放共享的生活空间；着力提升生活性服务业，发展体验服务、共享服务、绿色服务、定制服务、高雅服务等新兴服务业态，植入优质商业资源和新的商业元素、商业模式、特色文化，增强主题新颖性、业态差异性、体验独特性，防范老城区产业空心化风险。

具体举措包括：打造创意城市场景，高质量建设国家文化消费试点城市，加快建设成都自然博物馆、城市音乐厅等文化场馆设施，形成完善的书店体系、演艺体系、博物馆体系；依托历史遗迹和文化遗产，打造特色小镇、文创载体和文化“大符号”，开发高附加值文创消费产品和模式；打造全域旅游场景，打造熊猫、美食、休闲、绿道四大旅游品牌，构建遗产观光、蓉城休闲、时尚购物、美食体验、商务会展、文化创意、康养度假七大世界级旅游产品体系，整体规划建设“西控”区域旅游圈，建设龙门山旅游带、龙泉山城市森林公园休闲带、天府绿道游憩带，形成多维度、多层次的泛旅游产业格局；开发满足多层次人群需要的体育运动场景，打造绿道体育消费新场景，加快国际一流赛事场馆建设，创新公共文体场馆运营模式，构建专业化赛事商业体系；加快建设国际会议中心，打造商务会展休闲旅游区，提升国际会议会展的承载功能，全面提升营商环境法治化、国际化、便利化水平，建设生活型、生产型、渗透型场景，为产业升级提供支撑。

（五）彰显功能复合、城乡融合的城市品质

其总体思路是：坚持产城一体、职住平衡，打破城市功能的拼块布局，针对不同层次、不同群体、不同领域的不同需求，在区域尺度内构建多元、复合的应用场景，在全域内提供有机协调的功能支撑，形成分散化布局的紧凑城市形态；坚持共建共享，更加注重民生改善与经济发展的良性互动，更加注重幸福指数与发展指标的同步提升，做优城市品质、创新社会治理，最大限度、更高标准满足社会多元化需求，更好满足全体市民对城市生活的美好需要。

具体举措包括：营造绿色舒适的公园式社区，营造尺度宜人、亲切自然、全龄友好的社区环境；推广绿色建筑和绿色循环社区，推动屋顶绿化、社区

花园等城市微景观营造，积极美化城市第五立面；推动街区空间共建共治和共享共融，统筹建设博物馆、图书馆、体育场等公共设施，形成开敞通透、开放共享的生活空间；科学规划和加快建设通用机场、智能停车场、智慧道路等现代基础设施体系，构建集智能服务、智能管理、智慧交通、智慧水务、智慧电网和生态监控等于一体的综合智慧市政平台，不断提升城市管理和服务的科学性与精准性。

三、全面展示公园城市的时代价值

城市，承载了让人民生活更加美好的价值取向，彰显着让市民更加幸福的使命。建设公园城市，就是要践行“绿水青山就是金山银山”理念，将公园城市作为生态价值向人文价值、经济价值、生活价值转化的重要载体、场景和媒介，积极探索城市建设新模式的价值实现机制。

（一）提升美丽宜居公园城市人文价值

自2300多年前成都建城以来，天府之国逐渐孕育出思想开明、生活乐观的天府文化，激发了市民对城市优雅气韵的无限渴望和对城市形象塑造的美好梦想。建设公园城市，就是要结合历史传承、地域文化、时代要求，保护天府锦城“两江环抱、三城相重”古城格局，统筹历史文物保护和城市更新，构建“一环两轴四线六片”的历史文化空间展示体系，推进自然生态本底、文化遗产空间、绿道系统网络等相互融合，有效激发文脉传承、共享文化活力，促进城市人文在多元互鉴、古今相融中不断绵延。

成都以城市公园体系和开敞空间为文化载体，进一步发展“创新创造、优雅时尚、乐观包容、友善公益”的天府文化，营造多元文化场景，促进社会包容，塑造公共意识，增强社会认同。通过开展“核心价值引领、天府文化润城、先进典型示范、市民友善优雅”四大行动，加快建设中华文化传播和国际文化交流高地，加快构建以传媒影视、文博文创、时尚设计、音乐艺术、动漫游戏、文体旅游等为重点的现代文创产业体系，推出一批文化精品力作；大力构建全民终身教育体系、健康关爱体系，提升市民人文素养；持续完善公共文化设施、流动服务和数字化等三大公共文化网络，创建成都生活美学地图，营建综合性新型文化体验场所和服务场景，让市民在家门口享受文化盛宴。

（二）提升美丽宜居公园城市经济价值

总体思路是：把创新作为城市绿色发展的主要引擎，以经济组织方式的变革为抓手，以技术创新为支撑，以发展新经济、培育新动能为引领，建设以产业生态化和生态产业化为内核的生态经济体系；积极策划和建设生活型、生产型、渗透型等各类场景，激发环保、文创、研发等新需求，依托公园城市建设需求，积极引入国际化、时尚化、生态化消费形态，形成多维度、多层次的泛旅游产业格局；加快发展绿色经济，推进知识、技术、信息等创新生产要素与传统产业融合聚变，培育新需求，催生新业态。

具体举措包括：发展以新经济为引领的环境友好型产业，以数字经济为基础，构建具有竞争力的新经济产业体系；加快发展绿色经济，实施产业绿色升级工程和绿色供应链工程，积极培育“人工智能＋”“大数据＋”“5G＋”“清洁能源＋”“供应链＋”等新业态，推进知识、技术、信息等创新生产要素与传统产业融合聚变，积极构建环保产业生态圈；充分发挥高校和科研院所的创新骨干作用，建设一批绿色技术领域重点实验室、工程研究中心、技术创新中心等创新平台，围绕污染治理、绿色设计、绿色工艺、智能制造等重点领域关键技术组织开展研发和成果应用示范；导入绿色、高效的产业发展模式，以产业生态圈和创新生态链为核心组织经济工作，实施高质量、现代化产业体系建设改革攻坚计划，重塑产业经济地理，引导资源向绿色、高效、集约方向聚集，推进资源、服务和产业加速聚集，催生产业融合裂变升级，促进生产资源高效利用。

（三）提升美丽宜居公园城市生活价值

公园城市的生活之美是一种触手可及的幸福感，也是一种让生活艺术化、艺术哲学化、哲学生活化的全新创造。在公园城市的建设过程中，核心是通过营造尺度宜人、亲切自然、全龄友好的社区环境，建设多样化的城市空间，策划多种类型的城市活动，实现从“空间建造”到“场所营造”转变，推动文化、康养、休闲、运动、教育、防灾应急等公共服务设施与生态保护建设有机融合，让市民在生态中享受生活、在公园中享有服务。

一是要加强绿色宣传，建立引导市民参与的激励机制，增强市民建设美丽宜居公园城市的主体意识，开展绿色家庭、绿色社区、绿色学校、绿色企业、绿色商场、绿色展馆、绿色餐馆和节约型机关创建活动。二是要深入实施节能减排全民行动、节俭养德全民节约行动，通过生活方式绿色革命倒逼生产方式绿色转型。三是要深化“自行车道＋步行道＋特色慢行线”慢行交通系统建设，完善“轨道＋公交＋慢行”三网融合的城市绿色交通体系，加快规划建设东部新区轨道交通系统，推动地铁、市域铁路、有轨电车等多网、多制式融合，让市民在生态中享受生活、在公园中享有服务，形成健康、自然、和谐、关爱的居住文化，促进人文交流和群体融合。

（四）提升乡村自然资源价值

公园城市建设要把乡村作为体现人与自然和谐共生的绿色基底和最大载体。天府之国的良好生态本底造就了得天独厚的城市发展空间。成都要以“西控”区域为重点大力发展都市型景观农业，把公园城市建设与实施乡村振兴战略结合起来，深入推进农业供给侧结构性改革，搭建乡村振兴社会资本引进平台，吸引社会资本与农村集体经济组织深度合作开发乡村资源，推动农商文旅体融合发展，培育都市现代农业生态链、生态圈。

一是要深入实施乡村振兴“十大重点工程”和“五项重点改革”，构建乡村生态保护和自然资源增值的体制机制。二是要深入推进农业供给侧结构性改革，加快构建现代农业产业体系、生产体系、经营体系，推行农业生产标准化，高起点打造西部区域生态产业，推动农商文旅体融合发展，培育都市现代农业生态链生态圈。三是要推动乡村形态提升与产业发展深度融合，全面实施农村“环境革命”，推进乡村振兴示范走廊建设，打造分散式旅游景区、文创康养等基地，把乡村打造成为一二三产业融合发展的高端载体和公园城市服务功能的重要承载地。

（五）打通生态价值实现通道

一是依托“两山”区域，建设世界级的自然与文化遗产富集区，强化森林、湿地、林盘、河流等生态要素保护，推进全域增绿，全面提高森林质量，增大森林覆盖率，营造差异化、多维度自然风貌，形成有底蕴、种类多、原生态的特色风貌区。

二是依托旅游资源构建不同景观层次，按照集中化、特色化、多样化原则推进。

三是依托城市中轴线、水系、道路以及生态用地等基础骨架体系，构筑“一轴一区一带、五环七河多廊、园巷点网密布”的城市园林观花赏叶布局结构，重现“花重锦官城”的美景。

四是溶解公园边界，融合自然景观，凸显茂林修竹的林盘景致，诠释公园城市的乡村表达，重现沃野千里的大美景观。

五是注重对传统文化村落的梳理和保护，科学论证和编制林盘整治保护、修复、开发、利用规划，打造一批“国际范”“天府味”的示范性精品林盘。

六是实施大地景观再造工程，建设田园生活、生态旅游、产业发展、历史文化传承的特色镇，形成“沃野环抱、密林簇拥、小桥流水人家”的川西田园景观。

七是实施“蓉城碧水”保卫攻坚战，加强饮用水源地保护，构建河流湖泊湿地系统，构建“六河、百渠、十湖、八湿地”的水网体系，打造“六河贯都、百水润城”的水灵成都，加快锦江、沱江流域水生态治理，打造金马河水系景观，重现水润天府的河湖景色。

第七章 推动城市供给侧结构性改革的成都实践

如果把城市高质量发展比作一条向前奔腾的河流，那么产业集聚发展就是水中激荡的浪花，而城市空间结构就是承载流水的河床。能够让河水永远奔腾不息的高低势能，则是城市所能创造的要素集聚能力、功能集聚能力、创新发展动能与制度环境保障。所以，坚持以供给侧结构性改革为主线，落实到城市层面，就是要通过产业集聚和空间治理提升城市的供给质量，激活市场主体创造活力，加快构建起现代经济体系，推动实现城市经济社会的高质量发展。

第一节　创新要素供给，提高要素产出效益

土地、人才和资本，是推动现代城市经济社会发展的基本要素，也是城市资源配置和产业组织的重要依托。随着城市经济社会不断发展，各类资源的稀缺性正不断凸显，完善和优化不同要素集聚和管理方式，提升要素供给质量与效益，是推动城市高质量发展的重要课题。

一、推动土地要素供给向集约化转变

城市产业用地的空间布局影响着城市的经济能级、品质提升与经济社会的运行效率。纵向来看，成都的用地空间结构先后经历了从“单中心”“单中心＋走廊式”到“双核＋走廊式”等模式，但城市用地“摊大饼”式的惯性尚未得到有效遏制，产业用地布局与资源环境承载失衡愈发显著。破解这些问题，首先要坚持区域导向，围绕城市空间布局和产业园区定位，优先保障

产业功能区用地，引导企业在功能匹配的产业园区选址建设，全面推进以“一图一表”为核心的项目准入审查机制，适应企业全生命周期的弹性供地机制，鼓励产业功能区为入驻企业提供标准厂房、人才租赁房和医疗教育配套设施一揽子服务。其次，建立土地产出效益与新增建设用地计划分配的挂钩制度，全面清理低效闲置土地，鼓励企业通过实施空间综合开发提高容积率，构建工业用地亩产效益评价体系，实现土地高产高质高效综合利用。最后是进一步完善工业用地的弹性供给制度，分类采取弹性年期出让、租赁、先租后让等多种供地方式，实行差别化地价政策，对符合重点发展区域布局和产业目录导向的用地给予优惠，进一步降低优势产业、优秀企业用地成本。

（一）优化空间布局与统筹产业用地

一是优化基本农田布局，将全市工业用地空间增量的60%投放到“东进”区域，推动制造业向东发展，同时严格控制“西控”区域工业用地的空间增量，加强环境管控，促进产城融合，提高产出效率，有序疏解其他区域的一般性制造业用地布局。

二是推动中心城区集约节约用地，大力发展现代服务业。

三是在保障现代农业发展空间方面，加强耕地保护，全面划定并保护永久基本农田652.78万亩①，龙泉山西侧增加划定永久基本农田8.25万亩，增加耕地保有量9.03万亩。同时，通过进一步优化农村地区用地结构，积极支持农村“三产”融合等新产业新业态发展，规划新增农业设施用地8.8万亩，加快发展现代农业，打造现代农业成都品牌。

（二）拓展城乡统筹发展用地空间

一是用好用足城乡建设用地增减挂钩政策，有效盘活农村存量集体建设用地，助推特色小镇和幸福美丽新村建设，加快推进已立项的城乡建设用地增减挂钩项目。

① 1亩≈666.7m^2。

二是明确土地利用年度计划，除按规定单列计划外，倾斜安排70%的计划用作工业、物流、文旅、创新产业、农产品加工及配套基础设施项目用地；每年单列不低于8%的土地利用年度计划，以支持农村新产业新业态发展；支持安排农民集中建房计划指标，用于特色小镇和幸福美丽新村建设。

（三）提升土地要素工作效率

一是建立土地产出效益与新增建设用地计划分配挂钩制度，对产业园区、功能区土地开发利用效益进行年度考核，考核结果与土地利用年度计划挂钩，实施奖惩制度。

二是在工业项目用地上，采用租赁、弹性年期出让等多种供应方式，逐步实现工业项目用地的精细化供应。例如：针对不同行业、不同类型产业项目特点，产业企业可根据项目的特殊需求、生命周期等要素，申请不同的用地方式；鼓励工业企业利用存量土地新建工业厂房或增加原厂房层数；在符合法律、法规、政策与具备供地条件的前提下，对支柱产业、优势产业和未来产业发展的项目用地需求“随用随供”。

二、 构建以人力发展为基点的公共政策体系

人才聚则产业兴，产业兴则城市荣。人力资源是推动城市经济社会发展的第一要素、第一资源。在城市高质量发展的新征程中，成都提出了一系列创新人才进入、加大人力资源供给、优化人力资源结构的战略部署与政策。

（一）以新人才观推动城市人力资源提能

坚持以“高精尖缺”为导向，制定实施人才国际化战略，深化“人才＋项目＋资本”协同引才模式，形成人才引进、培育的链式效应；加快建设海外人才离岸创新创业基地，规划建设一批国际化高端社区，吸引和集聚世界一流的科学家和工程师、创新创业领军人才；吸引优秀青年人才，实行面向全日制大学本科及以上学历毕业生的新落户制度；建立人才绿卡制度，在创业扶持、住房、医疗、子女入学、配偶就业等方面，向高素质人才和高技能

人才倾斜。同时，推动人才政策从普惠制向精准化转变，为骨干企业和优秀创新团队量身定制保障政策，发挥好人才政策对重大项目的杠杆撬动作用；改革人才落户制度，对于在本市同一用人单位工作两年及以上的技能人才，凭单位推荐、部门认定办理落户手续，提高落户便利性。

实施人才安居工程，加大在产业功能区的人才公寓建设，探索实施人才公寓共有产权模式，支持企业引进优秀团队，留住骨干人才；根据特定人群工作、生活特点和消费偏好精准化打造生活消费场景，因地制宜布局建设商务中心、文体中心、综合购物中心等，满足各类消费和公共服务需求。同时，支持企业和用人单位引进高层次人才，实施人才服务“一卡通”，分层分类提供配偶就业、子女入学、医疗、社保、出入境和停居留、创业扶持等便利化服务；建立人才服务专员制度，建设“政务服务＋创业服务＋生活服务”全环节人性化的人才服务链；支持在蓉高校、职院按照产业发展方向调整学科设置，鼓励在蓉企业与高校、职院开展“产教融合”。

（二）以“人才新政”促进人才优先发展

2017 年 7 月发布的《成都实施人才优先发展战略行动计划》，确立了给予高层次人才创新创业扶持、鼓励青年人才来蓉落户、保障人才住房等 12 条政策。特别是针对高层次人才、急需紧缺人才、青年人才、高技能人才等不同人才群体的实际需求，采用分类施策的思路，将人才改革嵌入要素供给侧结构性改革之中，通过创新举措解决引才难、育才难、留才难等问题，可谓开国内大城市引才聚才用才之先河。

其中，最亮眼的政策就是把解决人才进入后的安居问题摆在突出位置，第一次提出先落户再就业的政策主张，并列举了人才公寓、产业新城配套租赁住房和用人单位自建房等多种解决方案。特别是针对急需紧缺的技能人才、管理人才，明确提出以产城一体、职住平衡的原则配套租赁住房，并根据积分提供住房、落户、配偶就业、子女入园入学、医疗、停居留、创业扶持等服务保障。其次，针对市民既有的知识结构与就业需求不匹配现象，明确鼓励发展继续教育和职业教育，开展全民技术技能免费培训，大力培育高技能人才，着力培养造就一批“成都工匠”。为解决人才引进后的发展问题，还从多层次多维度提出了相应的激励扶持政策，要求既对顶尖团队、领军人才给予大幅资助，又对技术、技能人才提供安家补贴，有效解决青年大学生创业初期的资金需求；对重点产业、战略性新兴产业企业新引进人才的安家补贴范围扩大至高技能人才，鼓励企业建立引才的特殊奖励制度，充分调动用人单位对研发急缺人才的招引积极性。

（三）探索建立覆盖服务人口的公共政策体系

近年来，成都坚持以新发展理念为指引，坚持把生活城市作为成都最鲜明的特质和最突出的比较优势，积极推动城市发展从工业逻辑回归人本逻辑，从生产导向转向生活导向，从粗放管理迈向精细化管理，逐步形成以生活性服务业、城乡社区发展治理和公共服务为重点的城市公共政策体系。

一是优化行业空间发展布局。其核心是以功能再造、形态重塑、产业重构为导向，着力拓展社区生活，促进服务业集聚，打造休闲消费和高端消费场景，逐步建成“一圈多集三带三区”的生活性服务业布局。其中，一圈指包括城市社区、农村社区、城市新区和产业园区、国际社区在内的社区生活服务圈；多集指生活、服务业集聚区，包括服务业集聚区、现代商圈和特色街区；三带指龙门山旅游带、龙泉山城市森林公园休闲带和天府绿道游憩带；三区指在城市中、南、东部地区分别打造的时尚消费、新兴消费、体验式消费引领示范区。同时大力发展智慧服务、体验服务、定制服务、共享服务、绿色服务、跨境服务等新型业态，推动新型服务内生精进发展；重点培育商业零售、文化服务、旅游休闲、餐饮服务、医疗健康服务、养老服务、教育服务、体育服务等发展领域，推动规范化、标准化、品质化、精细化发展。

二是提升公共服务品质，充分满足市民美好生活期盼。具体举措包括：夯实公共服务基础设施建设，通过组建教育、医疗、文化、体育投资集团提高优质公共产品供给能力，持续提升民生服务保障水平；以国际化视野持续提升“三城三都”建设规划，加快推进天府奥体城、锦江公园、锦城公园等地标性设施建设；推进“健康成都”行动，实施基层医疗卫生机构硬件提升工程；推进“菜篮子”建设行动；稳步推进棚改三年攻坚和老旧小区改造；实施中心城区中小学、幼儿园“三年攻坚”行动计划，推行优质学校培育计划以及领航高中、特色高中和综合高中建设三大工程；完善基本社会保险，推进长期照护保险、大病互助补充医疗保险等试点，推进分级诊疗制度建设，重点推进预约诊疗、远程医疗、智慧医院建设；建立城乡居民文化体育消费需求收集和反馈体系，制定三级政府公共文化体育产品和服务清单；健全“租售补并举”的住房保障政策体系，优化租售流程，创建保障性住房居住小区，完善住房补贴和公积金政策，加快农村住房保障系统建设，形成“民生改善—企业成长—城市发展”的良性循环。

三、 提升金融服务实体经济能力

在中央政治局第十三次集体学习中，习近平总书记深刻指出，要正确把握金融本质，深化金融供给侧结构性改革，增强金融服务实体经济能力，坚决打好防范化解包括金融风险在内的重大风险攻坚战，推动我国金融业健康发展。作为现代城市要素配置与经济活动组织的核心与催化剂，金融业健康发展对成都建设具有全国影响力的西部金融中心提出了更高的要求。

（一）优化金融要素供给结构

一是重点推进产业发展与金融服务深度融合。包括：进一步加大与金融机构的合作力度，先后与国家开发银行、工商银行、太平保险、中国银行、邮储银行等签订战略合作协议，持续深化与建设银行、民生银行等的战略合作关系，保障金融要素支持产业功能区建设与产业集聚发展；设立成都发展基金等政府产业投资引导基金，通过子基金群带动广大社会资本，重点投资重大产业项目、战略性新兴产业、创新创业企业等，形成“重大项目带动、产业集群发展、产业基金支撑”的产融一体化发展模式；构建企业直接融资服务体系，将天府（四川）联合股权交易中心打造成为覆盖川藏、服务西部的拟上市企业“蓄水池”，建立完善从区域性股权交易中心、新三板、境内外主要证券交易场所到直接债务融资的系列配套奖励政策，鼓励企业积极利用多层次资本市场，创新股权和直接债务融资方式。

二是加大金融市场要素供给。包括：进一步做大做强现有法人机构，积极引进设立新型法人机构和外资银行中国区总部，积极填补西部金融中心空白，丰富金融市场要素供给；对在成都金融总部商务区新设的或迁入该片区的金融法人机构给予相应奖励；加快推动设立市级再担保公司和小额再贷款公司，推动融资性担保公司和小额贷款公司提升服务能力；鼓励发展金融科技产业，设立市级的金融科技产业创业投资基金，对新引进金融科技企业、金融科技重点实验室、技术服务创新平台以及孵化器给予相应奖励，支持大数据、云计算、人工智能、区块链等新一代信息技术与金融领域深度融合；优化创新政策性金融产品，加强四川自贸试验区金融创新与西部金融中心建设联动，建设各类金融综合服务平台。

（二）创新财政政策体系

一是进一步提升产业支出。加大产业资金投入力度，通过加强资金整合优化以及新增财力、地方政府债券资金进一步向产业支出倾斜等手段，逐年提高产业支出在公共财政支出中的比重；深化财政体制机制改革，制定出台市与区县财政体制调整方案，建立健全市域内税源企业迁移管理机制，推动区域错位竞争、融合发展；鼓励集中采购机构及采购人向中小企业倾斜，对本地优势产品和服务实行定点采购。

二是进一步强化资本引导能力，构建财政资金与金融资源、社会资本之间的系统联动机制，聚力重大产业项目、战略性新兴产业以及创新创业企业，逐步形成“重大项目带动、产业集群发展、产业基金支撑”的产融一体化发展模式。同时，强化基金市场化运作，研究完善财政投入退出机制，确保财政资金滚动投入、持续增效。另一方面，坚持“投引”结合，积极探索创新财政资金多种引导模式，通过产业引导基金、股权投资、深化财政金融互动等方式，不断做大做强财政资金杠杆能力，增强“壮大贷”“科创通”“农贷通”等对产业资本吸附能力，多渠道多领域撬动社会资本支持产业经济发展。

（三）降低企业成本负担

降低企业成本负担是指落实各项税收优惠政策，服务企业发展和促进创新创业。一是持续激发市场主体活力，扩大小微企业所得税优惠范围，充分落实企业改制重组、兼并重组中的税收优惠和扶持政策。二是从服务创新驱动发展战略，促进创造新技术、培育新业态和提供新供给出发，积极落实支持科技成果转化的税收政策，落实提高科技型中小企业研发费用加计扣除比例、股权激励递延纳税和技术成果投资入股税收优惠等政策。三是对公司制股权投资企业符合西部大开发政策的，按规定执行15％的企业所得税税率；对合伙制股权投资类企业不执行企业合伙事务的自然人有限合伙人，其从有限合伙企业中取得的股权投资收益，按“利息、股息、红利所得”应税项目适用20％税率缴纳个人所得税。四是支持企业依法落实税收“减、免、缓”的各项政策，企业因改制而需要补缴企业所得税等税收，可按照法定程序向税务机关提出延期缴纳税款申请，经核准后在规定期限内可以暂缓缴纳相关税款。

第二节　发展新经济，培育城市发展新动能

2017年是成都“新经济元年”。在全市新经济发展大会上，成都做出了依靠发展新经济培育新动能来推动城市转型的战略抉择，旗帜鲜明地提出了聚焦“六大新经济形态”“七大应用场景”，加快打造最适宜新经济发展的城市。历经三年的创新开拓，2019年底新经济营业收入突破4000亿元，新经济活力指数、新职业人群规模均居全国第三，新经济已成为城市高质量发展的强力推动者。

一、以场景营城思维释放城市发展新动能

场景是未来城市的基本构建单元，不同的资源要素组合形成了不同场景，不同的场景组合又形成不同的城市形态。随着我国经济步入新常态，场景构

建逐步成为城市运营质效提升的逻辑起点，场景营城的理念也应运而生。以城市运营场景化提高城市治理能力和水平、释放城市发展机遇，成为未来城市发展的重要选择与活力之源。通俗讲，场景营城就是通过使用新经济应用场景、创造新经济应用场景来经营城市的一系列活动。具体而言，就是调动城市发展中的运营主体、运营工具和方法、运营客体、运营效能等要素，通过场景识别、场景收集、场景分析和聚类、场景应用和场景创造等一系列活动，推动城市功能优化升级，促进新经济快速发展迭代。

一是场景的识别和聚类。实现场景营城，使场景与城市的生产生活有效融合，就要在城市发展中布局足够的场景。2020 年 3 月首次发布的 100 个新场景，大多属于产业级细分场景。城市运营的主体包括民众、企业、产业（行业）和政府，因此可以从不同的主体活动空间对新经济应用场景及其核心功能进行识别并收集，也可以从技术应用等视角进行场景及其核心功能的识别和收集。由于收集的场景功能不同、特征不同、类型不同，还要将收集的场景进行规范化并用统一的格式进行数据描述，以及相应的聚合分类。在此基础上，根据创新性、商业性、社会效益、可复制和示范价值等不同评价标准开展场景分析，并支持新技术、新业态、新模式融合创新的市场验证，通过评估市场前景与高效利用场景存量，加速新场景在市场中的成熟，帮助企业创新产品（服务）寻找更适合的市场。

二是场景的应用和创造。依据城市发展的需要，编制应用场景规划和年度供给计划，将筛选后的场景定期通过平台统一发布，建立常态化的应用场景发布机制，并对已发布的场景清单进行动态调整和适时更新，为有相应需求的城市运营主体提供供需对接平台，各类主体根据自身需求获取场景资源或提供场景服务，将应用场景转化为市场机会，并和城市生产生活相结合打造应用场景示范。通过各城市运营主体与新经济场景的深度互动产生场景裂变效应，即由若干个已成熟的新场景带动产生跨行业、跨领域、跨层级的多个创新应用场景，这些新产生的场景又将被征集、发现、应用和丰富已有的应用场景，实现场景再生，形成场景营城的全流程闭环。

二、以场景建设带动新经济新业态发展

与各地发展新经济培育新动能的做法相比，场景营城是成都发展新经济增强新动能的一招先手棋。成都实践中的做法主要从“城市级、产业级、企业级”三个能级层次展开：在城市层面，场景是新时代城市转型与社区治理的实践空间；在产业层面，场景是推动新经济活动爆发的生态载体；在企业层面，场景是推动新产品新技术新模式规模化的应用平台。

一是通过城市级场景释放新经济发展战略机遇。围绕西部国际门户枢纽、中国（四川）自由贸易试验区、国家数字经济创新发展试验区、国家新一代人工智能发展试验区、公园城市示范区等国家战略，以及国际消费中心城市、三城三都、成都东部新区、成德眉资同城化、中日（成都）城市建设等省市建设目标和机遇，持续开放城市级场景，编制发布机会清单，以市场为主导，将城市发展需求明确为可感知、可视化、可参与的商业机会，构筑起社区发展治理新优势，不断夯实城市发展的新竞争点与内生动力。公园城市是最大的城市级场景之一，也是打造城市级场景的重要体现。由绿道串联生态区、公园、微绿地形成城乡一体、全域覆盖的绿化体系，以天府绿道、龙泉山城市森林公园、兴隆湖水生态治理、“三治一增”等作为重要支撑和抓手已成为建设公园城市的“成都模板”。着力营造以智慧智能为基础的社区场景地图，打造集合多种信息的社区基底数据库；着力营造以科创空间为形态的社区生产场景，以科创空间和微创智能工厂的形式实现以社区为单元的生产生活平衡；着力营造以多元体验为特征的社区生活场景，打造具有复合功能的社区服务设施体系；着力营造以创业平台为载体的社会机会场景，推动个体创业需求与社区服务供给零距离对接。

二是通过产业级场景来创造产业裂变的市场机会。以产业生态圈和产业功能区建设为载体，规划高品质科创空间，推动新经济与实体经济深度融合，构建高技术含量、高附加值的新经济产业体系。在产业发展实践中，依托城市未来场景实验室，持续挖掘新技术、新产业、新模式与新业态，将技术应用和产业裂变作为培育新经济发展的源动力，从而推动形成全新的城市经济

形态。在产业级场景实践中成都整合优势资源，探索5G在文创、大健康、智慧城市等垂直领域的融合应用，通过打造“5G+”生态体系，促进新经济发展。重点实施5G网络视听、5G大健康、5G智慧旅游、5G智慧消费等工程，加快构建产业、生活、消费等特色的5G应用场景，促进新技术推广应用、新业态衍生发展、新模式融合创新、新产业裂变催生，形成具有比较优势的多元化5G产业融合发展体系。

三是通过企业级场景加速产品创新的成果变现。搭建具有鲜明新经济特色的产业生态圈与创新生态链，以企业创新产品为基本单元和核心内容，以产品创新推动企业数字化转型，以企业转型推动整个产业提档升级，加快形成种子企业、准独角兽企业、独角兽企业梯队，支持新经济企业抱团发展，推动企业创新成果加速变现，提升市场核心竞争力。在搭建企业级场景方面，成都为创新型企业提供机会，鼓励企业研发新产品提升人民群众生活品质。以中国天府农业博览园为例，以农业为核心促进多领域跨界融合，通过搭建科技农业、休闲农业、文创农业等多领域融合应用场景展厅，以及新型农业产品交易平台和现代农耕文化体验基地体验区等，搭建现代农业发展新场景，为农业和新技术、新业态和新模式间结合搭建桥梁，促进现代农业新产品的推广应用与企业转型升级。

依托“场景项目化、机会清单化”，历经这几年渗透融合，新经济已成为城市高品质生活的重要创造者，网络零售额持续领跑中西部，网约车、共享单车等新消费指标全国领先，《王者荣耀》《哪吒之魔童降世》等“成都造”新文娱产品引爆全球，新经济引领下的公园城市彰显出优雅时尚的生活气息和文化气质，“数据+算法+算力”持续优化城市运行模式，城市大脑高效运转，城市治理更智慧、更现代。

第三节　建设国际消费中心城市，不断提升城市辐射能级

国际消费中心城市是消费资源的集聚地，更是一国乃至全球消费市场的

制高点，对于促进形成强大国内市场、增强消费对经济发展的基础性作用、更好满足人民日益增长的美好生活需要具有重要意义。2019 年 12 月，成都举行了建设国际消费中心城市大会，明确提出建设国际消费中心城市的政策决策和三步走发展的目标。在《2020 年成都市人民政府工作报告》中，成都更是提出要聚力打造国际消费中心城市，这标志着成都正在奋力从中国西部消费中心、西南生活中心城市向国际消费中心城市迈进。

一、 积极打造全球消费资源聚集和配置中心

早在西汉时期成都就成为南方丝绸之路的起点，唐宋时期就已设有专门的蚕市、花市、药市等分类市场，更诞生了世界上最早的纸币——交子。千百年的商业发展史孕育了成都特色的消费文化。之所以能够在全国率先谋划建设国际消费中心城市，是因为成都准确把握住了供给侧结构性改革带给城市发展的新机遇，通过营造消费场景与生态，以消费发展提振经济发展，推动城市产业体系升级转型，不断提升城市的能级供给和辐射引领能力。

一是确立消费对城市经济发展的主体支撑作用。在后工业化时代，繁荣的消费市场能够吸引区域内外的资源和要素加速流入，进而拉动商业设施建设投资，带动交通和物流基础设施建设，促进消费流通领域供给侧改革不断深入。同时，通过城市功能和消费市场的进一步细化与细分，促进商业形态从传统的消费场所向社交消费中心转型，引领商品和服务供给的品质提升，形成竞争有序的市场体系，为城市经济的可持续增长和发展提供动力。

二是坚持以人民为中心的城市发展思想。国际消费中心城市的建设，不仅为城市发展带来巨大的增量，还是满足人民群众日益增长的消费需求和多元化消费需求的关键之举。通过打造地标商圈、特色街区、文化风尚等消费场所，扩大消费规模，提升消费品质；通过发展定制消费、线上消费、绿色消费等新型消费模式，促进消费升级；通过推动消费流通基础设施建设，创建便利、快捷、安全、放心的消费环境。这些必将会大大促进社会民生事业发展，有力推动高品质生活宜居地的建设。

三是实现消费升级与城市开放协调发展。国际消费中心城市的建设，有

利于激发现有产业体系加快向服务化、高附加值方向转化，带动通讯、金融服务、科技服务、法律服务等产业部门转型。同时有利于积极对标国际标准，放宽市场准入，构建国际消费供应链、价值链体系，营造国际化、便利化、法制化的消费环境，在全球范围内配置资源，推动成都形成引领西部地区扩大开放，创新国际合作模式，建设现代化国际化大都市的重要平台和功能载体。

二、 以新发展理念引导国际消费中心城市建设

积极借鉴国际国内先进城市经验，主动对标国际标准，充分发挥首创精神，将国际消费中心城市建设落实到具体工作和项目中。

一是坚持创新发展，积极聚集优质消费资源。通过放宽服务业准入标准，加快引进国内外品牌的首店企业，支持企业新品在成都全球首发和品牌企业开设首店；实施“成都品牌”提升计划，支持企业搭建品牌研究、技术研发平台，创建一批具有影响力和竞争力的品牌企业；建设新型消费商圈。重点建设提升春熙路时尚活力商圈、交子公园商圈等地标性、都市级高端商圈，加快建设天府奥体城、空港新城、西博城、天府总部商务区商圈等功能错位的区域级商圈；建设宽窄巷子、锦里等天府锦城与传统历史文化特色街，音乐坊等时尚文化特色街，香香巷等休闲美食特色街，大川巷等公园闲逸特色街区。

二是坚持协调发展，积极推动消费融合拓展。重点建设成都大熊猫繁育研究基地、熊猫家园，加快推进熊猫文创演艺博览小镇、主题酒店聚集区、精品植物博览园、农业农庄景观区等熊猫文旅项目建设；打造锦江公园、龙泉山城市森林公园、龙门山自然生态公园等示范公园，建设天府奥体城、东安湖体育公园、凤凰山体育公园等赛事场馆；加快文化旅游、品牌赛事、电子竞技、运动旅游、康养度假、医疗美容等业态融合发展。

三是坚持开放发展，精心打造消费时尚风向标。营造金沙演艺综合体等演艺场馆、独立书店、咖啡馆等多元立体的创意文艺空间，推进 AI 创新中心、数字文化产业园、新川创新科技园等项目建设；引进具有世界影响力的

前沿品牌展会、国际赛事活动、国际消费节会等高端消费活动；依托中国—欧洲中心、中德中小企业合作园等建设国际消费合作平台，布局全时段服务国际消费的航空客货运战略大通道，加强数字信息通道建设和国际消费供应链体系建设。

四是坚持共享发展，全面完善消费促进机制。完善社区生鲜超市等基本生活服务和无人货柜等新型智慧服务建设，加快补齐教育、医疗卫生、文化、体育等公共服务设施供给短板；依托“天府市民云”“蓉易办”等平台，探索市民“云授信”方式，完善入境游客移动支付解决方案、144 小时过境免签便利化和离境退税服务方案；试点推广商圈和特色商业街的负面清单城市管理制度，优化大型促销、新品发布活动审批流程和节庆活动安全许可报批程序。

第四节　创新制度供给，建设优商重商亲商的标杆城市

一个城市的制度环境和营商环境就像空气、水对于生命体一样，是企业产业生存壮大和城市创新发展的基本生态。城市的竞争力取决于硬环境，包括基础设施、产业基础、要素市场等等，但归根到底是决胜于城市的制度和营商环境。为此，2018 年 11 月召开的成都市民营经济健康发展大会明确提出，把创造一流的城市营商环境作为“头号工程”，努力建设与城市经济规模国际排名相称的营商环境。

一、全力打造具有竞争优势的要素市场

首先是着力提升公共政策的稳定性。切实保持各项政策连续性，通过稳定政策来稳定市场预期；提高对改革创新和新生事物的执法容忍度，一以贯之地落实国家对企业产权保护各项规定，切实维护各类企业在蓉合法权益。强化体现国际水准的政策服务供给，加强对外开放政策的系统集成和实践创新，定期发布外企投资白皮书，全力争取国家级服务业扩大开放综合试点，持续提升政策可及性、稳定性和有效性。其次是提升行政行为规范性。加快建立以投资自由化为目标的市场准入制度，开展市场准入限制专项清理；完

善行政审批事项目录清单、政府行政权力清单、行政事业性收费目录清单、政府部门专项资金管理清单、投资审批负面清单等五张清单并向社会公开；依法放宽银行类金融机构、会计审计等领域外资准入限制，支持民营资本有序进入医疗、养老、教育等民生领域；建立健全自贸试验区重大事项法定听证制度和行政咨询体系，积极引进国际性法律服务机构，探索建立“一带一路”国际商事争端解决机制，大力推行外商投资企业知识产权保护直通车制度；强化链接国际网络的通道服务供给，依托“空中丝绸之路”“国际陆海联运”双走廊和成都国际铁路港建设“蓉欧＋”战略示范区，着力建设面向全球、服务“一带一路”的供应链枢纽城市和供应链资源配置中心。

保障传统要素，重点是降低成本提高便利性。一是着力缓解融资难、融资贵问题，搭建“5＋2”民营企业全生命周期投融资服务体系，支持银行机构对符合条件的小微企业开展壮大贷、科创贷等金融产品创新，推动本地企业进军资本市场，扩大直接融资。二是着力降低企业用地用能成本，推进以产出为导向的土地资源配置制度改革，实行工业用地弹性供应。全面提升用水、用电、用气接入便利化水平。三是着力降低企业用工成本，落实降低社保缴费名义费率的政策，通过返还失业保险费、给予社保补贴等保障企业稳定用工。

保障新兴要素，重点是降低门槛提高可得性。一是围绕产业链聚集创新资源；全力争取国家重大科学基础设施在蓉布局，引导高校院所人才、学科、平台和智力更好服务民营企业转型升级。二是围绕缓解人才之缺建设国际人才高地，支持民营企业与在蓉大学合作创建专业性学科和建立合同制培训机制，推进职业技能提升和创新人才梯队培养。三是围绕产业应用开放数据资源，推进信息资源社会化开放利用，支持企业和社会机构面向行业应用构建专业大数据服务平台，形成以数据平台为核心的产业加速器。

二、 全力建设国际化营商环境先进城市

2019 年出台的《成都市深化营商环境综合改革 打造国际化营商环境先进城市的行动方案》明确提出，2020 年底以企业为中心的全生命周期服务水平

显著提升，力争涉企事项网上可办率达100%，办理时限压缩50%以上，各领域营商环境指标全面进入国际先进行列，在全国营商环境评价排名中位居前十。

一是推进营商环境“四化”建设，夯实发展根基。以国际化为目标，对照世界银行国际营商环境评估标准体系进行自我检视，建立完全符合国际规范的灵活高效的开放管理体制，推动营商环境“革命性再造”；以市场化为基础，坚持消除各类不合理限制和壁垒，推动普遍落实“非禁即入”，聚焦企业全生命周期服务，激发市场活力；以法治化为保障，高标准建立以提高企业安全感为导向的合法权益保护制度，高标准建立以包容创新、审慎执法为理念的市场监管制度；以便利化为重点，深入推进“放管服”改革，实现审批最少、流程最优、效率最高、服务最好。

二是优化五大营商环境，推动体制机制创新。聚焦科技创新全链条需求，建立创新创业生态、知识产权保护运用、优化科技成果转移转化服务、培育新产品新模式新业态应用场景、完善人才评价激励机制、推进包容审慎监管等六个方面服务体系；着力优化政务服务环境，着重从全面提升网络理政效能、大幅压减企业开办时间、全面推进企业简易注销等工作着手，推动政务服务质量和效率持续提档升级；深化要素供给侧改革，着重通过减要件、简环节、优流程、压时限等方式，提升企业获得生产要素的便利度；深化贸易和投资自由化便利化改革，以全面提高市场开放度、推进跨境贸易便利化两项工作为重点，加快建设内陆开放经济高地；深化产权保护制度改革，着重从严格依法保护产权、完善社会信用体系建设、构建亲清新型政商关系入手，打造适应企业健康成长的国际化权利保护典范环境。

三是发布10个配套行动计划，增强企业发展活力。分别以世界银行《营商环境报告》中的11个商业监管指标为依据，着重从人才安居、劳动力市场管理、企业简易注销登记、纳税、不动产登记、获得信贷、用电用气接入、跨境贸易、执行合同、损害营商环境行为问责等10个方面发布行动计划。这在全国属于首创，以此来进一步激发国际国内企业到蓉投资的积极性和主动性。

三、 建立全生命周期的政策服务体系

大力倡导尊商重企、崇尚创新创造的良好风气，让优秀企业家在社会上有地位、政治上有荣誉、事业发展有舞台。二是提升企业家代表人士的政治待遇，鼓励优秀企业家在群团组织和社会组织兼职，常态化邀请民营企业代表人士参与重大经济政策或决策听证会，为重大经济部署献计献策。三是树立积极向上的舆论宣传导向，主流媒体持续跟踪报道各地各部门主动服务企业的新鲜经验、先进典型。四是建立健全企业家荣誉制度，每年发布“成都百强民营企业”，定期对优秀企业家和杰出创业者进行表扬奖励。五是营造鼓励创新宽容失败的良好风气，对企业合法经营中出现的失误失败给予更多理解、宽容、帮助，最大限度调动企业家干事创业积极性、主动性、创造性。

面对新变化新特征新趋势，唯有以新发展理念为纲，牢牢把握精准原则，坚持实效标准，主动对接不同发展阶段产业企业实际需求，全面构建全生命周期政策体系，加快形成企业梯次发展、竞相跨越的良好格局。一是支持初创型企业扩量提质发展，推进大学生创业俱乐部和创业园建设，支持高校院所科技人才创业；深化职务科技成果混合所有制改革，鼓励高校院所在人才流动和市场化激励等方面创新突破，完善引进人才社会保障、配偶就业等服务机制；鼓励支持新经济主体创业，实施“互联网＋”小微企业创业创新培育行动，高水平建设国家双创示范基地，打造更多国家级众创空间，为企业提供创业辅导、市场开拓、设备共享等全方位服务。二是支持成长型企业“专精特新”发展，着眼专业化推动企业协作配套；支持企业完善信息对接平台和双向激励机制，推动形成专业化协作配套关系；着眼精细化推动企业提升品质，支持企业应用新技术、新工艺、新装备、新材料，引导企业推行全面质量管理；着眼特色化推动企业塑造品牌，加强民企名牌产品宣传推介；着眼全球化推动企业聚力创新，支持民营企业全球化运用创新资源，支持以民企为主体联建新型研发机构、国家重点实验室等，推动民企参与海内外技术交易平台建设。三是支持领军型企业加快跨越发展，支持领军型民企跨行业、跨地区、跨所有制发展；探索设立并购基金，推动领军型企业以资本运

作、供应链整合等方式跨行业联合重组，引导企业整合产业链供应链和跨行业跨领域兼并重组，培育若干主业突出、核心竞争力强的大型企业集团；支持跨境企业建立产业联盟抱团出海，建立国企混合所有制改革分类清单，支持民企通过多种方式参与国企混合所有制改革，推动民企和国企优势互补、发展共赢。

第五节　创新城乡社区发展治理，推动城市治理体系和治理能力现代化

社区是城市市民的生活家园，也是城市生活的基本单元。社区治则民心顺、社会稳、城市安。党的十九届四中全会围绕“坚持和完善中国特色社会主义制度、推进国家治理体系和治理能力现代化”的议题做出一系列重大部署，开辟了“中国之治”新境界。面对现代社会经济高度组织化和社会高度分散性的特征，为应对人口分布高集聚性、文化结构高异质性、生产要素高流动性、社会管理高风险性的阶段性特征，成都坚持以新思想引领城市发展方向，以新理念统揽城市工作全局，初步建立了党建引领城乡社区发展治理的体制机制，持续巩固了党在大城市的群众基础，让2100万人口在成都生活安逸幸福。

一、突出社区治理在城市发展中的重要地位

中共成都市委高瞻远瞩，将加强城乡社区治理作为城市经济社会高质量发展的重要抓手，从根深蒂固的基层治理问题入手，根植社会治理中最敏感的单位社区，把社区治理与城市的发展紧密结合在一起，开启了以社区治理有效推动城市治理，以社区治理撬动城市高标准建设的新征程。切实发挥出党统揽全局、协调各方作用，把党的政治优势、组织优势转化为社会主义大城市治理的新优势。通过党委下设置专门部门强化顶层设计，加强制度统筹、工作统筹、机制统筹，把分散在党政部门、社会各领域的力量整合起来，把更多的资源、服务和管理下沉到城乡社区，推动社会治理重心下移，增强城

市发展动能，探索形成党领导基层治理的新体制新机制，不断提高城市治理的效能。

深刻把握城市发展与城市治理的辩证关系，一个城市的发展，需要跳出城市本身，在大的布局中寻找机会。过去，经济增长、城市空间演进和城市社会管理、生态建设等工作往往都是相互独立的。近年来，随着党中央强调用系统论方法解决城市问题的要求越来越强，城市也开始认识到经济发展和社会治理如同一枚硬币的两面，彼此关联，互相影响。所以，要把高质量发展作为解决所有问题的关键之举，把有效治理作为推动善治良序的必然选择，实现二者良性互动、相融互促。坚持建设现代城市、实现现代治理的战略指向，注重发展与治理一体推动、同向发力，以城市发展为有效治理提供物质基础，以有效治理为城市发展创造良好环境，推动高质量发展与高效能治理同频共振。探索建立以职能归位为重点的联动推进机制，厘清基层行政事务和社区自治事务、政府委托事务和社区自治事务职能边界，推进社区还权赋能，构建"政社互动"新模式。狠抓重点项目建设，建设高品质宜居生活社区，改革民生工程实施机制，发挥多元主体的积极性和智慧，共建共治共享，构建包容和谐的居民生活共同体，构建宜居、有活力、可持续发展的美好城市。

二、 坚持以人民为中心的城市治理方向

首先，牢牢把握住社区治理中的核心要素——"人"，坚持以人民为中心的发展思想，从人对美好生活的需要入手，通过创新供给内容和供给方式，为居民提供与其需求相符的高质量治理服务。其次，基于人的社会属性，从社会治理末梢的社区单元着手，建立健全社区公共服务设施，推进社区公共空间的更新、邻里关系的营造。再次，基于人的复杂属性，积极构建社区平安、互助、友善的社区空间共同体，充分满足居民参与社区治理的多重角色和多方位需求。最后，基于人的参与属性，从创新机制出发，进一步加强基层党建引领，提高民众社会事务的参与意识与参与质量。总之，坚持以人民为中心的发展思想，在城市层面就是要始终坚持人民城市人民建、人民城市

人民管，组织动员市民群众积极参与城乡社区发展治理，实现城市的共建共治共享，推动城市发展取向由以GDP为中心向以人民为中心转变，探索创新多方参与共建共治共享的机制，激发居民的社区共同体意识，确保基层治理的规范有序与充满活力。

人才集聚和城市的高质量发展互为因果。要利用城市美学、丰厚的文化历史底蕴，通过天府文化、魅力休闲之都等名片积极吸引海内外产业人才，通过构建从产业社区到国际社区再到人才社区的多层次体系，利用精准的公共服务和温馨包容的社区生活共同体，来充分调动各方参与城乡社区发展治理的积极性、主动性和创造性，不断提速城市治理体系的现代化进程。在社区治理创新的实践中，应针对社区居民的年龄、职业、性别、国籍（民族）等维度进行分类研究，精准把握不同类型社区人群的差异化需求和潜在需求，通过居民访谈、群体会议、居民行动等渠道广泛搜集民意和识别需求，为社区空间建设出谋划策，形成长者空间、连心驿站、社区书馆、风雨长廊、休闲广场、露天凉亭、社区花园、可食地景等室内外公共空间，努力创造出社会主义大城市现代化治理的成都样本。

三、坚持以人为本，重塑社会结构

与城市空间具有物质形态的基本特征不同，社区空间与社区生活更属于社会形态的范畴。推动实现“以人为本”的城市发展，说到底就是要按照人的需求、感受、尺度及社会关系来组织、建设和治理城市。社区是城市生活的基本单元，其中的治理问题最为集中，居民需求的变动也最为敏感。过去的几年间，成都探索形成了以党建为引领，充分激活社会多元化主体积极性和参与度的新机制，重塑了城市生活的社会结构。

第一，党组织领导下的“一核多元、合作共治”社区治理机制，进一步增强了党的影响力、凝聚力和向心力。同时，通过建立全覆盖的治理组织网络，形成了更为规范的运行机制，以及形式多样的治理载体和全方位的社会保障体系，让基层党组织的政治引领和服务群众功能得以充分发挥。此外，通过激发社区自治组织、社会组织、居民个体等主体的能动作用，强化了社区的自治与自我服务功能，在社区居民中汇集了“多元主体、多元平台、多元服务”的多元共治合力，增强了社区发展与治理的内生性动力。

第二，注重差异性，形成治理有效的工作机制。中心城区在社区运行机制上积极探索，分别以社会企业、社区教育、社区创意中心或者智慧社区为社区治理的关键词，形成各具特色的社区治理模式。其他区县结合自身资源条件，在推动机构改革、建立职能清单、城市有机更新、社区公共事务协商自治、社区规划师制度等不同领域，积极创新社区的工作方法。同时，利用文化活动中心引入社会资源，丰富辖区内的居民文化生活，进一步营造浓厚的邻里氛围，强化居民社会认同，创建“熟人社区”，从而实现自下而上的社区参与、居民自助互助和社区文化重建，以此作为实现多元共治的理念先导和精神统领，为存在不同利益甚至利益矛盾的各种主体实现集体行动、平等合作提供条件，让一座高品质宜居公园城市成为全市人民对美好生活向往的城市发展共识。

第八章

推动城市高质量发展的空间样本

——以成都市高新区为例

高新技术开发区是我国经济和科技体制改革与城市空间演进的重要成果。它是以智力密集和开放环境条件为依托，通过实施高新技术产业的优惠政策和各项改革措施，把科技成果转化为现实生产力而建立起来的集中区域。在新的历史时期，高新区的产业发展已不再是单纯谋求区域内外的体系和规模优势，而是要在数字化和智能经济的开放时代中，以全面创新为基础加快培育新兴产业的发展优势与形成全球竞争力。作为成都产业发展的主战场与成都改革开放的“领头羊”，成都市高新区把发展的基点牢牢放在创新上，以产业集聚与空间重塑来提升城市综合承载和资源优化配置能力，实现了依靠创新驱动、发挥先发优势的引领型发展。

第一节　推动产城融合，促进产业集聚发展

成都市高新技术开发区（以下简称“高新区”）筹建于1988年，1991年获批成为全国首批国家级高新区，2006年被科技部确定为全国创建“世界一流高科技园区”试点园区，是四川省全面创新改革试验区和自由贸易试验区的核心区。现有托管和共建面积657平方公里，2018年实现地区生产总值1877.8亿元，占成都生产总值的比重达到12.2%，占全省的比重为4.6%[1]。在传统需求空间日趋饱和、资源环境约束加大、新增动力不足与全球技术-经济范式交替的大背景下，勇担国家创新发展使命，深化改革再出发，凝心聚

① 数据出自《成都统计年鉴2019》，中国统计出版社，2019.

力建设国家高质量发展示范区和世界一流高科技园区，是 120 多万成都高新人不变的初心与担当。

一、 以打造产业社区破解产业功能区建设的瓶颈

与传统意义上的开发区、产业园区不同，产业功能区将市民需求、空间优化与产业发展有机结合在一起，通过深化城市空间上要素、生产和生活之间的技术经济联系，塑造以主导产业为依托的有效产业生态和创新氛围，从而推动城区竞争力与区域影响力的不断攀升。因此，产业功能区并非把以往的产业园区换成了一个新概念，而是要从根本上改变注重发展产业但忽视城市建设的传统模式，是新时期推动城市经济组织方式转变的一次革命。

从宏观视角来看，随着中国经济进入新常态，各地尤其是各个超大城市的竞争中，万亿级体量的产业开始成为城市赛道上的新目标。以电子科技大学为核心，以高新西区和郫都区为两翼，建设总规划面积为 121.4 平方公里的成都电子信息产业功能区，因其规模和重要性被列为全市 66 个产业功能区之首，是城市重点规划打造的首个万亿级产业功能区。如何在保持高强度投资和项目建设的同时，大力营造新的产业、创新、生活和政策生态，是产业功能区开局成势的关键。

2019 年 11 月 23 日，在“党建引领城乡社区发展治理·成都论坛”上，高新区提出按照 3～5 平方公里的空间尺度，在全域规划建设 18 个重点产业社区。其中的电子信息产业功能区计划分为 6 大产业社区，按照“一个产业社区一个特色主题”的思路快速破题，先行建设集成电路、清水河无线创智、新型显示三大核心产业社区。以清水河无线创智产业社区为例，根据西区从业人员年轻化、受教育程度高等特性，计划打造“15 分钟生活圈＋15 分钟工作圈”，细分“1 个大学型工作圈＋1 个生活圈＋1 个科技型工作圈”的产城融合单元，依托西南地区第一个国家级“芯火”双创基地，加快产业性基础设施和城市功能的投资建设，形成教育、医疗、文化、生活等高水平配套的“人城境业”融合发展新城区。

宽敞明亮，现代感、科技感十足，这是“芯火”双创基地带给每一位来

访者的第一印象。据了解，该基地设有功能区展厅、EDA设计平台、测试平台、人才培训室、孵化器等功能板块，未来将打造由集成电路原始创新促进服务中心、集成电路产业技术研究院、集成电路设计技术综合服务平台、集成电路人才交流投资服务平台构成的架构体系，汇集国家高层次人才不少于200人，完成关键技术研发不少于100项，累计科技成果产业化项目不少于500家，推动形成区域内外的“芯片—软件—整机—系统—信息服务”的产业生态体系。在它的周围，与集成电路并称为“一屏一芯”的新型显示产业也在悄然发力，成都路维光电产业园已正式开园，如期实现了一条8.5代和一条11代的光掩膜版生产线投产目标；以京东方为龙头，现已聚集包括上游原材料、中游显示面板及模组、下游终端应用在内的京东方、出光兴产、LG化学、业成天马等大批企业，涵盖从研发、生产到终端应用和品牌建设的新型显示产业链也已初步建成。

不仅如此，高新区还积极推动电子信息产业功能区与企业等机构的深度融合，积极促成电子科大与京东方共建联合研究院、与华为共建联合实验室，成都职业技术学院还与京东方共建人才培养基地，形成产业与人才发展共同体。同时，进一步深化与电子科大的产学研合作，通过组建工作推进小组、共设人才发展基金、引入“产业教授”等方式，推动科研人员以企业需求为导向走出实验室，推动科技成果的商业化产业化转换，以技术创新和产品创新加快融入全球电子信息产业链的高端和价值链的核心。仍以清水河无线创智产业社区为例，以华为成都研发基地为龙头，社区将重点建成国家级无线众创空间，吸引人工智能产业研究院、华为未来技术创新中心等机构入驻，逐步形成以电子科大（科技创新）—无线众创空间（创新孵化）—华为成都研发基地、华为未来技术创新中心为轴的全生命周期创新链。在推动高附加业态产业平台建设的同时，对照社区从业人员年轻化、受教育程度高等特性，积极打造宜居舒适的生活场景，营造绿色健康的公园生态。

清水河无线创智产业社区是高新区产业功能区建设的一个缩影。在全区的层面上，以打造产业社区为抓手，正在加快推进教育、医疗、文化、生活配套服务的高标准设施建设。电子科大实验中学致力于探索“大学与中学融合”，让师生同等享受电子科技大学图书馆、体育场、游泳馆等教育教学资源及生活设施，共享高校哲学基础、机器人与人工智能、数学建模等选修课程以及各类科普讲座、成长分享；成都上锦南府医院拥有医疗卫生技术人员千余人，与华西医院实行了医疗、教学、科研一体化运行管理，制度、标准、规范、流程均与华西医院保持一致；在产业社区将规划配置专家公寓，新建具有图书阅览功能的社区综合体，完善产业社区功能布局等等，围绕“产业特色鲜明、区域边界清晰、体制机制专业、功能配套完善、区域识别突出”的建设主题，打造宜居舒适的品质生活区。

二、 以培育共建促进产业生态加快集聚

当今各地的产业发展之争，正在从产业规模聚集的竞争升级为研发型企业和人才之争。一个具有广阔市场前景的优质企业为什么会落户西部，说到底是因为有适合企业创新的产业生态，有宜居的城市品质，有为企业着想的政务环境。2020 年 4 月 16 日，成都先导药物开发股份有限公司登陆科创板。作为诞生、成长于高新的高科技生物企业，成都先导在短短 8 年内建成超过 4000 亿种化合物的 DNA 编码小分子化合物库，跃居全球药物发现领域的领先队列。对成都先导的创始人李进来说，8 年的时间见证了这位年过半百的创业者的筑梦之旅，由此也可窥见高新区建设世界一流高科技园区的发展历程①。

2012 年，49 岁的李进辞去阿斯利康化学计算与结构化学总监、全球化合物科学主任职位，带着一份创业梦想和“DNA 编码小分子化合物库合成与先导化合物筛选创新平台”项目计划书，回到他年轻时读书的成都，开启了一段满怀信心而又挑战重重的创业征程。一方面，成都高校云集、人才众多，加上有华西等著名医院和一些大型药企，同时政府对发展生物医药行业非常支持，众多因素给了他回成都创业的巨大信心。另一方面，药物发现是新药创新的源头，但在研发流程愈发复杂、研发成本不断上升、大企业设定的专

① 吴怡霏，刘泰山．科创板西南第一股成都先导昨日上市［N］．成都日报，2020－04－17.

利悬崖等多重压力挤压下，如何在较短时间内组织起一个具有高度专业化和丰富临床研究经验的研究团队，并迅速把新兴技术转化为企业发展的动力源，是当时摆在李进面前的最大难题。

今天，李进再回忆起创业起步的艰辛时，仍忘不了当初对多地进行实地考察的经历。成都虽然和上海、苏州比起来还很滞后，但有天府生命科技园的宏图、政府的政策支持、宜居的生活环境，他最终决定留下来。“还有一个重要考虑是，做生物医药的公司，一定要围绕大的医疗机构来做，真正地了解临床的需求。与华西医院更多的交流机会，也给我们的新药技术提供了更多选择机会。”正是基于这一判断，2012 年 2 月成都先导药物开发股份有限公司成立，3 个月就迅速建成 1500 平方米的高标准实验室，包括多个生物、化学实验室、化学试剂库等，并申报获得了高新区给予的场地、租金、装修等各项补贴支持。

事实证明李进的选择没有错。凭借 DNA 编码化合物技术的独特性和地方政府的大力支持，成都先导成立之初就迅速形成差异化的竞争优势，并相继得到跨国制药企业及国际生物技术公司的认可，与辉瑞、强生、默沙东、赛诺菲、武田制药等逾 100 家国内外知名企业建立了合作关系，为其提供 DEL 筛选服务。通过自主的创新研究，成都先导已开发出十余个处于临床前不同阶段的新药项目，并将 HDACI/IIb 项目成功推进至临床 I 期，新型第二代 TRK 抑制剂也获得新药临床试验批件。同时，针对新药漫长复杂的研发状况，成都先导更是创新了 CRO（合同研究组织）领域的商业模式，由客户根据新药研发阶段和进度付费。通过这一模式，未来随着项目推进，还可获取额外的收入和现金流。

2018 年 11 月，科创板设立的消息正式公布。在市经信局和高新区相关部门的支持和帮助下，“我们很快意识到这是个千载难逢的机会，用了 1 个月就正式决定在 2019 年冲刺科创板。如果说早期创业的时候，满脑子只想做新的技术，专注药物研发。那随着企业的发展，投资人的加入，投资者也需要考虑回报。先导的发展，本身就是一个很好的例子，证明成都高新区创新创业的环境和营商环境是相当好的”。李进用这样一段话来总结先科走过的 8 年风雨历程。"成都高新区的团队非常专业，政策明朗，服务到位。谈好的事情，成都高新区绝对会落实，承诺的政策也会主动兑现。上市以后，我们会继续深耕药物发现领域，让 DEL 技术能够为医药工业带来更多可成药的新分子，让药物发现和新分子应用的效率进一步提升，成本进一步降低，不断地推动项目研发和对外合作。"

与其一起共同成长的，就是依靠创新驱动不断实现发展跃升的高新区生物医药产业。2019 年，高新区生物产业规模第一次突破 500 亿元，医药工业的主营业务收入达到 243 亿元，新增亿元品种 11 个①。不仅如此，高新区和双流区还进一步创新产业与空间的合作机制，以建设天府国际生物城这一产业功能区为核心，先后出台加大优势品种扶持、发放和鼓励使用创新券、引导公共技术服务平台高效利用、激活创新链等系列政策，制定了鼓励校企合作、强化国际合作、支持创新成果转移转化、完善创新链等多个针对性措施。为破解新创企业融资难题，积极为企业上市搭建政务服务绿色通道，实施梯度培育和分类服务，并引导金融机构创新提供"股改贷"支持，持续助力企业发展壮大。

良好的产业生态吸引了世界 500 强吉利德科学、美国 500 强波士顿科学、美国 500 强艾昆纬等一批知名企业在这里加速布局。产业链筑基、供应链通路、创新链赋能、金融链助力，一个面向世界、加速融入国际社区、专业配套体系催化的生态圈建设初露端倪，一座围绕建设全面体现新发展理念城市主线的产业新城和现代化社区已蔚然成型。

三、 以共治共享跑出产业集聚加速度

"设施新，环境好，生活气息浓，非常国际化"。2019 年 12 月，当四川大学华西医院生物治疗国家重点实验室的苏丹教授造访高新区的生物产业功能区时，如是评价他对成都天府国际生物城的第一印象。2016 年，成都天府国际生物城从一张白纸起步，立志于在西部建成世界级的生物产业创新和智造

---

① 新浪财经. 寻找"西南科创板第一股"背后的城市逻辑［EB/OL］. 2020－04－16. https://baijiahao.baidu.com/s?id=1664131154004256928&wfr=spider&for=pc.

之都。经过两年多的规划与建设，第一家便利店开业、第一个人才公寓开放、第一家企业入驻、第一所小学开学、第一趟交通车通勤服务开通等等。在无数个“第一”中，成都天府国际生物城开始展露出美颜。

诺贝尔奖获得者巴里·夏普莱斯、罗伯特·胡贝尔、毕晓普、罗杰·科恩伯格，都与“天府国际生物城”建立了联系。“我参观过欧洲很多生物小镇，成都天府国际生物城虽然起步晚，但比较起来发展速度更快、规划更前沿，这里有很好的发展潜力。”2019 年再次造访成都时，罗伯特·胡贝尔曾这样形容天府国际生物城。到 2020 年底，天府国际生物城已引进项目 127 个，聚集诺贝尔奖团队 5 个，国家级院士团队 4 个[①]。

以最高标准对标国际先进水平，是高新区建区以来矢志不渝的追求目标。为聚焦产业功能区建设，更好促进“主题鲜明、要素可及、资源共享、协作协同、绿色循环、宜业宜居”的产业生态圈形成，高新区直面了产业发展传统模式的三大“痛点”：政府掌握土地、资金、政策等资源，却难以动态精准掌握企业需求，更难以持续专注于某一领域产业发展；企业熟悉产业实情，洞悉自身痛点，但企业间联络分散，缺少影响政府决策的渠道；社会中介资源丰富，但供需对接难、交易成本高，难以有效服务产业。于是，高新区积极倡导政府、市场、社会主体对产业功能区建设的多元参与，探索形成了“业界共治”的全新模式。

高新区相继成立了大数据和网络安全、网络视听与数字文创、5G 与人工智能、孵化载体、金融业、集成电路等业界共治理事会，形成由政府、企业界、市场、专家等多方参与、共同治理的主导和优势产业发展新模式，推动市场主体从被管理、被服务的对象转变为自我管理、自我服务的主体，提高资源配置效率，提升产业推进和企业服务专业化水平。在职能上，由业界共治理事会牵头制定产业规划，政府部门负责实施规划；由业界共治理事会牵头制定产业政策，政府部门审定后兑现政策；由业界共治理事会对重大项目招引等给出专业评价报告，政府部门将之作为项目沟通洽谈的参考；由业界

① 成都高新区党群工作部. 成都高新：以专业为引 以卓越为标 建设产业功能区［EB/OL］. 2019-12-13. https://www.sohu.com/a/360166225_356458.

共治理事会为企业提供资源导入、资本链接等专业服务，政府部门给予政策支持，形成与相关部门相互支撑、职能互补、合作共赢，共同推动政策、技术、资本等各类要素向创新创业的集聚。

2020年2月8日，中央电视台《新闻联播》推出系列报道《高质量发展基层调研行》，首篇就聚焦成都，以京东方成都生产基地为切入点，介绍成都电子信息产业功能区转变发展思路，聚焦龙头企业需求，精准招引上下游企业，通过精准招商和企业培育而形成产业集群的成效。报道认为，创新性地建设产业功能区，通过发挥协同效应，做优产业集群，提升产业链上企业的竞争力，激发整个经济发展动力，是成都连续11个季度经济增速保持8%以上的重要原因。在激烈的产业竞争中，惟创新者进，惟专业者强，惟卓越者胜。正是靠着集智聚力，高新区才能在产业功能区的建设中合力跑出加速度。坚持“独立成市”理念，一方面按照主导产业符合度及企业效益状况对企业进行分类排序，重新整理和规划城市格局和功能分区，有针对性地提出城市更新策略和产业优化路径；另一方面，高标准规划和高水平建设功能区的居住、商业和教育等公共服务配套设施，促进职住平衡，积极引导推动产业功能区的城市更新，一座“优势互补、封闭管理、专业运营、共建共享”的高品质生活区正加速从梦想走进现实。

第二节　聚合高端要素，增强产业集聚动能

当前世界，科学技术已经成为推动国家经济社会发展的主要力量。新一轮科技革命和产业变革正在孕育兴起，一些重要科学问题和关键核心技术已经呈现出革命性突破的先兆。信息、生物、能源、材料和空间等应用科学领域的不断发展，带动关键技术交叉融合、群体跃进，变革突破的能量正在不断积累。高新区正当“而立之年”，如何通过技术创新、产业创新、制度创新等途径，培育和增强经济发展新动能，推动优势主导产业升级与跨越发展是摆在高新人面前最为紧迫而艰巨的任务。

一、 以平台构建放大产业协同效应

2019 年 5 月 21 日，继西门子工业软件全球研发中心落户一年后，西门子智能制造成都创新中心又在高新区正式启动，这标志成都正式融入了全球范围内的智能制造创新体系。作为德国工业 4.0 的杰出应用实例，项目规模约 10 亿元人民币的西门子智能制造成都创新中心将融合智能制造的创新与研发，汇聚离散与流程制造软硬件技术的创新，成为集创新中心与数字化工厂于同一城市的示范基地。中心毗邻西门子全球工业 4.0 标杆工厂——西门子工业自动化产品成都生产研发基地（SEWC），将引入西门子全球的专家资源、软硬件研发平台、行业知识与业务实践，致力于打造中国制造业数字化转型升级与开放创新的旗舰店。

创新中心设立智能制造能力中心、智能制造专业实验室、行业解决方案研究中心、人才培养平台四大功能板块，涵盖产品设计、生产规划、生产工程、生产执行、服务五大环节，为企业实现“工业 4.0”愿景提供有效的解决方案，并开发面向智能化和数字化的课程体系和认证体系，培养既了解产品工艺又了解数字化工厂关键技术的智能制造复合型人才，协助成都融入全球智能制造创新体系。

同时，作为西门子在华建立的首个专注于 MindSphere 的研发中心，已落成的西门子工业软件全球研发中心则将引入顶尖研发与创新资源，重点研发西门子基于云的开放式物联网操作系统 MindSphere 及其相关应用，并逐步拓展到智能制造全价值链解决方案，加速推动成都向工业云、工业物联网、工业大数据等智能制造领域迈进。“成都是中国西部最具潜力的城市之一，也是多种制造业中心。”西门子数字工业软件全球高级副总裁兼大中华区董事总经理梁乃明表示，“依托西门子在制造业的创新能力，借力当地政府对本地企业转型的大力支持，助力中国制造业实现腾飞。”西门子数字工业软件全球销售和客户成功部执行副总裁鲍勃·琼斯（Bob Jones）则表示，“产业发展需要兼顾市场需求和行业趋势，西门子智能制造成都创新中心的建成开幕将帮助缩小需求侧和供给侧的差距，为打造以创新为核心的智能制造生态系统提供平台和土壤。”[①]

两个月后，高新区又与世界著名的云计算厂商——亚马逊技术服务（北京）有限公司（AWS）签订了共建联合创新中心项目协议。联合创新中心将设立加速器、孵化器、国际化创客空间、人才基地，围绕人工智能、生物医疗、金融科技等领域，吸引全球领先企业、初创公司和产业人才入驻，并为入驻企业提供 AWS 云服务相关的技术培训、咨询及指导，支持入驻企业利用 AWS 云计算、物联网和大数据等广泛的技术和服务，快速实现全球 IT 部署，实现初创企业的快速发展和传统企业的转型升级。预计在 5 年内，联合创新中心将孵化 500 家海内外初创公司，完成 120 家企业转型升级，其中包括培养 20～30 家瞪羚企业、2～3 家独角兽或准独角兽企业，联合创新中心国际创客空间预计将帮助 100 家国内企业拓展全球业务，同时引进 100 家中国大陆以外优秀创业公司（含港澳台企业）到本项目进行孵化和加速。[②]

西门子和 AWS 两大创新中心的落成启动，是成都高新区深化“向西向南”开放与加强对欧合作的重要行动，更体现出高新区吸引全球智能制造领域中坚力量的坚定决心，体现出高新人推动主导产业领域的产业链、创新链、人才链、供应链、价值链、金融链交互增值与融合发展的积极担当。通过释放创新发展的放大器效应，以高新区为主的成都电子信息产业规模 2020 年将有望第一次站上万亿大关，成为带动全市经济高质量发展的新兴极核。

二、以资源整合营造创新创造的政策生态

近年来，高新区以推进智能制造为支点，从示范应用、服务商培育、研发创新、政策引导等多方面着力，加快营造促进智能制造业发展的良好产业生态。2019 年 4 月，高新区正式出台《关于优化产业服务促进企业创新发展的若干政策意见》，明确支持区内企业围绕流程型制造、离散型制造、远程运

---

① 西门子智能制造成都创新中心正式启动［EB/OL］. 2019－05－21. http://www.xinhuanet.com/2019-05/21/c_1210139838.htm.

② 杨成万. 5 年孵化 500 家海内外初创公司［EB/OL］. 2019－07－10. https://stocknews.scol.com.cn/shtml/jrtzb/20190712/105226.shtml.

维、个性化定制等智能制造新模式加大投入，对企业实施的信息化提升、智能化改造项目给予最高 500 万元补助。同时，对获得国家智能制造示范、工业互联网试点示范、服务型制造示范等的企业，给予最高 100 万元一次性奖励。

更为关键的是，高新区从切实优化企业服务、促进企业提升技术创新能力、参与全球竞争能力和可持续发展能力，推动区域产业升级和结构优化四个方面着力，加快推动技术创新赋能电子信息、智能制造等优势产业融合发展。一是全力做好精准高效企业服务。以企业需求为核心导向，建立企业诉求流转节点公开、部门回复公开、办理时间公开的“一站式”企业服务平台（网站＋App），实现企业诉求的及时响应、高效办理；将提升企业服务水平作为营商环境建设中的重要工作，党工委管委会定期召开专题企业座谈会和企业服务工作调度会议，协调解决企业发展和服务过程中的问题，专题研究企业重点诉求、难点事项。二是鼓励企业高质量发展转型。设立年度知识创造和技术创新奖、产业升级和结构优化奖、国际化和参与全球竞争奖，对自主创新示范区范围内参与评选的企业和员工给予相应奖励；鼓励企业、高校、科研单位等以创建高新技术企业、加大研发投入等为主要内容与高新区签订高质量发展合作协议，并给予签约单位个性化定制支持。三是加大对创新投入的支持。将每年预算不少于 3 亿元的财政专项支持资金，用于支持企业加大研发投入；对与境外大学、研究机构和企业联合开展新技术、新产品研发或在境外设立研发中心等分支机构的区内企业给予相应奖励；对承担国家自然科学基金、国家科技重大专项、国家重点研发计划、国家级重点实验室、技术创新引导专项（基金）等重大创新项目的企业给予配套支持。

同时，为更好解决市场机会与新经济企业业务发展诉求配置不到位等问题，高新区以用户需求为中心，以对接城市发展需求为导向，发布新经济企业应用场景城市机会清单，利用场景供给实现与新经济企业的合作，每年设立 2 亿元新经济应用场景专项资金，大力扶持新经济应用场景项目建设。目前，已率先以新经济主攻方向人工智能领域为突破口，通过深度了解和搜集企业产品技术研发和需求情况，协助供需双方进行信息共享和对接交流，帮助企业把握行业最新动向，发布技术、产品和服务。2019 年 7 月，在广泛征集、充分评估的基础上，首批人工智能应用场景机会清单正式发布，226 条机会信息面向社会公开发布，包括政府需求清单 25 条（市场规模超 1.5 亿元）、企业供给清单 201 条（含创新产品信息 119 条、公共技术平台信息 32 条、孵化载体信息 50 条）①。目前，华为、新华三、腾讯、中国移动等供给方与区内相关单位和公司等需求方开展对接 100 余次，10 余个项目达成合作意向，围绕“AI＋教育”“AI＋医疗”“AI＋社区”“AI＋园区”“AI＋政务”五大主题的人工智能应用场景体系蔚然成型。

此外，围绕企业成长全生命周期需求，高新区还加快构建企业成长梯度、产业价值梯度、城市空间梯度、政策扶持梯度的培育体系，支持蓉归派、海归派、学院派、创客派等“四派人才”创新创业，分类扶持各种新经济企业组织。比如，对种子期雏鹰企业重在评价和辅导，重点瞄准成立 3 年内，营业收入超过 200 万元的科技型初创企业，根据企业获得股权投资等情况，每年筛选 100 家予以重点支持和辅导；对瞪羚企业重在加速成长，重点瞄准营业收入 1 年爆炸式增长、3 年复合高增长或 5 年连续增长的企业给予大力度支持；对独角兽企业重在提升发展质量，重点瞄准一批独角兽和潜在独角兽企业，对利税超过 1000 万元的，按照对地方实际贡献增量的 15％～30％给予企业补贴；对行业龙头企业重在生态带动，重点围绕平台生态型行业龙头企业并购重组和购买初创企业创新产品，给予相应的政策补贴。通过设立 100 亿元新经济创投基金、出台产业培育政策等，给予企业和孵化载体必要支持等方式，已累计培育新经济平台生态型龙头企业 1 家、独角兽企业 5 家、瞪羚企业 203 家、种子期雏鹰企业 213 家。

三、 以未来视野打造新经济策源地和活力区

2020 年初，一场突如其来的新冠肺炎疫情肆虐中华大地。在疫情防控斗争中，数字基础设施、在线教育、智慧医疗等新产业、新业态加速发展，在

---

① 成都高新区打造五大应用场景培育发展新动能 获国务院办公厅通报表扬［EB/OL］. 2019－11－08. http://www.sc.chinanews.com/bwbd/2019－11－08/115610.html.

线购物、网上娱乐等非接触式消费方式被更多人熟知。与此同时，以物联网、云计算、移动互联和大数据等新兴技术为核心的智慧城市建设成为城市互联互通、产业升级与品质提升的重要引擎。

2019年底，高新区为抢抓以5G为支撑的全面感知、泛在互联、普适计算与融合应用等硬核科技发展机遇，前瞻性谋划成都5G智慧城先导区的建设方案。2020年4月8日，成都5G智慧城先导区深度城市设计方案的国际征集正式启动，面向全球征集成都5G智慧城先导区的总体城市设计方案及策划方案、分区详细城市设计、建筑方案导引和规划建设实施导则。①

规划中的5G智慧城先导区位于新川创新科技园的核心区域，净用地面积约522亩，总建筑规模预计169万平方米。新川创新科技园是新加坡与中国四川省携手打造的中国西部第一个中新合作共建园区，面积约10.34平方公里，于2012年5月8日正式开工建设，重点发展人工智能、新医学、5G通信等产业。目前已引进重点产业化项目30个，总投资逾426亿元，包括中移动、美敦力、欧珀、方正、川投信产、四川通服、天箭、拓尔思、超图、蓝盾、迈科、海思科、微芯生物等世界500强企业、领先创新企业、上市公司和知名企业总部及研发中心等，建成并投运了AI创新中心、成都前沿医学中心两个专业园区，初步形成较为完备的战略性新兴产业生态。

据了解，规划中的5G与人工智能创新先导示范区将打造高质量的科创空间、高品质生活示范区的标杆项目和具有全球影响力的人工智能创新应用示范先导区，构建安全、人本、共享、美丽、智慧的公园城市新型产业社区。据相关部门介绍，成都5G智慧城先导区设计方案的国际征集是希望能够形成具有国际标准、世界眼光、中国特色的设计方案和设计导则，通过“总体规划＋全景图＋规划建设红皮书”的方案成果，形成规划设计、建筑设计、公共空间设计、规划建设管理四个方面的引导，促成政企与社会共识，发挥头部企业的带动作用，加快要素资源集成共享，创新国土规划与建设管理，实现园区开发从整体到细节、从近期到远期的科学统筹，提升高新区产业经济

---

① 面向全球征集城市设计方案 成都高新区将建成都5G智慧城先导区［EB/OL］. 2020－04－09. https://baijiahao.baidu.com/s?id=1663480839854506718&wfr=spider&for=pc.

的竞争优势。

为推动成都5G智慧城先导区的基站建设，《成都高新区新川5G智慧网络综合解决方案》日前正式出炉，提出将规划建设122个5G基站，特别是突出了新川创新科技园的“AI＋园区”智能化场景应用，并在建筑和道路设计上同步考虑5G设备安放需求。目前新川创新科技园区已规划20个重点机房点位，有30个站点实现5G信号全覆盖，《方案》中对灯杆基站进行了全面推演和规划，提出室分整改、新建更高容量的室分系统、多杆合一等解决方案。其中，针对园区宏基站，主要采用现有基站加挂，或依托建筑物附建5G设备的模式进行布设；微基站采取“多杆合一”模式布设，逐步实现5G移动网络的普遍覆盖。同时以5G基站、综合接入机房为核心，利用多功能智慧杆，为后期的网络发展留出预留空间，满足园区内各功能区的5G应用接入需求，实现园区外观整体和谐美观。

除了新经济发展的人才要素和硬核科技条件，对新产品、新模式、新技术的关注与容纳也是高新区发展的重要“软实力”，自然也就成为新经济企业选择扎根高新区的重要动因。为给新经济企业提供更加优质的成长“摇篮”，高新区将“业界共治”的理念融入产业生态圈建设之中，倡导政府、企业、行业协会、创投机构、科研单位等多方参与，发挥业界在产业规划、政策制定、项目评审等方面的作用，坚持把“扶企、惠企、帮企”方针落实到细节处，指导区内的科技金融服务平台开放政策性信贷产品融资绿色通道，启用“盈创之星”融资信用平台，用大数据征信报告评价方式替代传统线下专家评议会，实现政策性信贷产品申请、接件、初审、大数据评价推荐等一站式全流程融资线上服务。这次疫情期间，通过绿色通道帮助26户企业融资1.12亿元，已累计帮助47户企业融资2.23亿元。

2020年3月27日，高新区新经济项目的“云签约”暨线上推介会正式举行。爱奇艺等11家企业集中签约，项目总投资超过122亿元，涵盖了大数据、人工智能、5G、数字文创等新经济领域。其中，新希望生鲜电商总部、企鹅杏仁全国总部、壹玖壹玖全国总部基地、三峡设备物资有限公司总部等4个全国总部项目选择落户高新区。同时，2019年创下国产动画电影票房最高纪录、中国电影票房第二名的《哪吒之魔童降世》主创公司可可豆动画，也将扎根高新区打造《哪吒 2》，并成为建设西南地区影视动画产业的重要加速器。

2020 年 4 月，习近平总书记赴浙江考察时指出，运用大数据、云计算、区块链、人工智能等前沿技术推动城市管理手段、管理模式、管理理念创新，从数字化到智能化再到智慧化，让城市更聪明一些、更智慧一些，是推动城市治理体系和治理能力现代化的必由之路，前景广阔。总书记的重要指示，为新时期推进超大城市的治理体系和治理能力现代化提供了重要遵循。从“数字治堵”“数字防疫”到“数字兴业”“数字治城”，充分发挥数据要素在城市经济社会活动组织中的潜力和能力，推动大数据、云计算、区块链和人工智能技术的场景化落地，积极打造新经济成长的沃土，高新区已经走在了西部地区的前列。

从上面可以看出，新经济与新动能是经济新常态的大背景下，中心城市谋求加快建立现代经济体系的必然选择。但客观来看，新经济和新动能却不是一回事。新经济一般是指由于数字、生物和新材料等技术发展而衍生拓展的新的产业空间，比如数字化技术的广泛应用而形成的硬件、软件、内容和服务等全新的产品和业态；新动能则主要是指新技术和新制度不断涌现，并作为新的要素进入经济和社会生活，使得过往的产业和生产活动跃迁到新的层级。

当代中国正面临世界百年未有之大变局，发展新经济培育新动能是国家能否在全球经济格局演变中制胜未来的关键，也是引领新兴产业发展的使命和担当。前者表现为数字经济、生物医药等新业态新产品的涌现，后者则表现为核心优势产业的转型升级。对高新区而言，主导产业转型与升级的问题关键，不单单在于引进了多少具有核心竞争力的先进企业，更重要的是，能不能在较短的时间内让数字化和智能化成为行业和企业生产的主流方式，“互联网+”“工业 4.0”“智慧城市”就是这一产业趋势的重要推动力。从这点意义上来讲，高新区对主导产业的演进趋势有着十分清醒的认识和系统的谋划，未来无疑将在新一轮的超大城市产业竞争赛道上占据一定的先机。

第三节 深化改革，打造国际一流的营商环境

2020年4月1日，规划面积29.86平方公里的成都高新自贸试验区迎来挂牌三周年。作为中国（四川）自由贸易试验区的核心区域，高新区已累计落地159项改革试验任务，有6项改革创新成果在全国范围内得到复制推广。2020年第一季度，虽然各地出现了不同程度的市场经营波动，高新区却做到了新增内外资企业4780户，注册资本（金）394.06亿元，同比增长297.87%。逆势飘红的成绩单背后，是高新区近年来围绕转变政府职能、深化要素领域改革、建设国际化营商环境所做出的一系列大胆探索与尝试。

一、坚持问题导向，擦亮高新服务“金字招牌”

对于外来的企业和投资者，如何提供切中其实际需要的服务，是高新区新时期发展的现实需求，更是高新自贸试验区探索的重要任务之一。2018年8月24日，高新区的“首证通”行政审批改革登上《新闻联播》，瞬间就引发了全国各界的热切关注。“首证通”瞄准“办照容易办证难”这一行政审批的突出难题，对需经行政备案（许可）方可从事经营的事项进行分类梳理，确立首位行政审批事项，实施“后证”部首位“首证”后直接“发证”，实现“只进一扇门”、“最多跑一次”、最快1天就能办好，系统性、分行业解决了“准入不准营”难题。同时，全区对外商投资企业设立及变更按照新版负面清单实行备案管理，办理时限由20多个工作日缩减到3个工作日以内。通过“首证通”全面启动了全区政务服务的“仅跑一次”改革，在全国率先将“仅跑一次”延伸到街道并且事项比例达到80%以上，“仅跑一次”的事项比例达87.1%。[①]

在不沾边、不靠海，不具备区位优势的西部地区，如何才能持续吸引到全球高端的创新资源流入是自贸区建设必须要跨过的一道“门槛”。为此，在

① 外资加速进入成都背后：成都高新自贸区涉外服务加速专业化［EB/OL］. 2019－08－20. https://baijiahao.baidu.com/s?id=1642288117743689955&wfr=spider&for=pc.

西部地区率先设立了涉外继承的一站式政务服务大厅——自贸区政务服务大厅，并采取“线上、线下、自助”三种服务方式，相继集纳高新区各部门的100多项涉外审批服务职能，为涉外企业、跨国机构、外籍人士提供企业注册、税务、签证、社保等基本政务服务，还可量身定做有关法律、知识产权保护、海关、商检、涉外金融等特色中介服务，以及外籍人士子女入学等生活服务。此外，为解决语言障碍，服务大厅在办事指南、排号机、网页文字、业务介绍等处设置中英双语标识，并在服务窗口配备翻译机，以满足更多语种的服务需求。此外，线上的服务平台以“自贸一站通”为依托，链接服务大厅线下、自助服务体系，整合外商投资负面清单、首证通、在线注册等信息服务功能，实现了企业在线注册、在线金融服务、在线政策匹配的全周期智能服务。据统计，服务大厅开业仅3个月就办件7886件，其中现场办件量为3674件，非接触式（自助、网办）办件量为4212件。

在大力推动政务服务标准化的同时，高新区还积极拓展各种在线的企业服务方式。“自贸通”综合金融服务，就是着力帮助区内广大中小微企业摆脱融资难、融资贵难题的一大创新。自2018年7月上线以来，由高新区与成都银行携手打造的自贸通，通过政策性引导、市场化运作，利益共享、风险共担方式，努力实现“融资、降费、服务”的目标。还推出了便捷融资、国际结算费用减免、绿色通道等业务板块，帮助企业降低融资门槛，减少企业贷款负担，加大金融机构对企业的支持力度。2019年8月，自贸通以其切实服务外向型中小企业、支持企业涉外业务发展等特点，入选国家商务部的最佳实践案例，并向全国进行推广。

从2018年起，为打造“材料更简、流程更优、环节更少、服务更好”的城市营商环境，高新区提出了“服务至上、追求卓越、专业化思维、创新担当、行动胜于一切、简单正直、团结协作”的高新价值观，在全市先行推出一系列“伤筋动骨”式改革举措。其中，着力打造了“1+7+N”企业服务体系。“1”即企业服务中心，“7”是7类业务，“N”是成都高新区多个部门、街道、楼宇。该平台以企业服务中心串联了成都高新区24个部门，由企业服务中心对接企业诉求，经过梳理后按照问题导向的原则转给各相关职能部门办理。在区级政务大厅设立涉企优惠政策办理事项专窗，及时梳理发布涉企优惠政策清单，改造现有的政策兑现流程，建立以事项为基础的政策归类、发布、查询和受理机制，逐步实现涉企优惠政策相关事项“一窗受理、无感智办、限时办结”“一口受理、一窗通办、一网查询”。同时针对“找政策”的难点，梳理当前所有相关政策，制定出更详细的项目指南，分别对应每一类政策中的具体项目，规划设计智能解答系统、政策匹配系统等线上渠道，为企业提供最大限度的便利。

营商环境的改善，需要制度层面与审批方式的不断创新。作为首批国家级高新技术产业开发区，成都高新区在做好企业群众服务的同时，还充分借助现代化手段，为“放管服”、优化营商环境改革提供科技支撑。已推出“守信通”、西南首个 AI 智能自助综合窗口、优化营商环境甄审室等创新服务。其中“守信通”在 2019 年 10 月 28 日正式上线，聚焦企业申请招牌、取水许可两个领域，通过专属评价、数据分析、重点比对，将临时新办取水许可从 30 个工作日缩减到 5 个工作日内，餐饮招牌设置许可从 3 天变为现场即办。据悉，自“守信通”上线以来，有效打通了行政审批的事前、事中、事后全流程；同时还与政务审批业务部门形成动态评分机制和有效互动反馈，做到了“有诚信申请即发证”。①

从“首证通”“自贸通”到“守信通”，成都高新区不断探索新途径新方法，用创新智慧和改革的魄力一次次按下“加速键”，让企业以更快更便捷的方式进入市场，健康成长，为企业逐步构建覆盖全生命周期的综合服务体系。2019 年 8 月，世界知名咨询机构毕马威发布的报告显示，以世界银行 2018 年 10 月发布的营商环境评估结果为标尺，高新区的营商环境便利度得分为 77.77 分，开办企业排名进入前 50，开展跨境贸易排名进入前 100，模拟国际排名进入前 30 名的第一方阵。

---

① 成都高新区融媒体中心. 成都高新区政务“守信通”平台正式上线［EB/OL］. 2019－10－31. http://www.chinahightech.com/html/gaoxinqu/cdgxq/cyjj/2019/1031/550566.html.

二、 深化改革， 赶超全国一流营商环境标准

城市发展离不开建设，这关乎一座城市产业发展和有序规划根基。一个工程建设项目，从立项到竣工验收、公共设施接入等流程所花费的时间成本，某种程度上就决定了城市拓展经济社会发展空间的速度和力度。对照世界银行关于各国营商环境的指标评价体系，“办理施工许可”这一项称得上是我国各地营商环境体系中的突出短板。为此，2018 年 5 月国务院印发《关于开展工程建设项目审批制度改革试点的通知》，正式将北京、天津、上海、成都等 16 个省市纳入全国工程建设项目审批制度改革试点范围，明确到 2018 年试点地区的审批时间要压减一半以上，由原来平均 200 多个工作日压减至 120 个工作日。时隔一年后，成都市提出了市级的奋斗目标，在 2019 年底前将工程建设项目从立项到竣工验收涉及的行政许可、中介服务和市政公用服务总用时压减至 90 个工作日以内；2020 年底前，全面实现工程建设项目审批流程、信息数据平台、审批管理体系、监管方式的“四个统一”。

一边是国家和省市全面推进工程建设项目审批制度改革的“高压”环境；另一边，随着成都实施东进战略的不断深入，以高新东区为载体的天府国际空港新城拉开了整体成型成势攻坚战。作为全市改革开放的领头羊和主引擎，高新区已经先行先试，将工程建设项目审批的全流程用时从 180 个工作日缩减至 90 个工作日，比国务院提出的全国改革时限快了 30 天。2019 年 8 月，为以工程建设项目审批制度改革的小切口撬动大局革新，《成都高新区优化营商环境行动方案（2019—2020 年）》明确提出，2020 年实现“工程建设项目 80 日办结”，再次赶超国务院和成都市级要求的标准线。

对高新区来说，审批时限从 180 天到 100 天、再从 90 天到 80 天连续“跳级”，并非不切实际的好高骛远，而是来自过去 10 年高新人创全市改革之风的经验和底气，来自高新区不断提升营商环境的决心和信心。早在 2007 年，高新区就在全市率先开展建设项目并联审批改革，把项目报建过程中涉及 6 个部门的 41 项审批权限全部集中到并联审批通道；2016 年采取“前置服务”“容缺后补”等改革模式，创新性再造了项目的报建流程；2018 年正式编制

“高新区项目报建并联审批流程图”。一系列持久发力的改革探索，最终带来了全流程办结仅仅需要 90 个工作日的不俗成绩，比全市同期提出的全流程办结改革目标——120 个工作日又前进了 30 天。①

众所周知，改革进程越往后，难度和考验也就越大。在很多业界专家的眼里，开办时间减一半、审批时间砍一半、政务服务一网办通等“六个一”，表面看似简单，实则刀刀“伤筋动骨”，是不折不扣的“刀刃向内”的自我革命。要在现有的 90 天审批时效基础上再压缩 10 天，具体如何才能做得到？高新区首先对“80 日办结”的总体目标进行了量化拆解：部门行政审批的时间必须控制在 35 个工作日以内，施工图审查等中介服务和水电气讯等市政公用服务必须控制在 45 个工作日以内，按照项目类别分梯度设置审批时限。对照现有不同环节的办理实际，在工程建设项目的部门行政审批方面已基本实现 35 个工作日办结，其中，立项用地、工程建设许可、施工许可、竣工验收各环节审批时效分别控制在 10、18、2、5 个工作日以内。解决问题的关键，就落在如何进一步压缩施工图审查等中介服务和水电气讯等公共服务的接入时间上了。

为此，高新区确立了一系列新的改革举措。比如，创新推进“先承诺后审批”的管理模式，全面推行“区域评估”改革，探索投资项目备案和办理施工许可“一网通办”。比如，以深化“互联网＋政务服务”为主线，推动政务服务大厅与政务服务平台业务融合，实现高新南区、高新西区、高新东区大厅无差别受理和独立办结。再比如，启动研发并逐步构建 BIM（建筑信息模型）管理体系，进一步完善施工图审查制度，探索建立智慧服务型数字政府服务体制。这既节省了大量审批时间，让审查工作变得更加准确高效，还可收集和处理信息数据，提升政府部门的数字化管理水平。总之，从企业开办，办理建筑许可、财产登记，到获得优惠和破产注销，围绕企业全生命周期而建立的政务服务体系正不断完善，显示出高新区对标先进、苦练“基本功”的毅力和实力。在这一场没有最好、只有更好的优化营商环境改革中，

① 成都高新区融媒体中心．服务至上，成都高新区按下一流国际化营商环境建设“加速键”［EB/OL］．2019－12－18．https://www.sohu.com/a/361196420_356458.

我们期待着高新区在对标先进、直面问题的扎实努力中更好地做到有效落地落实。

三、 提升效能， 加快构建现代化治理体系

2020 年 3 月，在对标北京、上海、广州等城市营商环境改革最新举措的基础上，《成都高新区深化“放管服”改革优化营商环境工作方案（2020—2021 年）》正式出炉，该方案围绕 18 个主要领域，细化展开 110 项具体举措，推动新一轮的营商环境改革下深水、显实效。其中，强基础是新时期深化“放管服”改革的关键一步，成都高新区聚焦政务服务、商事制度、工程建设、法治保障、纳税服务 5 个领域，制定出台了 38 项具体指标和优化措施。

在基层政务服务体系建设上，工商、税务、社保等高频服务事项做到了全面下沉，延伸审批职能至街道便民服务中心、园区企业服务驿站；在深化工程建设项目的“一窗式”并联审批改革中，精简办理建筑许可最多不超过 6 个环节，压缩立项用地规划许可和竣工验收环节办理时间，推行社会投资项目审批“一站式”全流程服务，把工程建设项目审批时限由 180 天大幅缩减至 60 天；在涉企优惠政策办理上，设立办理综合窗口和线上平台，逐步实现所有涉企的优惠政策相关事项“一口受理、一窗通办、一网查询、限时办结”；在优化金融信贷环境中，设立金融信贷、专业中介服务综合窗口、商务服务中心，入驻一批会计、法律、资产评估、征信机构等知名第三方金融服务机构；在贸易和投资便利化上，对不涉及实施准入特别管理措施的外商投资企业，设立、变更备案事项自受理之日起 1 个工作日内办结。

强化知识产权保护是推动城市治理体系现代化进程中的重要一环。2018 年以来，高新区联合中国（四川）知识产权保护中心等机构，共建全方位、一体化的知识产权协同保护机制。一是开设专利预审绿色通道，聚焦新一代信息技术产业领域，为企业、高校及科研院所提供发明、实用新型和外观设计专利快速审查、确权、维权以及协同保护、专利预警与导航运营等全方位服务，打造全国一流知识产权协同保护平台。二是以专门法庭、巡回审理、协同保护为体制机制依托，着力创建知识产权司法保护的“3C”法空间，高

新区检察院在全国首创知识产权刑事案件的“双报制”，有效破解企业知识产权遭受侵犯后的立案难、维权维、挽损难。三是高新区法院依托“三审合一”机制，健全知识产权司法保护体系，依法保护知名品牌、知名商标和著作权等合法权益，建立司法确认快速通道，实现知识产权司法确认案件“承诺一小时办结、裁定文书立等可取”的效果。此外，出台破产案件简易审理规程，明确缩短简单破产案件的审理周期，推动“僵尸企业”有序退出，实现破产案件繁简分流、快慢分道，有效缓解破产案件审理压力，服务保障企业的正常经营发展。

与此同时，加大打击侵犯民营企业和企业家合法权益违法犯罪的力度，依法保护民营企业合法权益。加大对虚假诉讼、恶意诉讼审查力度，维护企业和企业家声誉。坚持谦抑、审慎、善意、文明、规范的办案理念，妥善办理各类产权案件。严格区分罪与非罪、犯罪与行政违法、犯罪与民商事纠纷，依法审慎适用强制措施。实施保护中小投资者行动计划，建立保护企业产权的公、检、法、司联动协作机制。完善产权保护法律援助制度。加强公平竞争审查制度和能力建设，坚决防止和纠正排除或限制竞争行为，积极构筑“以协调人才为支撑、劳动关系服务管理体系与治理体系并重、着力推进企业和工作站细胞建设、打造和谐劳动关系区域品牌”的格局。在公正文明执法方面，深化市场监管、生态环境保护、文化市场、交通运输、农业等五个领域的综合行政执法改革，全面推广综合行政执法智慧服务平台，建立街道（乡镇）综合执法队伍，探索由街道（乡镇）一支综合执法队伍管全部、管到底的基层执法新模式。持续深入推进行政执法公示、执法全过程记录和重大执法决定法制审核三项制度建设。全面推广行政处罚“三张清单”制度，实施包容审慎柔性执法，保障人民安居乐业。

习近平总书记在第二届中国国际进口博览会上指出，要在关键环节和重要领域加快改革步伐，不断完善市场化、法治化、国际化的营商环境，放宽外资市场准入，继续缩减负面清单，完善投资促进和保护、信息报告等制度，完善知识产权保护法律体系，以国家治理体系和治理能力现代化为高水平开放、高质量发展提供制度保障。今天的高新区，围绕企业、项目、产业建立的全生命周期服务体系初步形成，各领域营商环境便利度和企业满意度进一步提升，营商环境指标已跃居全国高新区的领先水平。2020 年底智慧服务型数字政府总体建成，更优企业服务、更优产业生态、更优城市品质、更优政府治理的理念将成为普遍共识，营商环境的各项指标在全国高新区里也将成为当之无愧的标杆。

从理论上看，营商环境是指市场主体在准入、生产经营、退出等过程中涉及的政务环境、市场环境、法治环境、人文环境等有关外部因素和条件的总和。从实践的角度看，营商环境的优劣反映的是市场机制的完善程度高低。党的十八届三中全会提出，要让市场在资源配置中发挥决定性作用，更好发挥政府的作用。这对于坚持中国社会主义基本经济制度，加快国家治理体系和治理能力现代化具有重要的指导意义。把权力关进制度的笼子里，不仅仅是让地方行政部门把经济建设中伸得过长的手收回去，更关键的是要以积极有为的政府塑造更加有效的市场，以公开、透明、可预期的营商环境培育创新驱动城市发展的沃土。成都高新区打造国际化营商环境的做法之所以可圈可点，不单单在于推行了“首证通”“自贸通”“守信通”等一系列制度改革与政务的服务创新，更重要的是敢于“刀刃向内”，瞄准了国内各地营商环境建设中都饱受诟病的环节——办理施工许可，真正做到以全面改革和创新来营造更加公平、开放、透明的市场环境，让市场在资源配置中发挥决定性的作用。这一探索和经验值得各地高新区和产业园区广泛借鉴。

第四节　推动场景营城，建设国家高质量发展示范区

孵化园里的行色匆匆、社区院落的欢歌笑语、崭新校园的琅琅书声、卫生服务机构的高效快捷，一幕幕画面构成高新区“宜居宜业”幸福家园的全景。幸福家园的背后，“高新工作价值观”贯穿于民生发展进程中的每个细处。有“服务至上”的暖心，有“追求卓越”的远见，有“深入细节”的专业，有“创新担当”的魄力，但更多的是“行动胜于一切”的务实。一步一个脚印，一切皆有成效，为老百姓的生活增添一分暖意、一点便捷。民情暖

意，为高新区增添了更鲜明的色彩，真正成为这里建设国家高质量发展示范区的有力注解。

一、 立足多元共治， 打造幸福生活社区新场景

民生工程，民心之所向。民生工程建什么、怎么建？在高新区，民生工程听“民声”已经是每年的传统。以 2019 年为例，全区计划统筹安排自主实施 196 项民生工程，解决群众期盼的民生难题。早在当年初高新区便面向社会广泛征集相关的建设意见，高新区门户网站设立“民生工程”专栏，社会各界群众可登录网站，在“民意征集”专栏参与调查问卷或提出意见建议；成都高新的政务微博、官方政务微信也设立了“民生工程”互动话题。同时，各个街道乡镇通过召开座谈会、村社调查、入户走访、居民议事会及“坝坝会”等形式，广泛收集群众的意见建议。很快，全区 2019 年自主实施为民办实事的民生目标任务发布，确定了实施交通先行、生态环境、百姓安居、就业创业、教育助学、医疗卫生、食药安全、社会保障、基础设施等大类共计 196 个项目，其中南部园区、西部园区、天府国际空港新城及天府国际生物城占 98 项，各街道、部门拟自主实施 98 项。

以大源中央公园幼儿园项目为例。该片区缺少用地指标、学位需求矛盾突出、幼儿园不在规划民生项目之内，破解该片区的“入园难”问题，需要采用“超常规”的方法。高新区相关部门调查摸底后，决定将原规划为其他功能的国有资产用房改建为幼儿园。从土地空间配置、设计规划到运营保障，相关单位部门在工期紧、任务重的情况下“超常规”地克服了一系列的棘手问题，使幼儿园在 2019 年底建成并投入使用，新增学位 630 个。正是靠着“超常规”的思路和决心，高新区围绕抢建一批“三年攻坚”幼儿园、新增规划幼儿园建设点位、利用国有资产用房举办幼儿园、在存量幼儿园实施“扩容增量”计划、开展城镇小区配套幼儿园治理、鼓励民办幼儿园优先招收区内户籍幼儿这六大策略，用超常规的方法在短时期内迅速破解了“入园难”问题。据统计，2019 年高新区实际有入园需求的适龄幼儿多达 14935 人，通过民生工程的建设倾斜，高新区实际可提供学位 14641 个，全区学位供需总

体平衡。

全新铺设的外墙砖焕然一新，阳光下怒放的蔷薇、三角梅鲜艳夺目，统一规划的雨棚整整齐齐，还有有序规范的落水管、气管、电线线路，干净整洁的楼道与街道等等。走在成都高新区桂溪街道，映入眼帘的是一幅幅幸福社区的生动画面。高新区快速发展，建筑日新月异，但仍有老旧小区因年月久远外貌斑驳，与周边新建商品房格格不入。围绕城乡社区发展治理工作要求，高新区为打造美好人居环境，持续推进辖区老旧院落改造，留下了一串串精彩的足迹。

2016 年大源片区的双源、双和社区居民们提出改善居住环境的建议。桂溪街道办随后迅速响应，在充分走访社区民众，了解他们的需求后，制定了大源社区的农迁社区老旧院落改造计划，推动社区 178 号、145 号、152 号等 7 个院落的外墙立面和社区环境改造。在桂溪街道办的推动带领下，各社区还利用零星闲置地，结合社区文化主题打造多个社区微场景，着力为居民打造幸福院落。随着天华社区的廉洁小游园和临江社区的和乐种植园建成亮相，桂溪街道办的一系列强力推进的社区治理动作让社区居民赞不绝口。居民齐心为“家”作贡献，实现院落的多元共治，这是老旧院落改造的初衷之一，是“行动胜于一切、简单正直、团结协作”高新价值观的最佳体现，更是深化“一核三治、共治共享”的基层治理机制，推行“1＋3＋N”专群协作联动模式的生动实践。未来，通过依法治理、系统治理、智慧治理、精准治理等后续工作的细化深化，一个个多方参与、多元共治的现代院落治理样板将在高新全域内不断涌现。

二、突出生态优先，打造新时代公园之城新场景

走在高新区的大街小巷，即便是隆冬时节，寒风萧瑟，你也一定可以感受到春意。公园、绿地、湖泊、生态带相互联通，让人感到无限的生机与活力。吉泰路花树添彩，文体商旅一应俱全；成仁快速路青草茵茵，植被丰富；桂溪生态公园闹中取静，湖水清澈；新川之心东区设计独特，空中连廊新颖别致。一个个绿道公园项目的相继呈现，让美丽山川和美丽人居交相辉映。

建设美丽宜居公园城市，是成都新时代承担的重大任务。成都市委十三届四次全会提出，要始终坚持生态优先、绿色发展，注重培育生态优势、营造生态场景、转化生态价值，加快建设美丽宜居公园城市。高新区探索打造公园式社区，积极建立国家公园、郊野公园、城市公园、社区公园和口袋公园共同组成的五级公园体系，大范围铺开公园体系、绿道体系和配套体系建设，统筹高品质公共服务体系建设、高效能社会治理体系建设，加快形成园在城中、城在园中的生态融合之景。

一是坚守“绿色生态投资是最优质资产、生态产品供给是最普惠民生”的价值导向，改变种树植绿的建设理念，充分挖掘锦江公园、锦城公园等滨水沿江、开阔自然的禀赋优势，高标准打造设施齐全、内涵丰富、场景多元、功能完善的公园空间，发挥公园建设引领人口布局、带动片区开发的杠杆作用，积极形成多样化的产业模式和消费场景。开展精品花市、参与水上运动、体验无人经济等等，都成为绿道独一无二的魅力点所在。二是围绕锦城绿道，大手笔描绘独具特色的蓝图，打造占地 10 平方公里的数字文创产业绿廊。瞪羚谷公园社区城市就是其中的重要内容。借助公园和水势形成景观环抱的低洼产业绿岛谷地，并结合川西林盘的建筑特色和新中式的建筑风格，打造中西部产业生态最完善的“数字文创＋金融科技”都市林盘，构筑起湖墅生态、产业社区、文化艺术中心交相辉映的瞪羚企业快速成长聚落。三是筑景、成势、聚人，持之以恒推动生态价值创造性转化，通过融合社会多方资源力量，构建多层次的生态绿道及公园体系。针对道路附属绿地和街头游园，坚持“可进入、可参与”理念，打造“一园一特色、一园一主题”的精致小游园、微绿地 16 个，提升吉泰路、府城大道等特色街道 5 条，对 24 条街道实施行道树增量提质，共计增加乔木约 15000 株；积极实施立体增绿举措，鼓励低于 40 米的建筑实施屋顶绿化，学校、公建配套项目率先示范，市花芙蓉增量 11000 株，基本建成商务氛围现代高端、标志性建筑林立、城市形态高低错落、城市空间舒畅开阔、城市风貌简洁现代、城市生态优美的新城，展现国际化现代化风采，重现“花重锦官城”的公园城市盛景。[①]

同时，为进一步优化城市空间形态，激发城市发展的新活力，高新区积极推动 TOD 一体化综合开发。中和片区的陆肖站，作为市首批示范项目之一，轨道资源丰富，生态资源突出，其区位周边快速发展。根据 TOD 城市设计方案，整个项目占地面积 1640 亩，定位为以轨道交通引领、以公园社区为特色的城市中央活力区，力求打造成为轨道交通引领发展的产城典范、公园城市生活场景的示范社区、智慧宜居的新活力社区引领区。结合站点等级，陆肖站项目计划通过建筑高度控制，沿中柏大道、中和一线形成富有节奏的城市天际线。围绕地铁站形成高层建筑簇群，标志性建筑的高度控制在 180～210 米，TOD 的核心聚集区将形成高新区的城市新地标，并设置公共文化区、高端商务办公区、活力办公区、核心商业商务区、领事馆配套酒店商务区、高品质住宅区，推进高度复合的功能植入及文化设施导入，努力创造新时代城市的魅力与繁华。

为把公园城市理念更好融入 TOD 项目建设之中，在陆肖站的设计中第一次提出了“公园里建社区，社区里建园林”概念。通过串联城市公园，建立多层次的“公园＋小游园＋微绿地”的公园体系，通过生态开敞空间的尺度营造，围绕 TOD 核心区形成“聚合—开敞”的空间体系，为 TOD 的核心簇群提供开放的观赏空间。结合下沉庭院、屋顶第五立面等空间，将着力开展绿化工作，形成绿意满满的生态场所。同时在项目片区加密绿道体系，预计将增加绿道 5.9 公里，构建层次分明的慢行系统，围绕陆肖站形成适宜绿色出行的交通路线，布局绿道直达的上学点位和医疗点位，围绕社区居民需求构建智慧商务、城市乐活、城市交际功能板块，打造诗意栖居之园、事业发展之地、生活安居之所，营造高效换乘、创新创业、宜居生活、品质消费、全时活力、健康运动六大场景，实现“人城境业”的高度和谐统一[②]。

---

① 成都市高新区融媒体中心．“花重锦官城”公园城市盛况将重现［EB/OL］．2018－11－20．http://www.chinahightech.com/html/gaoxinqu/cdgxq/bxms/2018/1120/500073.html.

② 成都高新区深入谋划美丽宜居公园城市建设［EB/OL］．2019－01－30．https://www.sohu.com/a/292378319_378064.

三、依托党建引领，构筑“产社家企”治理发展新场景

在高新区互联网行业聚集的众多楼宇、园区中走一走就会发现，从天府新谷到AFC中航国际广场，从蜀都中心到交子金融科技中心，大型区域化集合式的党群活动阵地覆盖了大部分的楼宇企业。在独角兽企业的成都新潮传媒集团中，楼宇“微党校”为高新青年们提供了全新的学习阵地和在线场景，直播平台将党性教育植入政策宣传、道德法治、人文社科、实用技术等综合培训，使楼宇党员的教育常态化、学习培训全覆盖。

产业社区因产业而生，因产业而兴，社区居民因产业而聚，人聚则产业兴。良好的基层党组织就像肌体的毛细血管，激发了党建工作活力，为城市治理与产业发展的末梢“输送营养”。过去几年间，高新党建不断践行“追求卓越，以最高标准最好水平对表对标”的高薪工作价值观，围绕产业发展和“产业人”两大核心需求，以稳基层、强基础、抓落实为主线，以提升组织力为重点，突出政治功能，为各项事业发展提供坚强的组织保证。

结合产业社区中高学历党员多、年轻党员多、高新技术企业党员多等特点，统筹产业社区中600余个党组织和1.4万名党员的需求，以共建共治为原则，构筑起“产社家企”的社区治理共同体。还开展了党建引领产业社区治理的“11234”新探索，即1个功能性综合党委、党员“一码通”活动平台、党员骨干“双向培养”、企业诉求“三张清单”和党组织“四级梯度”孵化。此外，在新经济活力区创新性成立了综合党委，会同新经济活力区覆盖的瞪羚谷产业社区、骑龙湾产业社区、AI创新中心、中国—欧洲中心、新川创新科技园、天府软件园等6大产业社区，独角兽、瞪羚企业等重点企业党组织，以及业界共治理事会等组建①。

新经济活力区综合党委汇聚各产业社区及所在街道党工委，独角兽、瞪羚企业等重点企业党组织，以及行业协会党组织和业界共治理事会等各方力量，共同推动新经济活力区党建工作。同时，综合党委还充分发挥组织联合、

---

① 成都高新党建构筑“产社家企”社区治理共同体［EB/OL］. 2020－01－09. https://new.qq.com/omn/20200108/20200108A081H200.html?pc.

资源集合、服务共享、互助共建、党员服务平台的作用，将“一码通”“双向培养”“三张清单”“四级梯度”孵化作为重点，加快推进党组织孵化、有序参与社会治理、有效整合“三张清单”资源、优质高效提供公共服务等工作，实现党组织资源的再分配、再组合、再优化，把党建工作融入新经济活力区发展建设的全过程，实现党建引领推动产业功能区高质量发展，努力构建区域统筹、条块协同、上下联动、共建共享的城市基层党建工作新格局。

按照“孵化企业的同时，同步孵化企业党组织”的“双孵化”工作理念，为实现全区楼宇党建与经济发展的同频共振，推进楼宇治理体系和治理能力现代化，高新区编制出台《“红色天际线”基层党建示范带规划纲要（2019—2021）》，提出要以“红色天际线基层党建示范带”项目为抓手，打造8个党建示范片区、21个党建示范应用场景，推进10个全市重点商务楼宇建立楼宇综合党委，并为重点楼宇派驻全职的“两新”党建指导员，形成区域统筹、条块协同、上下联动、共建共享党建格局和以天府大道为连接的“最美天际线”梯度化楼宇党建布局，实现楼宇党建的活动、阵地、服务等要素共享互补①。同时，通过党建阵地矩阵的建设、党建增信的实施、智慧化党建运行平台的搭建等方式，形成推广楼宇党建的工作新模式，有力推动了党建引领楼宇经济的高质量发展。截至2019年底，已建成天府软件园、交子驿站等8个“旗舰”党群服务中心，蜀都中心、绿地之窗等21个快捷“超市”党群服务中心，以及金控时代广场、盈创动力大厦等智慧“盒子”党群服务中心，承接基层党群活动近300次，对接企业需求66项，推动18项创业需求落地，实现对8万余名党员群众的覆盖，政策性贷款产品的“党建增信”业务累计为区内160余家企业提供了超11亿元规模的债权融资，激活了党群服务中心服务功能，助推楼宇党建工作和经济高质量发展相向同行。

2020年1月3日，习近平总书记主持召开中央财经委员会第六次会议时强调，成渝地区双城经济圈建设是一项系统工程，要加强顶层设计和统筹协调，突出中心城市带动作用，强化要素市场化配置，牢固树立一体化发展理

---

① 四川成都高新区：楼宇党建撑起最美“红色天际线”［EB/OL］. 2019－10－17. http://dangjian.people.com.cn/n1/2019/1014/c429005－31399440.html.

念，做到统一谋划、一体部署、相互协作、共同实施，唱好“双城记”。作为全省创新资源最为集中、双创生态最为活跃、产业发展质量最优、协同创新效率最高的标志性区域，成都市高新区从成立到壮大的30余年风雨兼程表明，改革和创新是持续创造城市繁荣的必由之路。随着成渝地区双城经济圈建设的不断深入，成都高新区也将与重庆高新区进一步加强联动协同，共同推进西部科学城、成渝科创走廊、内陆自贸港等建设，努力打造成渝地区高质量发展的强大引擎，全面支撑和引领建设具有全国影响力的科技创新中心。

2015年中央城市工作会议指出，城市工作是一个系统工程，要坚持以人民为中心的发展思想，坚持人民城市为人民。这是我们做好城市工作的出发点和落脚点。高新区从创新城市社区和产业社区的治理发展、打造公园城市示范区、加强党建引领的社区治理共同体等三个领域发力，以建立高标准的生产、生活和生态场景为抓手，统筹政府、市民和社会各方主体，有效激发出高质量发展、高品质生活和高效能治理的内生性动力，为建设美丽宜居公园城市示范区提供了强有力的保障和支撑。

第五节　高新区推动城市高质量发展的经验与启示

2021年成都市常住人口已达到2093.8万，而高新区作为全市经济社会发展的主战场，经济活动高组织性、人口分布高聚集性、生产要素高流动性、社会管理高风险性等显著特征不断呈现，急迫面临着加快转变发展方式、保持生活城市比较优势、推进城市治理转型等一系列重大挑战。2017年成都市第十三次党代会以来，高新区在市委市政府的坚强领导下，坚定不移以新思想引领发展方向、以新理念统揽工作全局，始终确保高新区发展沿着正确方向不断前进。

一、高新区产业集聚与空间重塑的经验

高新区之所以能够取得今天的成绩，首先是坚持以创新发展理念重塑高新区转型发展的新动能，加快形成以高新技术产业集聚为特征的产业生态圈

创新生态链；坚持以协调发展理念构筑永续发展新空间，促进区域生产生活生态布局更加协同；坚持以绿色发展理念开辟生态优先发展新路径，让生活城市和公园城区成为高新区发展的核心竞争力；坚持以开放发展理念来厚植国际竞争新优势，高水平建设国际门户枢纽，高标准打造内陆开放高地；坚持以共享发展理念开创共建共治新局面，深入创新社会治理方式，实现了城市让生活更美好的初心。

其次是坚持"一尊重五统筹"的城市工作重大要求，积极转变发展方式，全面提升城市对要素和经济活动的承载能力。同时，坚持以人民为中心的发展思想，以党建引领基层社会治理，坚定城乡社区发展与治理一体推进，不断提升群众的获得感、幸福感、安全感。坚持在实际工作中转理念、转方式、转作风、提能力，大力提倡实心干事科学作为，持续提升党员干部视野格局和干事境界。最后，坚持全面从严治党，以政治建设引领新时代党的建设，巩固发展风清气正、干事创业的良好政治生态，奋力探索出一条具有中国特色、成都特点、高新特质的现代城市治理新路。

最后是建立完善创新发展制度体系，推动经济高质量发展。高新区坚持以科技创新引领发展方向、以精准政策引导市场预期、以场景建设激发主体活力，持续创新经济工作的组织方式，实现了"有为政府"和"有效市场"的良性互动。第一，创新经济工作组织方式，推动发展方式变革；坚持产业生态圈理念，以信息产业功能区、天府医学城、新经济活力区等功能区建设为依托，积极构建主题鲜明、要素可及、资源共享、协作协同、绿色循环、安居乐业的产业生态圈，完善产业链、创新链、供应链、价值链、人才链的深度融合机制，打造集研发设计、创新转化、场景营造、社区服务为一体的高品质产业空间。第二，坚持融入全球产业链的高端和价值链的核心的产业发展导向，构建以新一代信息技术制造业、现代服务业为支撑，以数字经济为引领的开放型现代化产业格局，大力创新产业功能区建设的管理机制，构建主导产业错位协同、精准细分机制，提升高端要素集聚度与匹配度。第三，改革科技创新转化机制，推动发展动力变革；聚焦数字经济、智能经济、创意经济等新产品新业态新模式，打造服务实体经济、智慧城市建设、科技创新创业、人力资本协同、消费提档升级、绿色低碳发展、现代供应链创新应用等应用场景，实施新经济梯度培育计划，努力打造全国重要的创新策源地。

二、 高新区推动城市高质量发展的启示

推动城市高质量发展，是一项久久为功的系统工程。过去几年的时间里，成都高新区以改革开放创新为根本动力，以构建现代治理体系和治理能力为脉络，从产业、空间、社会、生态等各个领域全面发力，开启了中心城区高质量发展的全新道路。其做法带给我们以下四点启示。

（一）建设一流国际化营商环境，推动发展质量与效率变革

优化营商环境就是解放生产力、提升竞争力。高新区坚持以深化供给侧改革、增强市场活力与稳定社会预期为导向，加快打造市场化法治化国际化营商环境，更大力度为各类市场主体的投资展业破堵点、解难题。第一，建设开放竞争的市场环境，完善市场准入“负面清单＋告知承诺”制度，强化竞争政策基础地位，落实公平竞争审查制度，加强社会信用体系建设，建立企业合法权益保护制度，实施最严格的知识产权保护制度。第二，健全高效便捷的政务服务体系，深入推进“一枚印章管审批”相对集中行政许可权改革，深化企业投资项目承诺制和招投标制度改革，实施企业开办全流程“一件事”便利化改革，探索建立跨行业多证联办机制。系统推进网络理政，完善“蓉易办”政务服务体系，优化“一网通办、一网统管、一键回应”机制，完善包容审慎的柔性执法体系。第三，建立完善促进高质量发展的政策体系，深化以绩效为导向的财政预算制度改革，深化以效率为导向的国资经营评价制度改革，深化以产出为导向的土地资源配置制度改革，深化以成长为导向的企业扶持激励制度改革，建立健全企业全生命周期的政策服务体系，推动经济发展的质量变革与效率变革。

（二）完善绿色发展制度体系，构建立体全面开放新格局

绿色发展是实现城市永续发展的必然要求。高新区牢记习近平总书记对

成都提出的“突出公园城市特点，把生态价值考虑进去”重大要求，积极构建生态优先发展的制度框架，建设“人城境业”高度和谐统一的大美公园城市示范区。第一，坚持景观化、景区化、可进入、可参与的规划理念，建立并完善公园城市规划建设系列导则，确立增绿惠民、营城聚人、筑景成势、引商兴业的营城路径，坚持政府主导、市场主体、商业化逻辑的建设方式，积极探索创新绿道体系、公园体系的可持续建设机制，打造山水生态、天府绿道、城市街区、天府人文、产业社区等公园场景，加快形成公园城市新经济、新消费的场景体系，不断创新生态价值的创造性转化机制。第二，以制度性对外开放为导向，不断深化自由贸易试验区改革创新，积极开展服务业高水平开放试点，探索具有国际竞争力的投资贸易自由化、便利化措施，通过政务商务制度改革升级国际贸易“单一窗口”应用服务功能，健全国家开放口岸和国际供应链的服务体系，积极发展面向“一带一路”沿线国家的科技金融创新，探索本外币一体化自由贸易账户试点。第三，以开展现代供应链的创新与应用试点为契机，积极打造面向全球的制造企业配送枢纽和面向泛亚的全球区域分销企业配送枢纽，建立优质供应链管理企业培育引进机制，鼓励全球供应链的链主企业、平台企业等头部企业设立总部基地。

（三）建立完善共享发展制度体系，更好满足市民美好生活需要

城因人而兴，人因城而荣。高新区牢牢坚持以人民为中心的发展思想，大力推进城市发展与治理良性互动、秩序与活力融合共生。第一，创新群众需求收集研判和共建监督机制，加快健全“幼有所育、学有所教、劳有所得、病有所医、老有所养、住有所居、弱有所扶”的基本公共服务制度体系，深化高品质公共服务设施改革攻坚，以产业社区建设为依托构建 15 分钟基本公共服务圈，让城市发展更有温度、市民生活更有质感。第二，以新发展理念引领城市治理方式转变，创新党委领导双线融合的社会治理机制，构建社区发展治理与社会综合治理的双线融合机制，把党的领导贯穿到社会治理全过程各方面，构筑社会发展治理强基础、优服务、惠民生的高线。第三，完善社区形态、业态、文态和生态统筹推进机制，建设宜人宜居智慧智能的城镇

社区和功能复合职住平衡的产业社区，推动老旧院落与背街小巷整治、特色街区创建与社区服务提升，加快政务服务、公共服务、生活服务、社区服务高效集成，完善社区人才专业化使用、社区工作者职业化发展制度。第四，坚持“一核三治、共建共治共享”，创新社会协同、群众参与社会治理的组织形式和制度化渠道，加快形成党委统一领导、基层组织引领、社会各方协同、群众广泛参与、自治法治德治结合的新型治理格局。

（四）完善治理能力现代化保障体系，充分凝聚起高质量发展的高新合力

推进城市治理现代化，关键在于治理能力的现代化。第一，完善党委议事决策等工作制度，健全党委统一领导、分工分级负责制度，提高党委统揽全局、协调各方的能力，不断提高组织领导能力，形成决策科学、执行坚决、监督有力的权力运行机制。第二，完善干部选育管用全链条机制，坚持把制度执行力和治理能力作为干部选拔任用、考核评价的重要依据，大力选拔“讲政治、懂城市、会经济、善治理”的优秀干部，完善正向激励机制和探索支持创新、宽容改革的失误机制，积极塑造实心干事、科学作为，团结互助、奋发向上的良好氛围。第三，将“人民城市人民建，人民城市为人民”贯穿到高新区治理的全过程各方面，健全鼓励引导各类社会组织参与城市治理的各项制度，畅通在蓉机构、各类人才参与城市治理渠道，充分发挥其在不同领域治理实践中的积极作用。第四，建立健全运用大数据、云计算、物联网、区块链等新一代信息技术赋能城市发展的制度规则，积极打造开放包容、面向未来的智慧城市，探索建立智慧城市的规划机制、公共数据资源的运营机制，以及新型基础设施建设条件的土地供应制度，构建“城市未来场景实验室”和“创新应用实验室”运作机制，孵化符合未来发展方向和城市建设需求的优秀产品、解决方案与创新模式，推动高新区的治理体系和治理能力现代化建设跃上新的台阶。

第九章
结论与展望

改革开放以来，各地城市经济的高速增长与空间规模的快速拓展，成为区域经济发展的主要推动力，产业集聚、空间重塑与城市高质量发展之间的互动关系与作用机理，也成为理论界研究的热门话题。本书将城市的产业集聚、空间优化与经济社会发展纳入统一的分析框架，通过构建产业集聚、空间演进和城市高质量发展的理论模型，并以成都为案例剖析了城市推动产业集聚发展、空间重塑与城市层面的供给侧结构性改革等各领域的创新实践，力求揭示出西部地区的中心城市推动高质量发展的作用机理与一般性趋势。

第一节　研究主要结论

本书在系统梳理产业集聚与城市空间演进的国内外成果基础之上，回顾了世界主要城市的发展历程，着重阐明了以下核心观点：产业集聚是城市空间结构演进的内生动力，不同城市由于区位、资源条件的差异而发展出了不同的演进路径，城市的高质量发展不仅仅体现为产业专业化或多样化的集聚，也表现为城市空间结构为适应产业发展的阶段性特征而做出的调整优化。对于新时代的西部地区城市而言，高效率的产业集聚与更加合理的空间布局决定了城市推动高质量发展的能力，而产业集聚与空间布局的优化又取决于能否持续地培育和增强内生性发展动力。因此，变革经济工作的组织方式、重塑城市经济地理和深化供给侧结构性改革是西部城市推动高质量发展的必由之路。在探讨形成这一核心观点的过程中，本书主要获得了三个研究结论。

第一，城市空间结构对产业集聚的影响是一个多层次、嵌套性的作用机制。作为一个包含各类要素和资源的巨系统，城市空间由于市场机制的驱动实现了产业集聚；但随着产业集聚水平越来越高，要素的拥挤效应开始显现，并加剧了生产企业之间的竞争程度，压缩了企业的利润空间，逼迫价值链的中低端制造厂商向外迁移，对生产成本并不敏感的生产性服务业将开始新一轮的集聚。相比于制造业之间基于产业前后向关联所形成的集聚，生产性服务业更依赖于区域产业集聚和城市功能的溢出效应，科技研发活动的不断深入导致知识溢出速度进一步加快，城市空间布局将呈现从集中向分散转移的趋势。

但是，地方政府对经济活动的干预，打破了市场规律作用下城市空间与功能分工的演进趋势。地方政府通过提供更多土地的供给与财税补贴，缩小甚至抵消了厂商空间转移的机会成本。以区县为主体的经济工作组织方式，尽管是过去城市城区推动产业集聚发展的主要动力，但同时也强化了城市城区的空间发展路径，让要素集聚和产业活动被锁定在既有的发展轨道上。地方政府通过配置手中的行政资源，以及对重点发展产业的财税优惠和政策倾斜，推动城市城区的产业集聚能力不断提升，城市发展动力也越来越依赖于政府政策的溢出效应，导致城市产业集聚规模不断扩大但产业层次却始终停留在要素粗放使用的尴尬境地，导致要素配置和功能分工的城市空间均衡始终无法实现。

第二，产业集聚和空间结构优化是城市推动实现高质量发展的重要内容和基础。但产业集聚和空间布局调整的实践都有着不同的指导原则。一方面，不同产业部门对于要素产出弹性的要求不同，实现要素的部门优化配置意味着要素根据产业部门特征和要素边际收益率自由流动，从而实现优质要素向效率高产出高的产业部门集聚，进而提升要素的集聚效率和产业的产出效率。另一方面，不同城区因其资源禀赋差异对要素产出弹性的要求也不同，要素的空间优化配置要求要素根据不同城区的差异化特征与空间边际收益进行自由流动，从而实现优质要素向效率更高产出更高的地区集聚，提升要素的集聚效率和空间的产出效率。

因此，产业部门的要素优化与配置，便是异质化的要素在产业集聚发展中实现高效集聚的过程，而空间的要素优化与配置，其实是异质化要素不断在空间规模和密度环境寻求最佳区位的集聚过程。前者反映了不同要素的产业间分工关系，后者则反映出城市不同区位的空间分工与形态变迁。中心城区从以制造业集聚为主转向以高端服务业集聚为主的发展历程，其实体现出城市空间结构的内部功能与产业分工不断优化的过程。

第三，城市范畴在中西方语境下存在着巨大的差异，这使得国内外关于城市化的研究与实践走上了不同的道路。西方国家的城市实践与理论研究大都以城市—大都市带—城市群为脉络，着重探讨区域空间范围内的要素和产业活动的极化与分散过程。而国内的研究与各地实践则多以城市空间内部的要素和产业活动优化配置为研究对象，更加关注城市空间规模的增长与城乡关系的再平衡。所以，新中国成立后围绕“变消费城市为生产城市”“开展社会主义工业化建设”等思路，全国城市，尤其是大城市通过优先支持重工业发展、旧城填空补实等行动解决城市生活的卫生、安全和住房等基本生活问题，带动城市空间的调整和优化。随着1958年城乡二元户籍制度的确立，城乡分治的空间格局基本形成。改革开放以来，伴随土地使用权出让与财政分税等制度建立，“退二进三”、新区新城建设全面铺开，城市走上了产业高速集聚和空间快速扩张的发展新阶段。

放在区域空间层面，不同等级的城市均以产业集聚和空间扩张的方式推动发展，其结果必然是区域内空间结构的进一步极化。高端要素和高水平产业活动在中心城市的广泛集聚，导致中心城市依靠虹吸效应规模越来越大，而周围城市随着人口流失，产业转型升级的动能日趋下降，与中心城市的差距将会越来越大，通过市场开放、加大科技创新投入力度等新方式来改变发展困境的难度也将进一步放大，稍有不慎就可能陷入“低增长陷阱”之中。

第二节　城市高质量发展路径的政策启示

总体来看，西部地区的城市高质量发展是一个以产业集聚为动力，以重塑空间结构与提升城市功能为路径的发展过程。针对当前城市高质量发展中所面临的问题，还是要回到产业集聚与空间结构优化的基本面来寻求解决办法，以统筹空间、规模和产业三大结构为指导原则，通过强化正向的产业和空间的溢出效应，降低负向的拥挤效应等，以要素与产业活动的多样化集聚带动形成良好的产业生态，进而实现规模经济基础之上的范围经济。具体的政策建议包括以下三个方面。

一、 强化产业集聚与空间重塑的溢出效应

结合产业发展趋势，建立以技术创新为导向的产业集聚技术路线，形成以企业主体的自主核心技术研发为主，通过产业的水平型和垂直型关联促进关键产业及关联产业的经济效率提升；遵循城市经济发展的空间规律，建立健全资源配置的市场化机制，由政府提供必要的服务环境与保障，最终形成科学合理的产业空间分布格局。

新发展格局下，微观层面的企业将是突破“卡脖子”技术，推动自主技术研发和创新的主要源泉。但企业的自主技术创新，一方面取决于科技人才的培育，可通过技能培训、科研奖励、税收优惠、福利补贴等政策的实施，提高对专业化高端人才的吸引力度，调动科研人员工作的积极性，促进科技成果的转化利用效率的提升。另一方面，企业自主科技创新的突破，也必须要有创新环境的孵化；需要城市通过财政补贴、政府采购、贴息贷款、加大研发投入等措施，激发企业从生产导向转为技术研发导向，从根本上改变企业对国外先进技术的路径依赖，为企业内及企业间营造出良好的创新环境，通过技术创新和产业集聚的溢出效应，“自下而上”地提高产业整体的国际竞争力。

企业创新与产业集聚都离不开资源的集约配置。对西部地区的中心城市而言，政府和市场都在其中扮演了关键角色。其中微观层面的资源配置是市场力量主导的，而政府应注重提供产业层面的平台服务与创新制度环境。第一，通过地方财政支出大力支持国家重点实验室与科研机构的建设，增加产业技术研发的公共供给，为企业自主创新提供大型科学仪器、重点技术研发的共享服务，从而缩短企业自主创新的研究周期。第二，深化产学研协同创

新，组建跨区域、跨行业、跨部门的重大技术联合攻关机制，实现技术创新领域的优势互补、合作共赢。第三，加大对知识产业的保护力度，建立完善科技中介服务行业准入制度与科研技术使用许可制度，拓宽知识产权保护渠道，优化企业技术创新的法律制度环境，培育利于知识产权保护的社会信用制度，为产业集聚和有序发展提供相应的保障。

二、 培育城市高质量发展的内生动力

首先，统筹城市的改革、科技和文化三大动力，建立以包容性、兼容性与公共性为基础的城市空间与城市制度。城市社会之所以能够保持一定的张力和韧性，关键在于差异化的主体具有足够流动性，能够确保实现主体间性与城市间性的动力和效率，消解城市发展中可能出现或激化的阶层固化与路径依赖。通过突出地方政府的主导作用，依托公共设施完善营造异质性范式与主导性范式的共在空间，建立起不同生活与文化背景的主体平等进入城市、相互学习促进、融合发展的体制机制，把多元化主体整合为有机的城市命运共同体，确保城市权利与权力的高度统一。

其次，建立与中国特色社会主义城市相适应的文化底蕴和城市精神。深刻理解中国历史文化底蕴是把握中国特色社会主义大城市建设的关键，以继承发展传统历史文化、展示中华文明独特内涵为着力点，彰显城市个性在世界城市体系中的独特存在。其中，传承优秀的城市历史文化底蕴，培育塑造新时代的城市精神，是走出模仿西方城市建设困境的重要指南，是城市社会从外延型增长迈向内涵型发展的基础支撑，更是中国特色社会主义城市建设的根本保障。

最后，以有限范式的自觉合理应对未来发展中面临的风险选择。从计划经济、城乡二元经济转向社会主义市场经济，决定了城市发展与治理过程中突显的时代问题往往具有易变性和复杂性，问题和风险也表现出了高度的综合性和杂糅性，倒逼我们要承认城市空间的边界、生活的节制与生态承载力的限度，以建立有限的范式自觉来破除城市发展中的风险和困境。从城市长远发展的目标来看，有限性范式构成了城市现实与理想之间张力的桥梁。正

是因为党对城市工作的坚强领导，我们才能调适主体行为与对象之间关系的特殊性与不确定性，城市也才可能具备足够的韧性和弹力，进而实现城市永续发展与现代化进程的有机统一。

三、 形成高水平供给与需求动态平衡

在新一轮工业革命的引领下，中心城市以其拥有的高端要素集聚能力而能够有效推动高端产业发展。如果坚持对大城市发展采取严格把控的态度，将对产业集聚和规模效应的发挥产生不利影响。因此，正如中央财经委员会第五次会议指出的那样，要增强中心城市和城市群的经济和人口承载能力，通过要素和产业活动的集聚形成循环累积因果效应，进而辐射带动周边城市和区域的发展。

首先，加强城市对土地资源的合理配置与建设开发，根据产业集聚的实际基站配置土地资源，加强对土地出让的过程监管，确保土地出让交易的目标明确，规范政府土地财政收支管理，促进土地收益的合理分配以及资源的有效利用。

其次，以中观视域的场景构建促进城市供给与需求的有效对接。城市的各类生产、生活与消费场景构成了市民与社会链接的基本单位。“人民城市为人民”的共同体构建，取决于各项政策制度能否有效推动生产、生活和生态环境的相互促进。积极打造多元化的“以人为本”的各类场景，满足市民对城市美好生活的需求，决定了市民在城市生活中所能获得的成就感、幸福感和满足感。因此，坚持以人民为中心的城市发展思想，建立健全各类公共服务设施，积极推动社区社会治理创新，通过政府的财政转移支付，推进城乡基本服务均等化，确保就业、养老、医疗救助、子女教育等多方面的福利保障惠及居民大众，而不再是与户籍制度相捆绑。

最后，统筹政府、市民和社会三大主体，探索建设以市场为指向、以政府调控为主导的公共服务供给体系，建立健全党基层组织领导下的社区治理体系，积极提升社会第三方参与社会治理的积极性，实现公共服务供给的多元化发展，努力实现以城市精神与文化价值链接家庭、社区与社会，形成城

市经济社会发展的行动合力，这无疑是克服“集体行动悖论”的最有效方式。

四、 促进城市群产业协同发展

随着信息通信技术与高铁的迅猛发展，产业集聚的溢出效应和空间关联效应不断增强，使得城市的经济边界已经超越了行政区划的限制，产业集聚和城市能级的变动也呈现出由过去的单一城市向更大区域范围内转移的新趋势。打破地方保护和市场分割在要素流动中的阻隔，消除体制机制对要素流动和产业组织的束缚，将大大降低要素流动的交易成本，并带来空间集聚效率的明显提升。

首先，以区域空间治理体系现代化为导向，推动区域空间的尺度重组。突破已有的行政区划边界，基于地理位置、产业活动、市场容量和设施环境等因素系统研判域内国土空间的尺度重组与配置优化规划，紧密结合国家层面对成都平原城市群的战略定位，注重规划的横向统筹和纵向集成，真正发挥空间规划对区域生产生活空间结构的引领、规范和调控功能，不断强化对不同城市开发强度、开发边界、功能配置的管控。同时，探索建立区域层面空间治理的专职结构，自上而下地加强各治理单元参与和执行空间规划的约束力；在区域内统筹使用财政转移支付，将资源环境、产业协同、社会发展、生态维护一同纳入政绩考核指标体系，构建差异化的考核评价，加快形成开放性、网络化系统下产业协同的区域空间新布局。

其次，以全面提升城市功能和竞争力为导向，做大中心城市的产业能级，重点发展具备国际比较优势产业。支持企业与区域内关联企业和机构开展技术联合创新，攻克关键国家质量基础的共性技术和供应链难题；支持企业在城市群内优化生产布局，推进产品绿色设计和绿色生产。以信息安全、航空装备、生物技术医药、汽车制造等领域为重点，开展装备智能升级、生产流程改造、基础数据全域共享等行动，进一步释放国内优势产业的制造产能。以强化中心城市的金融功能为核心，建设打造区域性国际资本市场、中国西部创投融资中心、中国新型金融先行区、面向东南亚的财富管理基地和中国西部离岸金融中心等，培育和壮大本土化区域性金融法人机构，促进跨境贸易和投融资便利化。

最后，以培育和增强区域发展新动能为目标，构建产业创新发展共同体。围绕区域重点发展产业目录，以构建产业价值链和产业生态圈为目标，创新府际关于产业协同发展的合作机制，注重深化科技资源共享和科研组织体制改革，积极在城市交界地带设立产业主题合作园区，建立点对点的产业协同创新发展联盟，共建供应链交易、服务平台和重要产品追溯体系，打造多层级多主体联动决策下的多层次、多样化的技术创新与产业协同发展机制。同时，积极探索试点区域平衡型财税分配方案，将来源于整个区域一定比例的增值税收入专门用于城市之间横向的财政平衡，通过税收分配的空间调整为产业协同发展创造新的动力。

第三节　未来研究展望

本书以产业集聚、空间结构演进与城市高质量发展为脉络，通过理论研究与案例分析，对产业集聚推动城市空间结构演化、城市通过空间治理增强产业集聚动力，以及构建西部地区中心城市高质量发展评价体系等话题进行了深入的研究，基本阐明了产业集聚、空间重塑与城市高质量发展之间的互动机理。在以后的研究中，可以从以下两个方面进行深化。

一是在精细尺度上，继续加强产业集聚和空间结构演进对城市高质量发展的定量分析。由于城市高质量发展涉及城市工作的方方面面，而现有的资料在城市层面的数据较为缺乏，同时不同的数据来源也存在统计指标不一致问题，导致难于开展对西部地区四个中心城市关于高质量发展趋势的实证分析，更无法对产业集聚度、空间集聚度和城市高质量发展之间关系进行统一的实证检验。未来，将有可能利用第七次全国人口普查数据整合各个数据库的数据，实现对四个城市高质量发展水平的有效估计，并有希望建立起产业集聚、空间演进与城市高质量发展的实证分析模型。

二是结合构建新发展格局、建设公园城市示范区和成渝地区双城经济圈建设等一系列国家重大要求，未来在西部地区的城市研究中引入更合理的产业集聚和空间规模指标，实现对城市高质量发展水平更加全面的估计。本书所提出的城市高质量发展评价指标体系，由于数据采集难度等原因，选取了不少代理变量来反映城市在创新发展、协调发展、绿色发展、开放发展与共享发展中的成果。但在中心城市主导的城市群发展背景下，原来相互隔离的相邻城市逐步相连，规模经济、城市能级、外部效应等城市效率指标得以在更加广泛的区域内得到实现，加之地理信息系统技术在空间中分析的普及，如何选择更为合适的指标来度量产业集聚、评价城市高质量发展水平等等，将是未来研究中需要重点突破的方向。

主要参考文献

1. 中文文献

著作类

[1] 习近平. 在庆祝改革开放 40 周年大会上的讲话 [M]. 单行本. 北京：人民出版社，2008.

[2] 习近平. 决胜全面建成小康社会 夺取新时代中国特色社会主义伟大胜利——在中国共产党第十九次全国代表大会上的报告 [M]. 单行本. 北京：人民出版社，2017.

[3] 习近平. 为建设世界科技强国而奋斗——在全国科技创新大会、两院院士大会、中国科协第九次全国代表大会上的讲话 [M]. 单行本. 北京：人民出版社，2016.

[4] 习近平. 之江新语 [M]. 杭州：浙江人民出版社，2013.

[5] 中共中央文献研究室. 习近平关于社会主义经济建设论述摘编 [M]. 北京：中央文献出版社，2017.

[6] 中共中央宣传部. 习近平新时代中国特色社会主义思想三十讲 [M]. 北京：学习出版社，2018.

[7] 中共中央文献研究室. 十八大以来重要文献选编（上）[M]. 北京：中央文献出版社，2014.

[8] 中共中央文献研究室. 十八大以来重要文献选编（中）[M]. 北京：中央文献出版社，2016.

[9] 中共中央文献研究室. 十八大以来重要文献选编（下）[M]. 北京：中央文献出版社，2018.

［10］马克思，恩格斯. 马克思恩格斯全集（第二卷）［M］. 中共中央马克思恩格斯列宁斯大林著作编译局，编译. 北京：人民出版社，1957.

［11］阿尔弗雷德·马歇尔. 经济学原理（上卷）［M］. 朱志泰，译. 北京：商务印书馆，1983.

［12］阿尔弗雷德·马歇尔. 经济学原理（下卷）［M］. 陈良璧，译. 北京：商务印书馆，1983.

［13］阿尔弗雷德·韦伯. 工业区位论［M］. 李刚剑，等，译. 北京：商务印书馆，2009.

［14］约瑟夫·熊彼特. 经济分析史（第二卷）［M］. 杨敬年，译. 北京：商务印书馆，1992.

［15］约瑟夫·熊彼特. 经济发展理论：对于利润、资本、信贷、利息和经济周期的考察［M］. 何畏，易家详，等，译. 北京：商务印书馆，2017.

［16］E. 奥德姆，G. 巴雷特. 生态学基础［M］. 陆健健，王伟，等，译. 北京：高等教育出版社，2009.

［17］沃尔特·艾萨德. 区位与空间经济：关于产业区位、市场区、土地利用、贸易和城市结构的一般理论［M］. 杨开忠，等，译. 北京：北京大学出版社，2011.

［18］约翰·冯·杜能. 孤立国同农业和国民经济的关系［M］. 吴衡康，译. 北京：商务印书馆，1986.

［19］埃德加·M. 胡佛. 区域经济学导论［M］. 王翼龙，译. 北京：商务印书馆，1990.

［20］奥古斯特·勒施. 经济空间秩序［M］. 王守礼，译. 北京：商务印书馆，2010.

［21］沃尔特·克里斯塔勒. 德国南部中心地原理［M］. 常正文，等，译. 北京：商务印书馆，2010.

［22］阿瑟·刘易斯. 国际经济秩序的演变［M］. 乔依德，译. 北京：商务印书馆，2017.

［23］保罗·克鲁格曼. 发展、地理学与经济理论［M］. 蔡荣，译. 北

京：北京大学出版社，2000.

[24] 藤田昌久，雅克-弗朗斯科·蒂斯. 集聚经济学：城市、产业区位与区域增长 [M]. 刘峰，等，译. 成都：西南财经大学出版社，2004.

[25] 迈克尔·波特. 国家竞争优势 [M]. 李明轩，等，译. 北京：华夏出版社，2002.

[26] 戴维·罗默. 高级宏观经济学 [M]. 苏剑，等，译. 北京：商务印书馆，1999.

[27] 查尔斯·琼斯. 经济增长导论 [M]. 舒元，等，译校. 北京：北京大学出版社，2002.

[28] R. 科斯等. 财产权利与制度变迁：产权学派与新制度学派译文集 [M]. 刘守英，等，译. 上海：上海三联书店，1994.

[29] 亨利·列斐伏尔. 空间与政治（第 2 版）[M]. 李春，译. 上海：上海人民出版社，2015.

[30] 帕克等. 城市社会学：芝加哥学派城市研究文集 [M]. 宋俊岭，等，译. 北京：商务印书馆，1987.

[31] K. J. 巴顿. 城市经济学 [M]. 上海社会科学院部门经济研究所城市经济研究室，译. 北京：商务印书馆，1986.

[32] 斯塔夫里阿诺斯. 全球通史：从史前史到 21 世纪 [M]. 吴象婴，梁赤民，等，译. 北京：北京大学出版社，2006.

[33] 何一民. 中国城市史 [M]. 武汉：武汉大学出版社，2012.

[34] 陈栋生. 区域经济学 [M]. 郑州：河南人民出版社，1993.

[35] 简新华，何志扬，黄锟. 中国城镇化与特色城镇化道路 [M]. 济南：山东人民出版社，2010.

[36] 魏后凯. 现代区域经济学 [M]. 北京：经济管理出版社，2011.

[37] 孙智君. 产业经济学 [M]. 武汉：武汉大学出版社，2010.

[38] 薛凤旋. 中国城市及其文明的演变 [M]. 北京：世界图书出版公司，2010.

[39] 高佩义. 中外城市化比较研究 [M]. 天津：南开大学出版

社，1991.

［40］李程骅. 优化之道：城市新产业空间战略［M］. 北京：人民出版社，2008.

［41］李志英. 中国近代工业的产生与发展［M］. 北京：北京科学技术出版社，1995.

［42］罗志如，厉以宁. 二十世纪的英国经济："英国病"研究［M］. 北京：人民出版社，1982.

研究报告、学位论文类

［1］重庆市国民经济和社会发展统计公报［R］，2010—2018年.

［2］成都市国民经济和社会发展统计公报［R］，2010—2018年.

［3］西安市国民经济和社会发展统计公报［R］，2010—2018年.

［4］昆明市国民经济和社会发展统计公报［R］，2010—2018年.

［5］成都市发展与改革委员会. 成都市产业发展白皮书［R］. 成都：成都市发展与改革委员会，2017.

［6］吕力. 产业集聚、扩散与城市化发展——理论探讨与中国的实践［D］. 武汉：武汉大学，2005.

［7］熊国平. 90年代以来中国城市形态演变研究［D］. 南京：南京大学，2005.

［8］张浩然. 中国城市经济的空间集聚和外溢：理论分析与经验证据［D］. 长春：吉林大学，2012.

［9］王媛玉. 产业集聚与城市规模演进研究［D］. 长春：吉林大学，2019.

［10］吴乐. 城市空间经济结构优化研究［D］. 兰州：西北大学，2016.

［11］卢星星. 产业集聚异质性对经济增长的影响机制研究［D］. 南昌：江西财经大学，2019.

报纸、期刊文献类

［1］中共四川省委关于深入学习贯彻习近平总书记对四川工作系列重要

指示精神的决定［N］. 四川日报，2018—07—02.

［2］中共四川省委关于全面推动高质量发展的决定［N］. 四川日报，2018—07—02.

［3］关于实施“一干多支”发展战略推动全省区域协同发展的指导意见［N］. 四川日报，2018—11—20.

［4］中共成都市委关于学习新思想贯彻新理念实施主体功能区战略全面建设现代化新天府的决定［N］. 成都日报，2017—12—19.

［5］中共成都市委关于全面贯彻新发展理念加快推动高质量发展的决定［N］. 成都日报，2018—07—09.

［6］中共成都市委关于深入贯彻落实习近平总书记来川视察重要指示精神 加快建设美丽宜居公园城市的决定［N］. 成都日报，2018—07—09.

［7］彭清华. 习近平新时代中国特色社会主义思想是解决当代中国前途命运问题的科学理论指引［N］. 人民日报，2018—06—21.

［8］彭清华. 始终高举伟大旗帜 奋力书写时代答卷［N］. 学习时报，2018—09—10.

［9］范锐平. 加快建设全面体现新发展理念的城市［N］. 学习时报，2018—07—27.

［10］范锐平. 深化改革开放 聚力创新发展 为建设全面体现新发展理念的国家中心城市而奋斗［N］. 成都日报，2017—05—02.

［11］范锐平. 加快建设美丽宜居公园城市［N］. 人民日报，2018—10—11.

［12］范锐平. 坚定政治方向 主动服务大局 高质量建设全面体现新发展理念的城市［J］. 先锋，2018（7）：4—9.

［13］林玲. 美国现代城市体系初探［J］. 世界经济，1989（12）：46—52.

［14］刘乃全，叶菁文. 产业集聚与空间集聚的协调发展研究［J］. 当代经济管理，2011（7）：52—59.

［15］刘鹏，张运峰. 产业集聚、FDI与城市创新能力——基于我国264

个地级市数据的空间杜宾模型［J］. 华东经济管理，2017（5）：56—65.

［16］刘义圣，林其屏. 产业集群的生成与运行机制研究［J］. 东南学术，2004（6）：130—137.

［17］刘永亮. 中国城市规模经济的动态分析［J］. 经济学动态，2009（7）：69—73.

［18］刘振新，安慰. 珠三角城市群的形成与发展［J］. 同济大学学报（社会科学版），2004（5）：72—77.

［19］卢迪，吴昊. 基于产业关联集聚模式的东北城市规模效应研究［J］. 税务与经济，2018（3）：54—60.

［20］马延吉. 辽中南城市群产业集聚发展与格局［J］. 经济地理，2010（8）：1294—1298.

［21］马子量. 西北地区产业集聚与城市人口集聚：交互协同及地理耦合——基于演化视角的空间统计分析［J］. 西南民族大学学报（人文社会科学版），2016（5）：121—126.

［22］宁越敏. 论世界大城市的发展趋势——兼论我国大城市的发展问题［J］. 城市问题，1990（4）：4—10.

［23］齐嘉. 中国三大城市群产业集聚比较研究——基于高新区高成长企业的证据［J］. 海南大学学报（人文社会科学版），2018（2）：60—68.

［24］覃成林，李超. 要素禀赋结构、技术选择与中国城市现代产业发展［J］. 产业经济研究，2012（3）：18—25.

［25］饶会林. 试论城市规模效益［J］. 中国社会科学，1989（4）：3—18.

［26］施本植，许宁，刘明，邓铭. 金融集聚对城市绿色经济效率的影响及作用渠道——基于中国249个地级以上城市的实证分析［J］. 技术经济，2018（8）：87—95.

［27］唐承丽，吴艳，周国华. 城市群、产业集群与开发区互动发展研究——以长株潭城市群为例［J］. 地理研究，2018（2）：292—306.

［28］魏守华，陈扬科，陆思桦. 城市蔓延、多中心集聚与生产率［J］.

中国工业经济，2016（8）：58—75.

［29］吴福象，沈浩平. 新型城镇化、创新要素空间集聚与城市群产业发展［J］. 中南财经政法大学学报，2013（4）：36—42＋159.

［30］陈建军，陈国亮，黄洁. 新经济地理学视角下的生产性服务业集聚及其影响因素研究——来自中国 222 个城市的经验数据［J］. 管理世界，2009（4）：83—95.

［31］陈雁云，朱丽萌，习明明. 产业集群和城市群的耦合与经济增长的关系［J］. 经济地理，2016（10）：117—122＋144.

［32］陈阳，唐晓华. 制造业集聚对城市绿色全要素生产率的溢出效应研究——基于城市等级视角［J］. 财贸研究，2018（1）：1—15.

［33］陈钊，陆铭，许政. 中国城市化和区域发展的未来之路：城乡融合、空间集聚与区域协调［J］. 江海学刊，2009（2）：75—80.

［34］陈子真，雷振丹. 产业协同集聚对区域经济的影响研究［J］. 区域经济评论，2018（3）：50—58.

［35］程中华，刘军. 产业集聚、空间溢出与制造业创新——基于中国城市数据的空间计量分析［J］. 山西财经大学学报，2015（4）：34—44.

［36］邓嘉怡，李郇. 统一后原东德城市收缩现象及机制研究［J］. 世界地理研究，2018（4）：90—99.

［37］丁立. 试论战后美国经济发展的五个历史阶段——兼论 1987 年 10 月华尔街股市暴跌的重大影响［J］. 河南大学学报（哲学社会科学版），1988（3）：7—12＋57.

［38］董黎明. 联邦德国城市发展趋势［J］. 城市规划，1989（2）：43—45.

［39］豆建民，刘叶. 生产性服务业与制造业协同集聚是否能促进经济增长——基于中国 285 个地级市的面板数据［J］. 现代财经（天津财经大学学报），2016（4）：92—102.

［40］范晓莉，王振坡. 企业异质、产业集聚与城市空间结构演变——新新经济地理学视角的理论解释与动态分析［J］. 西南民族大学学报（人文社

会科学版)，2015（1）：136－144.

［41］方远平，唐瑶，陈宏洋，等. 中国城市群知识密集型服务业集聚与经济增长关系研究——基于动态面板数据的GMM方法［J］. 经济问题探索，2018（2）：85－93.

［42］费孝通. 小城镇 大问题［J］. 江海学刊，1984（1）：6－26.

［43］高丽娜. 多中心化与城市群经济发展关系研究——以长三角城市群为例［J］. 科技进步与对策，2018（19）：46－52.

［44］葛立成. 产业集聚与城市化的地域模式——以浙江省为例［J］. 中国工业经济，2004（1）：56－62.

［45］顾杨妹. 二战后日本人口城市化及城市问题研究［J］. 西北人口，2006（5）：56－60.

［46］胡茂盛，李东. 模块化视角下的产业集聚与城市规模研究［J］. 市场论坛，2010（3）：90－91.

［47］胡锡琴，张红伟. 空间经济视域下城市群FDI、服务业集聚的经济效应——基于成渝城市群的实证分析［J］. 中国地质大学学报（社会科学版)，2017（5）：116－125.

［48］胡兆量. 大城市的超前发展及其对策［J］. 北京大学学报（哲学社会科学版)，1986（5）：118－122＋128.

［49］胡尊国，王耀中，尹国君. 劳动力流动、协同集聚与城市结构匹配［J］. 财经研究，2015（12）：26－39.

［50］黄蕊，崔大树. 产业空间分异驱动城市群空间组织模式演变研究——以浙江中部城市群为例［J］. 改革与战略，2013（9）：54－58.

［51］纪晓岚. 英国城市化历史过程分析与启示［J］. 华东理工大学学报（社会科学版)，2004（2）：97－101.

［52］江章学. 产业集聚与城市经济圈的互动关系分析——基于新经济地理学的视角［J］. 商业经济研究，2016（16）：201－203.

［53］蒋涛，沈正平. 聚集经济与最优城市规模探讨［J］. 人文地理，2007（6）：68－71＋104.

[54] 金晓雨. 城市规模、产业关联与共同集聚——基于制造业与生产性服务业产业关联和空间互动两个维度 [J]. 产经评论，2015 (6)：35—46.

[55] 柯善咨，姚德龙. 工业集聚与城市劳动生产率的因果关系和决定因素——中国城市的空间计量经济联立方程分析 [J]. 数量经济技术经济研究，2008 (12)：3—14.

[56] 李长胜，蔡敏. 产业政策与经济转型：美国 20 世纪 80 年代以来的经验与启示 [J]. 改革与战略，2018 (7)：116—122.

[57] 梁辰，王诺，佟士祺，等. 大连临港产业集聚与城市空间结构演变研究 [J]. 经济地理，2012 (8)：84—90.

[58] 梁琦. 空间经济学：过去、现在与未来——兼评《空间经济学：城市、区域与国际贸易》[J]. 经济学（季刊），2005 (4)：1067—1086.

[59] 肖辉英. 德国的城市化、人口流动与经济发展 [J]. 世界历史，1997 (5)：62—71.

[60] 梁琦，黄利春. 要素集聚的产业地理效应 [J]. 广东社会科学，2014 (4)：5—13.

2. 外文文献

著作类

[1] ALONSO W. Location and Land Use [M]. Cambridge, Massachusetts：Harvard University Press，1964.

[2] BAGNASCO A. Tre Italie：La Problematica Territoriale Dello Sviluppo Italiano [M]. Bologna：IIMulino，1977.

[3] BOUDEVILLE J R. Problems of Regional Economic Planning [M]. Edinburgh：Edinburgh University Press，1966.

[4] CAMERON A C，TRIVEDI P K. Microeconometrics：Methods and Applications [M]. Cambridge and New York：Cambridge University Press，2005.

[5] CASTELLS M. The Informational City：Information Technology，Economic Restructuring and the Urban-Regional Process [M]. Oxford，UK：Basil Blackwell，1989.

[6] CHAMBERLIN E H. The Theory of Monopolistic Competition [M]. Cambridge，Massachusetts：Harvard University Press，1956.

[7] CLARK C. Population Growth and Land Use [M]. London：Palgrave MacMillan，1967.

[8] CRONON W. Nature's Metropolis：Chicago and the Great West [M]. New York：W. W. Norton&Company，1991.

[9] DICKEN P，LLOYD P. Location in Space：Theoretical Perspectives in Economic Geography [M]. New York：Harper Collins Publisher，1990.

[10] DUNCAN O，SCOTT W R，LIEBERSON S，et al. Metropolis and Region [M]. Baltimore，Maryland：Johns Hopkins Press，1960.

[11] FUJITA M. Urban Economic Theory：Land Use and City Size [M]. Cambridge，UK：Cambridge University Press，1989.

[12] FUJITA M，KRUGMAN P，VENABLES J. The Spatial Economy：Cities，Regions，and International Trade [M]. Cambridge，Massachusetts：The MIT Press，1999.

[13] GARREAU J. Edge City：Life on the New Frontier [M]. New York：Doubleday，1991.

[14] GEDDES P. Cities in Evolution [M]. London：Williams&Norgate，1915.

[15] GORDON B. Economic Analysis Before Adam Smith [M]. London：Palgrave Macmillan，1975.

[16] HICKS J R. Value and Capital：An Inquiry into Some Fundamental Principles of Economic Theory [M]. Oxford，UK：Clarendon Press，1939.

[17] JACOBS J. The Economy of Cities [M]. New York：Random

House，1969.

[18] JACOBS J. Cities and the Wealth of Nations [M]. New York: Random House，1984.

[19] MEADE J E. The Theory of Economic Externalities: The Control of Environmental Pollution and Similar Social Costs [M]. Leiden: Sijthoff，1973.

[20] MILLS E S. Studies in the Structure of the Urban Economy [M]. Baltimore，Maryland: Johns Hopkins Press，1972.

[21] MOSAK J L. General-Equilibrium Theory in International Trade [M]. Bloomington，Indiana: Principia Press，1944.

[22] MUTH R F. Cities and Housing [M]. Chicago，Illinois: The University of Chicago Press，1969.

期刊类

[1] ABDEL-RAHMAN H，FUJITA M. Product Variety，Marshallian Externalities，and City Sizes [J]. Journal of Regional Science，1990，30 (2)：165—183.

[2] ALONSO W. The Economics of Urban Size [J]. Papers in Regional Science，1971，26 (1)：67—83.

[3] ANAS A，ARNOTT R，SMALL K A. Urban Spatial Structure [J]. Journal of Economic Literature，1998，36 (3)：1426—1464.

[4] ANAS A，KIM I. General Equilibrium Models of Polycentric Urban Land Use with Endogenous Congestion and Job Agglomeration [J]. Journal of Urban Economics，1996，40 (2)：232—256.

[5] ARAUZO-CAROD J，VILADECANS-MARSAL E. Industrial Location at the Intra-Metropolitan Level: The Role of Agglomeration Economies [J]. Regional Studies，2009，43 (4)：545—558.

[6] ARNOTT R. Optimal Taxation in a Spatial Economy with Transport Costs [J]. Journal of Public Economics，1979，11 (3)：307

—334.

[7] ARRIBAS-BEL D, SANZ-GRACIA F. The Validity of the Monocentric City Model in a Polycentric Age: US Metropolitan Areas in 1990, 2000 and 2010 [J]. Urban Geography, 2014, 35 (7): 980—997.

[8] ARROW K J. The Economic Implications of Learning by Doing [J]. The Review of Economic Studies, 1962, 29 (3): 155—173.

[9] AU C C, HENDERSON J V. How Migration Restrictions Limit Agglomeration and Productivity in China [J]. Journal of Development Economics, 2006, 80 (2): 350—388.

[10] AUDIRAC I. Information Technology and Urban Form: Challenges to Smart Growth [J]. International Regional Science Review, 2005, 28 (2): 119—145.

[11] BECKMANN M J. On the Equilibrium Distribution of Population in Space [J]. The Bulletin of Mathematical Biophysics, 1957, 19 (2): 81—90.

[12] BEHREN K, DURANTON G. Productive Cities: Sorting, Selection, and Agglomeration [J]. Journal of Political Economy, 2014, 122 (3): 507—553.

[13] BEYERS W B. Contemporary Trends in the Regional Economic Development of the United States [J]. Professional Geographer, 1979, 31 (1): 34—44.

[14] BLACK D, HENDERSON V. A Theory of Urban Growth [J]. Journal of Political Economy, 1999, 107 (2): 252—284.

[15] BRADE I, HERFERT G, WIEST K. Recent Trends and Future Prospects of Socio-Spatial Differentiation in Urban Regions of Central and Eastern Europe: A Lull Before the Storm? [J]. Cities, 2009, 26 (5): 233—244.

[16] BREZIS E S, KRUGMAN P. Technology and the Life Cycle of

Cities [J]. Journal of Economic Growth，1997，2 (4)：369—383.

[17] CHAMPION A G. A Changing Demographic Regime and Evolving Polycentric Urban Regions：Consequences for the Size，Composition and Distribution of City Populations [J]. Urban Studies，2001，38 (4)：657—677.

[18] CLARK C. Urban Population Densities [J]. Journal of the Royal Statistical Society：Series A (General)，1951，114 (4)：490—496.

[19] COASE R H. The Nature of the Firm [J]. Economica：New Series，1937，4 (16)：386—405.

[20] COFFEY W J，SHEARMUR R G. Agglomeration and Dispersion of High-Order Service Employment in the Montreal Metropolitan Region，1981—1996 [J]. Urban Studies，2002，39 (3)：359—378.

[21] DAVIS D R，WEINSTEIN D E. Economic Geography and Regional Production Structure：An Empirical Investigation [J]. European Economic Review，1999，43 (2)：379—407.

[22] DE SILVA D G，MCCOMB R P. Geographic Concentration and High Tech Firm Survival [J]. Regional Science and Urban Economics，2012，42 (4)：691—701.

[23] DEMPSTER A P，LAIRD N M，RUBIN D B. Maximum Likelihood from Incomplete Data via the EM Algorithm [J]. Journal of the Royal Statistical Society：Series B，1977，39 (1)：1—38.

[24] DIXIT A K，STIGLITZ S. Monopolistic Competition and Optimum Product Diversity [J]. The American Economic Review，1977，67 (3)：297—308.

[25] DRUCKER J，FESER E. Regional Industrial Structure and Agglomeration Economies：An Analysis of Productivity in Three Manufacturing Industries [J]. Regional Science and Urban Economics，2012，42 (1—2)：1—14.

[26] FISCH O. Dynamics of the Housing Market [J]. Journal of Urban Economics, 1977, 4 (4): 428—447.

[27] FUJITA M. Spatial Patterns of Urban Growth: Optimum and Market [J]. Journal of Urban Economics, 1976, 3 (3): 209—241.

[28] FUJITA M, HAMAGUCHI N. Intermediate Goods and the Spatial Structure of an Economy [J]. Regional Science and Urban Economics, 2001, 31 (1): 79—109.

[29] FUJITA M, OGAWA H. Multiple Equilibria and Structural Transition of Non-Monocentric Urban Configurations [J]. Regional Science and Urban Economics, 1982, 12 (2): 161—196.

[30] GLAESER E L. Are Cities Dying? [J]. Journal of Economic Perspectives, 1998, 12 (2): 139—160.

[31] GLAESER E L, KAHN M E, RAPPAPORT J. Why do the Poor Live in the Cities? The Role of Public Transportation [J]. Journal of Urban Economics, 2008, 63 (1): 1—24.

[32] GLAESER E L, KALLAL H D, SCHEINKMAN J A, SHLEIFER A. Growth in Cities [J]. Journal of Political Economy, 1992, 100 (6): 1126—1152.

[33] GORDON P, RICHARDSON H W. Employment Decentralization in US Metropolitan Areas: Is Los Angeles an Outlier or the Norm? [J]. Environment and Planning A: Economy and Space, 1996, 28 (10): 1727—1743.

[34] GUILLAIN R, GALLO J L. Agglomeration and Dispersion of Economic Activities in and around Paris: An Exploratory Spatial Data Analysis [J]. Environment and Planning B: Planning and design, 2010, 37 (6): 961—981.

[35] HALL P. The Anatomy of Job Creation: Nations, Regions and Cities in the 1960s and 1970s [J]. Regional Studies, 1987, 21 (2): 95

—106.

[36] HALL P. Modelling the Post-Industrial City [J]. Futures，1997，29 (4—5)，311—322.

[37] HARRISON D，KAIN J F. Cumulative Urban Growth and Urban Density Functions [J]. Journal of Urban Economics，1974，1 (1)：61—98.

[38] HARTSHORN T A，MULLER P O. Suburban Downtowns and the Transformation of Metropolitan Atlanta's Business Landscape [J]. Urban Geography，1989，10 (4)：375—395.

[39] HELSLEY R W，STRANGE W C. Coagglomeration，Clusters，and the Scale and Composition of Cities [J]. Journal of Political Economy，2014，122 (5)：1064—1093.

[40] HENDERSON J V. The Sizes and Types of Cities [J]. The American Economic Review，1974，64 (4)：640—656.

[41] HOYT H. Classification and Significant Characteristics of Shopping Center [J]. Appraisal Journal，1958，April：214—222.

[42] HUTTON T A. Spatiality，Built Form，and Creative Industry Development in the Inner City [J]. Environment and Planning A：Economy and Space，2006，38 (10)：1819—1841.

[43] INGRAM G K，CARROLL A. The Spatial Structure of Latin American Cities [J]. Journal of Urban Economics，1981，9 (2)：257—273.

[44] JOFRE-MONSENY J，MARÍN-LÓPEZ R，VILADECANS-MARSAL E. The Mechanisms of Agglomeration：Evidence from the Effect of Inter-Industry Relations on the Location of New Firms [J]. Journal of Urban Economics，2011，70 (2—3)：61—74.

[45] KRUGMAN P. Increasing Returns and Economic Geography [J]. Journal of Political Economy，1991，99 (3)：483—499.

[46] KRUGMAN P，VENABLES A J. Globalization and the Inequality of Nations [J]. The Quarterly Journal of Economics，1995，110 (4)：

857—880.

[47] LINDLEY D V, SMITH A F M. Bayes Estimates for the Linear Model [J]. Journal of the Royal Statistical Society, Series B (Methodological), 1972, 34 (1): 1—41.

[48] LUCAS Jr. R E, ROSSI-HANSBERG E. On the Internal Structure of Cities [J]. Econometrica, 2002, 70 (4): 1445—1476.

[49] MALMBERG A, MASKELL P. Towards an Explanation of Regional Specialization and Industry Agglomeration [J]. European Planning Studies, 1997 (5): 25—41.

[50] MAOH H, KANAROGLOU P. Geographic Clustering of Firms and Urban Form: A Multivariate Analysis [J]. Journal of Geographical Systems, 2007, 9 (1): 29—52.

[51] MCGRATH D T. More Evidence on the Spatial Scale of Cities [J]. Journal of Urban Economics, 2005, 58 (1): 1—10.

[52] MELO P C, et al. A Meta-Analysis of Estimates of Urban Agglomeration Economies [J]. Regional Science and Urban Economics, 2009, 39 (3): 332—342.

[53] MIESZKOWSKI P, SMITH B. Analyzing Urban Decentralization: The Case of Houston [J]. Regional Science and Urban Economics, 1991, 21 (2): 183—199.

[54] MILLS E S. An Aggregative Model of Resource Allocation in a Metropolitan Area [J]. The American Economic Review, 1967, 57 (2): 197—210.

[55] MILLS E S, Tan J P. A Comparison of Urban Population Density Functions in Developed and Developing Countries [J]. Urban Studies, 1980, 17 (3): 313—321.

[56] MOOMAW R L. Agglomeration Economies: Are They Exaggerated by Industrial Aggregation? [J]. Regional Science and Urban Economics, 1998, 28

(2)：199—211.

[57] NACHUM L，KEEBLE D. Neo-Marshallian Clusters and Global Networks：The Linkages of Media Firms in Central London [J]. Long Range Planning，2003，36 (5)：459—480.

[58] NEWLING B E. The Spatial Variation of Urban Population Densities [J]. Geographical Review，1969，59 (2)：242—252.

[59] OTTAVIANO G，TABUCHI T，THISSE J-F. Agglomeration and Trade Revisited [J]. International Economic Review，2002，43 (2)：409—435.

[60] PERROUX F. Economic Space：Theory and Applications [J]. The Quarterly Journal of Economics，1950，64 (1)：89—104.

[61] PHELPS N A. Clusters，Dispersion and the Spaces in Between：For an Economic Geography of the Banal [J]. Urban Studies，2004，41 (5—6)：971—989.

[62] POTTER A，WATTS H D. Evolutionary Agglomeration Theory：Increasing Returns，Diminishing Returns and the Industry Life Cycle [J]. Journal of Economic Geography，2011，11 (3)：417—455.

[63] PUGA D，VENABLES A J. The Spread of Industry：Spatial Agglomeration in Economic Development [J]. Journal of the Japanese and International Economies，1996，10 (4)：440—464.

[64] ROMER P M. Endogenous Technological Change [J]. Journal of Political Economy，1990，98 (5) ：71—102.

[65] ROSENTHAL S，STRANGE W. Geography，Industrial Organization，and Agglomeration [J]. The Review of Economics and Statistics，2003，85 (2)：377—393.

[66] SAMUELSON P A. The Transfer Problem and Transport Costs：The Terms of Trade When Impediments are Absent [J]. The Economic Journal，1952，62 (246)：278—304.

[67] SAMUELSON P A. The Transfer Problem and Transport Costs, II: Analysis of Effects of Trade Impediments [J]. The Economic Journal, 1954, 64 (254): 264—289.

[68] SASAKI K. The Establishment of a Subcenter and Urban Spatial Structure [J]. Environment and Planning A: Economy and Space, 1990, 22 (3): 369—383.

[69] SCOTT A J. Industrialization and Urbanization: A Geographical Agenda [J]. Annals of the Association of American Geographers, 1986, 76 (1): 25—37.

[70] SCOTT A J. The Changing Global Geography of Low-Technology, Labor-Intensive Industry: Clothing, Footwear, and Furniture [J]. World Development, 2006, 34 (9): 1517—1536.

[71] SHACHAR A, FELSENSTEIN D. Urban Economic Development and High Technology Industry [J]. Urban Studies, 1992, 29 (6): 839—855.

[72] SMEED R J. The Effect of Some Kinds of Routing Systems on the Amount of Traffic in Central Areas of Towns [J]. Journal of the Institution of Highway Engineers, 1963, 10 (1): 5—26.

[73] TAKAHASHI T. Agglomeration in a City with Choosy Consumers Under Imperfect Information [J]. Journal of Urban Economics, 2013, 76 (1): 28—42.

[74] TIEBOUT C M. A Pure Theory of Local Expenditures [J]. Journal of Political Economy, 1956, 64 (5): 416—424.

[75] VENABLES A J. Equilibrium Locations of Vertically Linked Industries [J]. International Economic Review, 1996, 37 (2): 341—359.

[76] VERNON R. International Investment and International Trade in the Product Cycle [J]. The Quarterly Journal of Economics, 1966, 80 (2): 190—207.

[77] VILADECANS-MARSAL E. Agglomeration Economies and Industrial Location：City-Level Evidence [J]. Journal of Economic Geography，2004，4 (5)：565—582.

[78] VINING Jr. D R，KONTULY T. Increasing Returns to City Size in the Face of an Impending Decline in the Sizes of Large Cities：Which is the Bogus Fact? [J]. Environment and Planning A：Economy and Space，1977，9 (1)：59—62.

[79] VINING Jr. D R，STRAUSS A. A Demonstration that the Current Deconcentration of Population in the United States is a Clean Break with the Past [J]. Environment and Planning A：Economy and Space，1977，9 (7)：751—758.

[80] WIEAND K F. An Extension of the Monocentric Urban Spatial Equilibrium Model to a Multicenter Setting：The Case of the Two-Center City [J]. Journal of Urban Economics，1987，21 (3)：259—271.

[81] YINGER J. City and Suburb：Urban Models with More than One Employment Center [J]. Journal of Urban Economics，1992，31 (2)：181—205.

[82] YOUNG A. Increasing Returns and Economic Progress [J]. The Economic Journal，1928，38 (152)：527—542.